CIEN

Giorgio Silvestri

100 1914 2014 Anniversario
CCIS
Camera di Commercio
e Industria Italiana per la Spagna

C/ Cristóbal Bordiú, 54. 28003 Madrid. Tel. +34 915 900 900

1ª edición mayo 2014

Traducción: Begoña Pardo Adrio

Calle Cristóbal Bordiú, 54
28003 Madrid
www.italcamara-es.com

Impreso en España
ISBN: 978-84-616-9553-9
Depósito legal: M-11815-2014

Diseño: Mouse Diseño Gráfico SL
Impreso por Gráficas Monterreina SL sobre papel Palatina Avorio
producido por Fedrigoni

La CCIS quiere manifestar su agradecimiento a las empresas e instituciones que, con su apoyo, han hecho posible la publicación de este libro:

Endesa

Iveco España

Fiat Group

El Corte Inglés

Eni Iberia

Mediaset España

Unidad Editorial

Unión Fenosa Gas

Ubibanca International

Negrini

Generali

Alitalia

Ipiac

Fedrigoni

Intesa San Paolo

Ayuntamiento de Madrid

Comune di Milano

Unioncamere

Camera di Commercio di Cosenza

ENIT - Agenzia Nazionale del Turismo

También quiere manifestar su agradecimiento a las asociaciones, entidades y particulares que han cedido el material fotográfico publicado en este libro: Archivo Regional de la Comunidad de Madrid, Arxiu Comarcal del Garraf, Casa degli Italiani, Empresa Pública de Gestión de Activos de la Junta de Andalucía, Learco Cossarini, Memorial SEAT.

PRÓLOGO

"Las mejores ideas siempre surgen alrededor de una mesa". Un dicho recurrente, pero nunca más cierto como en esa cena del siete de julio de 2012, durante la cual, junto al secretario general, abordamos por primera vez el tema de las celebraciones del centenario de nuestra Cámara de Comercio, que tendría lugar al cabo de dos años. Entre un plato y otro, pensando en qué actos podrían conferir su justo valor a este importante aniversario, nació la idea de este libro.

Después de compartir esta fascinante propuesta con el autor, surgió inmediata y decididamente la voluntad de escribir una novela para todos y no sólo para los que están relacionados con las instituciones y asociaciones hispano-italianas presentes en los dos países. Desde ese momento empezamos a centrar nuestros esfuerzos para narrar en este volumen las vicisitudes de las personas, más que empresarios, que de alguna forma contribuyeron al prestigio de nuestra institución. Esperamos haber logrado evitar cualquier forma de autocelebración, porque estamos totalmente convencidos de que el verdadero protagonismo de estos cien años lo merecen aquellos que, con valentía y visión de futuro, afrontaron los albores de la internacionalización.

Con *CIEN* hemos querido rendir homenaje a aquellos hombres y mujeres cuyas vicisitudes quizás el tiempo habría hecho pasar desapercibidas, pero que han sido definitivas para consolidar año tras año las relaciones entre los dos países, a los que me gusta considerar complementarios en su diversidad.

La epopeya de la familia Picasso, contada a través de las alternativas de cinco generaciones, es un viaje que recorre las etapas más importantes de la historia política y económica de España e Italia de los últimos ciento cuarenta años. Desde la Barcelona de finales del ochocientos a la Madrid de la *movida*, en un periodo caracterizado por bruscos cambios político-institucionales y por tres conflictos (dos mundiales y uno "civil"). El lector se sumergirá en una sucesión de historias de familias, emprendedores, ideas y empresas caracterizada por un único hilo conductor y que ofrecen una visión, discontinua entre la ficción y la realidad, de un periodo fascinante, no muy reciente pero tampoco tan lejano como para haber sido olvidado.

Todavía recuerdo la emoción al leer por primera vez este libro, con el que me identifico desde el principio, impresionado por la originalidad de su narración y la riqueza de anécdotas, curiosidades y detalles que he encontrado entre sus páginas. Espero que, al leer esta novela, el lector pueda sentir el mismo entusiasmo que hemos puesto en su realización.

Marco Pizzi
Presidente de la Cámara de Comercio e Industria Italiana para España

I

Muchos años después, mientras se preparaba para escribir sus memorias, el comendador Giovanni Battista Picasso había de recordar aquella remota mañana en la que embarcó hacia España con un billete sólo de ida. Era febrero de 1872 y, como sucedía frecuentemente desde hacía un tiempo, el Puente Spinola de Génova estaba atiborrado de turistas habituales y ocasionales, marineros, indigentes, familiares que se abrazaban antes de separarse por un tiempo indeterminado, ancianos con sus nietos para ver salir los barcos del puerto, ociosos y mozos a la búsqueda de un jornal y quién sabe cuántos prototipos del género humano.

Sin embargo, aquel día no salía ningún transatlántico hacia América. Giovanni, al que sus padres y profesoras llamaban desde pequeño Giobatta, o Titta, y que nunca había salido de lo que antes se llamaba Reino de Cerdeña y desde hacía una década llamaban Italia, estaba muy emocionado por el viaje que le esperaba y las aventuras que tendría para contar, o inventar, una vez que volviera a casa, pero también estaba triste por la idea de dejar por quién sabía cuánto tiempo su pequeño hogar de San Pier d'Arena, las hermanas pequeñas Giulia y Caterina, los olivares donde de pequeño jugaba al escondite y más adelante ayudaba a sus padres en la recolección de aceitunas y donde, de mayor, había devorado los primeros clásicos de la literatura durante las largas y calurosas tardes estivales. Después de haber aprendido de forma totalmente autodidacta, en un par de años, lo básico del francés, inglés y castellano, y de haberse embebido, también él solo de las nociones del derecho privado europeo de la época, Giovanni se sentía preparado para su primera aventura fuera del núcleo familiar. Tenía además una confianza ciega en la carta de recomendación para el responsable de Ansaldo en España, que le había costado tanto obtener al padre Tommaso unas semanas antes, y que, con un poco de suerte, quizás le proporcionaría un buen empleo como comerciante en aquella tierra tan cercana y, al mismo tiempo, tan lejana. Aquella señalada mañana sólo le acompañaron al muelle sus padres, Tommaso y Lucia. Él, soldador en Ansaldo desde hacía más de veinte años, ella, empleada en miles de cosas fuera y dentro de casa para dar de comer a sus tres hijos y, siempre que fuese posible, un mínimo de cultura, porque como les gustaba decir: "no sólo de pan vive el hombre".

Cuando el *Unità d'Italia* zarpó y el puerto se llenó de manos al viento, pañuelos blancos agitados de derecha a izquierda, lágrimas, abrazos, palabras de cariño y de amor, ninguno de los tres rompió a llorar, eran los Picasso, conocidos en todo el pueblo por su gran entereza. Demostrada también cuando un par de años antes, en septiembre de 1870, al entrar los garibaldinos en Roma y convertirse la Ciudad Eterna en capital del Reino de Italia, los carabineros habían registrado su casa porque, en una de sus raras demostraciones de exuberancia, habían izado en su pequeño balcón una bandera tricolor con el escudo de los Saboya en el centro (de las que en aquel tiempo no se veían muchas en la ciudad), las fuerzas del orden sintieron más que nada curiosidad por saber que se escondía detrás de aquella improvisada manifestación de alborozo.

Apoyado en una barra de hierro que todavía olía a pintura, sin apartar la vista del embarcadero, donde ya no distinguía a sus seres queridos, Giovanni llevaba consigo la larga carta de recomendación que su padre había solicitado al ingeniero Pastorino, su superior, y que tenía que entregar en Barcelona al representante local de Ansaldo, Alfredo Canepa, que, como se decía en la empresa, en pocos años había alcanzado una posición tan acomodada que pudo empezar a hacer sus propios negocios con los hoteleros locales, de los que obtenía un pequeño porcentaje por el alojamiento de importantes personajes italianos llegados a la ciudad, por un periodo de tiempo más o menos breve del que él mismo se encargaba. En el mismo bolsillo guardaba el billete de segunda clase y sólo de ida para Barcelona que había comprado con la ayuda de sus padres, que miraba y doblaba nervioso, como para querer asegurarse de que no lo había perdido.

Al abandonar el puerto de Génova, no sin haber antes lanzado una mirada a las inaccesibles colinas donde su padre y su abuelo, el primero tan sólo durante unos pocos años y el segundo hasta la vejez, se habían roto la espalda para poder vivir de su pequeño trozo de tierra, se dio la vuelta y se dirigió hacia la cubierta del barco. Soplaba mucho viento y no podía permitirse el lujo de enfermar. Llevaba las *Rimas* de Bécquer, un genio recién desaparecido y del que se decía que pronto sería reconocido como uno de los grandes de la literatura española de ese siglo. Leía los versos originales para perfeccionar su español, aprendido de forma autodidacta y practicado de vez en cuando con un conocido que decía haber combatido en México y Uruguay, nada menos que con Giuseppe Garibaldi, y que ahora regentaba una de las numerosas freidurías del puerto de Génova, justo frente a la actual Piazza Caricamento.

Del héroe nacional, Giovanni había oído hablar desde pequeño de las hazañas de los "Mille" de Garibaldi por boca de su padre, y las seguía con gran entusiasmo, mientras que los abuelos maternos, que entonces vivían con ellos en la misma casa y murieron poco después, se mostraban impasibles, como corresponde a dos campesinos nacidos y crecidos bajo la República Ligur y que consideraban que las campañas napoleónicas les habían arruinado para siempre la existencia. Como lector voraz que era hasta donde le alcanzaba su economía, había trabado amistad epistolar con un tal Edmondo de Amicis, un joven periodista dos años mayor que él, pero ligur como él, que ese mismo día partía hacía el mismo destino y le había enviado desde Turín su artículo para *La Nazione* de Florencia sobre la toma de Roma de 1870.

"Si hubiera sido más valiente..." pensó Picasso, deseoso en esos momentos de enrolarse con las camisas rojas para ver cumplido el sueño de un país por fin unido. Vicisitudes, o al menos aventuras, había tenido bastantes en su breve vida. De hecho, en 1849, con sólo un año, había escapado, si bien no podía recordarlo, al saqueo de Génova por las tropas saboyanas de Víctor Manuel II, que calmaron los ánimos de una ciudad que temía ser usada como moneda de cambio para lograr la paz con el Imperio Austro-Húngaro, convirtiéndose así en autores de verdaderos saqueos contra la población local. Si bien San Pier d'Arena, a pocos kilómetros de Génova, se podía considerar un lugar seguro, sus padres decidieron refugiarse con el pequeño Giovanni en Parodi Ligure, en la región de Alessandria, en casa de los abuelos paternos, un ganadero y una lavandera, de los que nuestro hombre estaba seguro de haber heredado la pasión por la buena mesa.

"Perdón...", interrumpió sus pensamientos un joven de mediana estatura, de aspecto tranquilo y mirada curiosa, "... ¿Usted es Picasso Giovanni Battista? Creo que...". "¿Edmondo?", contestó, preguntando. "Edmondo de Amicis", recalcó el otro. Los dos se observaron durante unos segundos, con la expresión de quien se imaginaba a la otra persona quizás más corpulenta, o más agraciada, o quizás con otros rasgos, antes de darse un fraternal abrazo como si se conocieran desde tiempos inmemoriales. En el fondo ambos compartían las mismas ideas liberales y se consideraban orgullosos compatriotas de personajes como Mazzini o Mameli, figuras que nunca habían conocido pero apreciaban, quizás cada uno a su manera, sin saber uno si el otro era monárquico o republicano y viceversa; y ya se sabe que a veces ciertos temas es mejor no tratarlos para no estropear una agradable conversación.

La travesía hasta Barcelona fue muy breve y agradable, mecida sólo por indicios de marejada gruesa cerca del Golfo de León. Después de todo un día de navegación, los dos pasajeros bajaron del barco con paso rápido, como si quisieran pisar lo antes posible aquella tierra desconocida, que desde la proa del barco se veía como una pequeña Génova a los pies del imponente Montjuic, y se dirigieron, casi sin levantar la vista de sus planos de la ciudad, hacia una pequeña pensión del carrer Sant Pau recomendada por un amigo común de pluma y en la que, qué coincidencia, les acogió un compatriota, un novarés que se había mudado a Cataluña unos años antes y que hablaba un idioma propio formado por palabras italianas, francesas, catalanas y castellanas.

"¿Acabáis de llegar?", les saludó el primero. "Sí, buen hombre", le respondieron al unísono los dos huéspedes, después de haber dejado en el suelo las dos pesadas maletas. "Nos quedaremos cuatro días", añadieron, antes de despedirse y lanzarse a descubrir la ciudad. En aquellos cuatro breves días, Giovanni logró aprender alguna frase en español del más desenvuelto Edmondo, suficiente para no dar lugar a desagradables malentendidos. Conoció a más de un comerciante y restaurador italiano mientras intentaba no entrar en las conversaciones políticas de las animadas tabernas del centro de la ciudad. Una tarde, precisamente la última, habiendo tomado alguna copa de más en una posada del Raval, los dos compañeros de aventuras casi llegaron a las manos con un carlista local, del que se burlaron recordándole que era un súbdito de un soberano italiano, Amadeo de Saboya. "Y pensar que me habían advertido antes de partir", pensó para sí nuestro hombre una vez entrado en razón.

La presencia de un Saboya en el trono de España era de hecho algo curioso. El 30 de septiembre de 1868, después de una serie de protestas en la calle y el amotinamiento de las fuerzas navales en Cádiz, la reina Isabel II se exilió a Francia, dejando el poder en manos de una coalición de liberales, moderados y republicanos que redactó y aprobó en el Parlamento la Constitución de 1869, y confió el reino al hijo de Víctor Manuel II, coronado el 2 de enero de 1871. Sin embargo, el reinado del joven soberano no duró mucho: unos dos años después, el 11 de febrero de 1873, una nueva revuelta acabó con la proclamación de la Primera República, experimento inédito en España, destinado sin embargo al fracaso el 29 de diciembre de 1874, tras la Restauración Borbónica con la proclamación de Alfonso XII, hijo de la todavía exiliada Isabel II.

Después de aquella breve estancia barcelonesa en común, el joven Picasso alquiló una habitación para él solo en el segundo piso de una pequeña pensión gestionada también por italianos, situada a pocas manzanas de la anterior: era la conocida, por decir algo, Pensión Ventura, fundada pocos años antes por el matrimonio boloñés Augusto Ercole Ventura y Clelia Zurla y destinada a huéspedes en busca de una primera oportunidad en la Ciudad Condal. Por ello, cuando se despidió de Edmondo, que se marchaba a Zaragoza para iniciar un breve viaje por los parajes menos conocidos de España, la repentina soledad fue rápidamente sofocada por un sentimiento nunca antes experimentado: era el inicio de una nueva existencia, en la que él mismo sería el artífice de sus éxitos y fracasos, de sus certezas y titubeos.

Una vez deshechas las maletas y consciente de la responsabilidad que tenía, esa misma tarde fue a la oficina del Sr. Canepa situada en la majestuosa Via Laietana, un piso en la quinta planta de uno de los edificios más imponentes de la calle. Pero no es oro todo lo que reluce. Sonó el timbre y apareció una secretaria sumisa y distante que le hizo pasar a una habitación contigua a la del representante de Ansaldo. Esperó diez, veinte, treinta minutos, hasta que la mujer le hizo señas de entrar: contuvo la respiración, intentó aparentar ser lo más serio y profesional posible, para llegar a un apretón de manos totalmente forzado, con el temor de parecer ahora demasiado relajado o demasiado impaciente frente al ilustre directivo de la mayor empresa siderúrgica italiana de la época.

"Sabes Giovanni, ahora no hay tanto trabajo en Barcelona como hace tiempo", comenzó a hablar, una vez intercambiadas las primeras frases de saludo, para después lanzarse a exaltar el buen hacer de los italianos, en comparación con la presunta mediocridad del trabajador español, propenso, decía, a dilapidar sus exiguos ahorros en el juego, la bebida y la prostitución. "Por lo que he podido ver...", dijo Giovanni para interrumpirle, pero el otro insistió: "España no tiene futuro. Hasta que alguien no ponga orden en este país, seguirán gobernando los mismos ladrones que en pocos años han provocado la caída de una dinastía que reinaba nada menos que desde 1700. ¡Sólo nos faltaba la República!", concluyó, casi profético.

El encuentro acabó con un apretón de manos y la promesa, más por compromiso que otra cosa, de mantenerse en contacto por el buen nombre de Ansaldo y de Génova en Barcelona. De todas formas, para Giovanni las esperanzas de verse empleado en la empresa que daba de comer a su padre eran poquísimas, por lo que nuestro hombre se sintió impotente ante su primer paso en falso en España, solo en una ciudad efervescente, cuyas bulliciosas calles le fascinaban pero también incrementaban su sensación de impotencia.

Pasaban los días y el vaticinio del Sr. Canepa parecía cumplirse: sin trabajo y a punto de acabar los pocos ahorros conseguidos en Italia, nuestro hombre empezó a pensar en un rápido, y al mismo tiempo vergonzoso, regreso a la patria, si no hubiera sido porque el billete de vuelta en barco era demasiado caro para su bolsillo. Hasta que, totalmente desalentado y con la moral por los suelos, entró en contacto con una pequeña asociación fundada siete años antes, en 1865, situada en carrer de San Josep, cerca del Gran Teatre del Liceu: se trataba de la *Società Italiana di Beneficenza e Mutuo Soccorso*. El empujón decisivo se lo dieron los mismos propietarios de la pensión en la que se alojaba, que, a la espera de su primer vástago, le trataban de forma muy paternal, por lo solo que estaba en una ciudad que ya contaba con doscientos treinta mil habitantes, casi los mismos que Madrid, la capital.

Se presentó por la mañana temprano para no tener que hacer cola y, sobre todo, para evitar las indiscretas miradas de algún curioso, siempre dispuesto a inventarse historias sobre personas anónimas; le recibió el fundador y primer presidente de la asociación, Angelo Comello, un veneciano de la quinta de 1825 que había trabajado como diplomático en media Europa y que, desde hacía pocos meses se había jubilado. El encuentro fue jovial, en el que la "italianidad" y el sentido común se impusieron sobre cualquier otro sentimiento, y acabó con la promesa, por parte de nuestro hombre, de dedicar parte de su tiempo a sus compatriotas más desfavorecidos a cambio, como no podía ser menos, de alguna comida caliente y una pequeña ayuda para pagar la pensión donde se alojaba.

Pero la cosa no acabó ahí. Incitado por la curiosidad y fascinación hacia un sector que en ese periodo, o quizás en aquella ciudad, estaba en pleno auge, Giovanni empezó a frecuentar algunos de los más conocidos cafés italianos del centro, hasta que una tarde, mientras estaba ocupado ayudando a los sin techo de la *Società di Beneficenza*, llegó una carta para él. Procedía del famoso café Torino, fundado y regido por Flaminio Mezzalama, consagrado periodista y emprendedor, además de socio y consejero de la *Società*, en pleno Paseo de Gracia: "Por la presente, queda usted contratado por un período de prueba de un mes", decía la carta en cuestión que Giovanni leyó y releyó una y otra vez para asegurarse de su autenticidad. No se lo podía creer, a él que en casi un mes que llevaba en Barcelona le habían cerrado la puerta en las narices hosteleros, comerciantes y artesanos de todo tipo. "*Por lo tanto, queda citado en nuestra sede de Passeig de Gracia 18 el próximo lunes 3 de junio de 1872, a las 10 de la mañana, para comenzar a trabajar, provisto del correspondiente permiso de trabajo*".

La noche anterior no pudo pegar ojo; ¿y si hubiera tenido que decir que no a aquella proposición? A fin de cuentas, los pocos estudios que había cursado en Génova trataban todos sobre economía y finanzas, a años luz de aquellas profesiones turísticas despreciadas, por decirlo de alguna forma, en las aulas de los institutos por la connotación servil que las caracterizaban, según los profesores. Por otra parte, no podía permitirse dar un paso en falso, y la elección de trabajar en un bar sirviendo a clientes españoles podía ayudarle a mejorar la lengua de Cervantes. "¿Y si me hablan en catalán?", titubeaba nuestro hombre. Y además él, un fiero genovés, ¡al servicio nada menos que de los opresores turineses! Si se enteraban en su pueblo...

La posibilidad, que era su única esperanza, de no superar el periodo de prueba de un mes, junto al temor de incrementar la lista de los sin techo a los que ayudaba en la *Società di Beneficenza*, lo empujaron a presentarse puntual al trabajo aquel decisivo 3 de junio. A la entrada del local le esperaba una muchacha morena, joven y esbelta, que algún tiempo después descubrió que era la hija del propietario: "Encantada, soy María", dijo la misma, queriendo hacer que su nervioso interlocutor se sintiera a gusto. "Hola, soy Giovanni", respondió, evidentemente tenso. "¿Trabajas aquí?", añadió con una timidez de la que la muchacha se dio cuenta. "Sí, ven", añadió María, que enseguida le presentó a todos los compañeros de trabajo: Ciro, llegado de Nápoles hacía poco; Carlo, milanés; Francesco, romano; Giuseppe, de Palermo; Luisa, genovesa como él, aparte de los colegas catalanes y de otras partes de España... ¡Ahora no podía sentirse solo!

Su estreno entre las mesas del café no fue demasiado sencillo para Giovanni, que durante la entrevista de unos días antes con los responsables del local había alardeado, con una osadía desconocida en él, de tener una larga experiencia como camarero en hoteles y restaurantes de Génova, farsa que descubrieron enseguida los compañeros de trabajo. Y, sin embargo, ya sea por la simpatía innata, por las ganas de aprender o por el miedo a perder su única fuente de ingresos, con el pasar del tiempo nuestro hombre se fue desenvolviendo cada vez mejor, con la seguridad de un experto frente a los exigentes clientes del café, pertenecientes la mayoría a la clase alta de la sociedad italo-barcelonesa de aquel tiempo. Se sentía útil e integrado por fin en la nueva ciudad, bien sirviendo café al señor bigotudo con chistera de la mesa 16, bien haciendo el pedido de la leche a los productores de la zona o brindando con los compañeros después de una dura jornada de trabajo.

Un día, muy poco tiempo después del final del periodo de prueba y la firma de su contrato definitivo, Giovanni vio a un distinguido caballero, con una mirada y oratoria soberbias, que hablaba con una gran seguridad sobre cualquier tema, desde las novedades literarias italianas hasta la política española y desde los problemas de la economía europea hasta de los bares y restaurantes de moda en Barcelona. Alternaba un fluido castellano, si bien con lagunas y un poco rebuscado, con un italiano rico en matices piamonteses, sin perderse jamás un detalle de lo que sucedía a su alrededor. En un determinado momento, el cliente llamó al joven y, recibida la cuenta, bromeó: "¡Este café es carísimo!". La suerte quiso que Giovanni mantuviera su calma providencial y, antes de que pudiera darle una explicación, el hombre añadió: "Encantado de conocerle. Soy Flaminio Mezzalama, el propietario del local, y este es mi hermano Luigi". "¡El gusto es mío!", respondió aliviado Giovanni.

El jefe y fundador del café Torino era un personaje muy conocido en la comunidad italiana de Barcelona. De origen humilde, dejó su Moncalieri muy joven para cubrir como corresponsal de una gaceta local la coronación de Napoleón III en Paris. De regreso a Italia, publicó numerosos ensayos y poesías sin perder aquel talento totalmente turinés que consistía en recrear, "italianizándolos", los locales a la moda francesa de la época. Para esto, una vez encargado de dirigir la filial de Barcelona de Martini, Sola e Compagnia, actual Martini & Rossi, de la que era representante desde hacía una década, pensó en dar vida a aquel café en pleno centro de la ciudad, tan moderno a los ojos de los peatones como elitista en los precios y tipo de clientes a los que estaba dirigido.

Aquella figura de literato, comerciante y emprendedor tan polifacético, si bien no podría considerarse como amistosa, dada la diferencia social y de edad entre los dos, era una especie de mentor para Giovanni, que, en más de una ocasión, le hizo partícipe de sus frustrados sueños juveniles como representante empresarial, trabajo de prestigio en Génova, pero en el que nunca se reconoció totalmente, y en parte también como periodista, una profesión que había aprendido a amar años antes durante las largas tardes bajo la sombra de los olivos del caserío familiar, pero a la que nunca tuvo el valor, y quizás tampoco los recursos, para dedicarse de lleno. Desde entonces, y manteniendo siempre las distancias, Giovanni estableció una cierta complicidad con el ilustre jefe, que tan pronto se reunía con los notables de la comunidad empresarial italo-barcelonesa, como intentaba introducir un nuevo licor para los refinados clientes de su local.

En realidad, el futuro comendador Picasso, notaba desde hacía tiempo que se llevaba muy bien con María, la hija del jefe, aunque también en más de una ocasión le había puesto de los nervios, acostumbrada como estaba a dar órdenes a diestro y siniestro, ocupando el lugar de su carismático padre. Un par de años más joven que él, María había nacido en Milán, cuando Mezzalama se trasladó a Lombardía con la mujer, Carla, pero desembarcó con ellos y la hermana pequeña Gaia en Barcelona cuando encargaron al padre la dirección de la sede española de Martini, Sola e Compagnia. De carácter fuerte pero alegre, hablaba un castellano casi perfecto. Fuerte fue también una anterior historia de amor con un oficial andaluz destinado en Barcelona, de la que el padre se enteró por casualidad y a la que enseguida se negó por la diferencia de edad entre los dos. Por esto, lejos de querer enemistarse con el imprevisible padre y quizás perder el trabajo, Giovanni se limitaba a demostrar a María su profesionalidad y acercarse a ella con la única excusa de querer mejorar su castellano y no meter la pata con la importante clientela.

Pero nadie manda en el corazón, y desde hacía un tiempo tampoco María podía ocultar lo que se empeñaba, engañándose a sí misma, en considerar como una especie de pasión pasajera hacia Giovanni, como si no pudiera permitirse prestarse a los caprichos del corazón, que a veces nos hace cometer las proezas y descuidos más impensables. Por eso, aquel sutil y mal disimulado juego de miradas que precede al surgir irrefrenable del amor, siguió ocultándose durante unos meses, hasta que una tarde de agosto, estando el jefe de viaje en Madrid y una vez cerrado el local un poco antes de lo normal, por una de esas casualidades no casuales que frecuentemente rigen nuestras vidas, se encontraron los dos solos en el bar, en el que ya era costumbre terminar las jornadas más satisfactorias con los compañeros del café.

Aquella noche nuestro hombre cumplía sus primeros seis meses en España y, como celebración, apagó con sus amigos las velas de una pequeña tarta. Los dos, agotadas las últimas energías de la jornada y con una cierta turbación al haberse quedado solos de repente, tomaron el camino de regreso a casa como todos los días. Una vez frente a la casa de ella, en el céntrico carrer Fontanella, llegó el incomodo momento de la despedida. "Gracias por todo", dijo él, intentando no demostrar su palpitante emoción, mientras se fundían en un abrazo, primero tímido, ya que entonces no se veía bien que dos adultos mostrarán su amor a los ojos de todo el mundo y, casi sin darse cuenta, cada vez más fuerte, incapaces de controlar sus sentimientos, de mantener el necesario pudor ante los ojos de los vecinos, peatones e hipócritas varios.

"¡Gracias a ti!", respondió María, fascinada ella también por aquel joven larguirucho, un poco tímido y distraído, pero altruísta y de delicados modales, que hacía ya unos meses había entrado a hurtadillas en su joven vida. El tímido, respetuoso beso en la mejilla siguió y se depositó casi sin querer en los respectivos labios y, en un abrir y cerrar de ojos, durante unos segundos que parecieron horas, todo lo que les rodeaba dejó de tener importancia. De repente, todos los peatones desaparecieron y el tiempo y el espacio se detuvieron para hacer inmortal aquel primer y deseado acercamiento. Pocos instantes después los dos se separaron, casi abatidos por el temor de las consecuencias de ese gesto tan espontáneo como arriesgado y, con la mirada cómplice de quien sabe mantener un secreto, y el forzado descuido de quien quiere distraer la atención de los que les están observando, se dieron por última vez la mano fuera de la vista de todos y se despidieron con un "hasta mañana", antes de lanzarse una ultimísima, púdica mirada, mientras la muchacha cruzaba el portal de su casa.

Aquella noche a Giovanni le costó mucho conciliar el sueño, acostumbrado como estaba a caer en pocos instantes en los brazos de Morfeo y, de vuelta en la humilde habitación que alquilaba al matrimonio Ventura-Zurla, se acomodó en la única silla de la que disponía para mirar complacido el cielo de aquella noche estrellada, interrumpido a veces por unas manchas de nubes pasajeras movidas por una brisa que olía a mar, aquel mismo mar en el que había aprendido a zambullirse desde la más tierna edad, a la luz de una luna que pronto sería llena. El cálido pero templado verano barcelonés lo vio gozar por aquel amor imprevisto y por la firma del primer contrato que le proporcionaba autonomía económica y la anhelada aceptación de aquel país en el que, por reto personal o por casualidad, tenía la suerte de encontrarse. Aquella noche se acordó de sus padres, de sus hermanas y también de sus abuelos, o sea de todas las personas que hicieron posible que gracias a aquel imprevisible juego que es la vida, en aquella noche de verano del año bisiesto de 1872, el de "La vuelta al Mundo en 80 días" de Verne, él estuviera en aquel lugar del mundo trabajando con aquellas personas. Y en aquel lugar olvidó las amarguras de unas semanas antes, cuando todo iba mal y se preparaba para volver a su tierra con deshonra.

Los meses que siguieron a aquel primer, furtivo beso estuvieron repletos de cambios para los dos jóvenes que disimulaban cada vez menos el afecto que se profesaban. Por un lado, el bar prosperó más allá de cualquier perspectiva, hasta tener que habilitar una segunda planta indispensable para acoger a todos los clientes que acudían a cualquier hora del día; por otra parte, dos nuevos socios, los novareses Pietro y Costantino Durio, entraron en el negocio del café Torino relegando a un papel cada vez más irrelevante a Flaminio Mezzalama que, mientras tanto, alternaba cada vez más su actividad como representante con la de socio y benefactor de la *Società di Beneficenza*, así como con viajes a

Italia y esporádicas colaboraciones literarias y periodísticas, sacrificando el tiempo que antes dedicaba a su local.

Los Durio habían nacido y crecido en Barcelona en una familia originaria de un pequeño pueblo novarés, Civiasco, del que poco a poco habían emigrado numerosos jóvenes a la búsqueda, casi todos en Cataluña, de una oportunidad en el mundo hostelero y turístico más en general. Los padres de los dos hermanos, Francesco Durio y Vincenza Fara no fueron una excepción y, llegados a España en los años 20, al cabo de pocos años pusieron en marcha un hotel de lujo para la época, la así llamada Fonda del Falcón, después ampliada y convertida en una especie de dependencia del Gran Hotel de Oriente. Emblema de una generación de emprendedores novareses de éxito, igual que otras familias también muy conocidas en la ciudad como los Giuppini, los Primatesta o los Fortis, el matrimonio Durio tenía dotes especiales para los negocios y para el trato, de forma que si bien eran a todos los efectos gente importante en la colonia italiana local, se comportaron durante toda su vida con gran humildad y cercanía con aquellos italianos que, al contrario que ellos, no hallaron en España un trabajo que les garantizara una vida digna.

A diferencia de sus padres, Pietro y Costantino mantuvieron desde el principio una postura que, si bien no era hostil, tampoco era del todo amistosa con gran parte del empresariado italo-barcelonés y, a pesar de que conocían desde hacía años a muchos ellos, no se hicieron socios de la *Società di Beneficenza* hasta finales de los 60, casi como para librarse del sentimiento de culpa por haber nacido en una familia acomodada o, quizás también, para mejorar la imagen negativa que tenían entre algunos italianos de la colonia, que les consideraban unos especuladores más que compatriotas. Dando al César lo que es del César, hay que decir que, sin embargo, los hermanos daban de comer a un conspicuo número de italianos y no italianos y desde siempre subían los sueldos en cuanto había ocasión. Gracias al prestigio con el que contaban dentro de la comunidad económica catalana, pocos meses antes habían hospedado en la Fonda del Falcón, nada menos que al rey Amadeo de Saboya durante su primer y único viaje a Barcelona y alrededores de su pequeño reino.

Volviendo a Giovanni y María, al beso clandestino de aquella calurosa noche de agosto le siguieron una serie de encuentros y paseos fugaces por los meandros del centro histórico barcelonés o por los alrededores del puerto y la playa llamada la Barceloneta, aunque evitaban ser demasiado efusivos por los problemas que esto les podía suponer. Sin embargo, desde un tiempo a esta parte, los padres de la joven empezaron a pensar en introducirla en la alta sociedad femenina local, convencidos de que la experiencia adquirida en un par de años en el local del padre era suficiente, en caso de que le faltara una ayuda económica y tuviera que salir adelante ella sola y en su futuro tuviera que unirse, en cualquier caso, a un heredero de las numerosas familias italo-catalanas de la zona.

Así, sin casi darse cuenta, los dos vivían día tras día su historia aguantando los sermones y consejos de los padres de ella, que veían en la belleza de la hija una forma de reafirmar su ya respetable condición social. Hasta que Carla, la madre de María, convencida de hacer algo útil para una hija que estaba tardando demasiado en encontrar marido, le presentó sin haberla avisado antes a un conocido del padre, Michele Pantaleoni, oriundo de Marlia, provincia de Lucca, propietario de una tienda de sombreros en el carrer dels Escudellers desde 1862 y socio fundador de la *Società di Beneficenza e Mutuo Soccorso*. Diez años mayor que María, Michele había empezado vendiendo vestidos para especializarse después en sombreros y abrir años más tarde una segunda tienda en la Rambla de Canaletes en compañía de sus hermanos menores Giovanni y Pio, este último recién llegado a Barcelona.

No sabemos si lo que pasó entre María y Michele fue un flechazo. Lo cierto es que al cabo de unas semanas, cuando ya había comenzado el frío invierno de 1873, Giovanni comprendió que la joven que le había hecho sonreír y suspirar de amor después de los difíciles meses en la ciudad, estaba prometida a un comerciante de éxito, con el que no tenía nada que ver a nivel social. Sólo tenían en común que ambos frecuentaban, uno más y otro menos, la *Società di Beneficenza*, por lo que se conocían de vista, una coincidencia no imposible en una colonia, la italiana en la ciudad, que contaba entonces con 1600 personas. El día en que María le confesó su nueva relación, nuestro hombre no opuso resistencia, ni dijo nada, ni rompió a llorar y, con la cabeza en otra parte, la estrechó en un sentido abrazo, seguro de que la misma fatalidad que ahora le separaba de su amada, pronto le devolvería lo que se merecía. Cuando volvió a la pensión en la que vivía desde hacía ya un año, tomó una decisión que le rondaba desde hacía tiempo la cabeza y, como los antiguos caldereros que venían de Campania y Basilicata para después proseguir donde les llevara el instinto, decidió que sería un vagabundo, humilde pero libre, alguien que debe abandonar un bello e imposible sueño para vivir otro del que todavía lo ignora todo.

Así fue como, en febrero de 1873, justo en los días en que Amadeo de Saboya salía a toda prisa de España, destronado por el nuevo Gobierno Republicano de Estanislao Figueras, Giovanni se separó de su amada y se despidió del local del padre para comenzar, con los pocos ahorros que tenía, un largo peregrinaje por tierras ibéricas tras los pasos de su amigo Edmondo de Amicis, acompañado por sus inseparables *Rimas* de Bécquer y una historia de la España romana, además de una bolsa con los pocos objetos que necesitaría durante las siguientes semanas. Fue caminando a la estación de Francia, miró por última vez con ojos melancólicos aquella ciudad de nuevo adversa, pero que tanto le dio desde su llegada un año antes, y que tanto le daría durante la larga vida que tenía por delante. Sólo separó la vista de la ciudad una vez cruzado el río Besós, para abandonarse a un largo sueño, del que décadas después el comendador Picasso se acordaría a duras penas, no sin un poco de nostalgia.

Sostenía el libro que estaba devorando en el tren, que grandiosas fueron las empresas de la Antigua Roma la cual, después del asedio y destrucción de Sagunto, entre el 218 y 202 a.C. sustrajo a su mayor rival de entonces, Cartago, casi toda la España actual durante la Segunda Guerra Púnica, sentando las bases de un predominio absoluto militar y cultural hasta el 409 d.C., cuando tribus de suevos, alanos y vándalos cruzaron los Pirineos para establecerse en los límites de la entonces Hispania, preludio de la desaparición del Imperio Romano de Occidente en 476 d.C.

Bajo una óptica más reciente y diferente, como nuestro hombre supo por esta misma fuente, igualmente importante fue la revuelta anti-francesa de las Vísperas Sicilianas del 30 de marzo de 1282, lunes de Pascua, iniciada en la plaza de la Iglesia del Santo Spirito, en Palermo, que poco a poco se extendió por toda Sicilia y que culminó con la expulsión de la isla de las tropas de Carlos I de Anjou y el desembarco de Pedro III de Aragón, reclamado poco antes por una representación de nobles locales para gobernar. Desde ese momento, primero bajo la corona aragonesa que reinaba en toda la nación, antes hasbúrgica y hoy borbónica, España ejerció una influencia política, militar, lingüística y cultural sobre buena parte de la Italia actual, análoga a la de Roma de unos siglos antes. Buena prueba fue, pero esto en la España de antes era mejor no recordarlo, que el Reino de las Dos Sicilias no fue liberado hasta febrero de 1861, después de la rendición de Francisco II y el exilio en el Estado Pontificio de los últimos Borbones de Nápoles bajo la protección del Papa Pio IX.

La adorada lectura, además de conciliar el sueño del nuevo viajero, lo transportaba a la tierna edad perdida de las lecturas estivales a la sombra de los olivos familiares, cuando el olor de la hierba recién cortada y la cálida brisa marina formaban un aroma indescifrable, acompañado del canto continuo de las cigarras. Así se sentía él en aquel momento en ese solitario derroche de alegría y perdición, cigarra tras cigarra, perdido en las profundidades de aquella nueva España cuyo Gobierno republicano admiraba más de un compatriota, como su moribundo conciudadano Giuseppe Mazzini, y que de alguna forma, esperaba poder llevar a Italia.

Zaragoza, Burgos, Valladolid, Madrid, Aranjuez, Toledo, Córdoba, Sevilla, Cádiz, Málaga, Granada y Valencia: todas las etapas de su peregrinaje en un país entonces exótico y casi desconocido para los extranjeros, confirmaron su impresión de encontrarse en un verdadero y propio hervidero de ideas y movimientos opuestos que le hacían recordar (si bien mientras tanto había caído la monarquía de Amadeo de Saboya), el informe que su amigo Edmondo publicó justo en 1873, pero que él descubrió casi por casualidad algunos años después, cuando el amigo de pluma se convirtió en un literato de éxito que distribuía sus obras en España con Maucci & Picasso Edizioni.

Lo normal en esa época era que los ligures establecidos en Barcelona se dedicaran sobre todo al comercio y a la navegación, los ciudadanos piamonteses a la restauración y hostelería y el resto a una serie de profesiones como caldereros, carpinteros, camareros, curas, sombrereros y periodistas. Pues bien, Giovanni Picasso, debía de tener algún gen piamontés, ya que dos semanas después de su vuelta a Barcelona se estableció en la pequeña Fonda del Sable, en la tercera planta de un moderno edificio del carrer del Rec 60, para encontrar luego trabajo en la Fonda del Falcón, propiedad de los hermanos Durio.

La Fonda del Sable fue creada tres años antes por Camillo Antonietti, novarés de Cesara, actualmente provincia de Verbania. Trabajador incansable, Antonietti vivía en el tercer piso del mismo edificio con su mujer, la escocesa Elisabeth Davy, y había trabajado durante años con los Durio para fundar luego el Hotel Taberna del Sable y la Taberna Bone Sombra, a un tiro de piedra de la sede de los antiguos socios. Según las malas lenguas, Antonietti, al que no se sabía por qué razón llamaban Don Camillo, donaba a la *Società di Beneficenza e Mutuo Soccorso*, de la que entonces era consejero y tesorero, las ganancias obtenidas gracias a las borracheras de los desafortunados que probaban el vino y los licores que él elaboraba, solicitadísimos en sus dos tabernas. El hecho fue que aquel caballero corpulento y robusto, de barba rubia y tupida, de hierático aspecto de filosofo escandinavo, enseguida cogió cariño al joven genovés y le mandó al tercer piso del edificio donde vivía, dándole una habitación más que digna por un precio económico, teniendo en cuenta lo céntrico del edificio.

El encuentro entre Giovanni y Antonietti fue algo casual. "¿Donde va?", le preguntó el novarés mientras iba a entrar en la sede de la *Società di Beneficenza* unos días antes. "¿No sabe que nos estamos mudando?", añadió. El resto fue pura empatía entre ese hombre de aspecto de todo menos de italiano y un joven que, al igual que un año antes, buscaba un trabajo honrado, arrastrando su dolor por la pérdida de María, pero con ganas también de superar nuevos retos gracias a la experiencia como camarero y restaurador adquirida en los meses anteriores. Una vez que se hubieron conocido mejor, la recomendación y la entrevista con los temidos hermanos Durio, para los cuales a fin de cuentas ya había trabajado Giovanni, llegaron solas.

La Fonda del Falcón, que se encontraba en la entonces Plaza del Teatro, antigua Plaza de la Comedia, fue fundada alrededor de 1780 por Pietro Giuseppe Durio, nacido en 1751, abuelo de

Pietro y Costantino y referencia para aquellos emigrantes italianos de éxito que en pocas décadas fundaron o compraron la mayoría de los hoteles y restaurantes de lujo del centro de Barcelona. Los Durio, propietarios desde 1842 también del céntrico Gran Hotel de Oriente, inauguraron en 1882 un tercer local, el Gran Salón Condal, y por decirlo así, competían con la familia Fortis, también ésta originaria del Lago d'Orta, propietarios desde hacía unos años del bicentenario Gran Hotel Cuatro Naciones, situado en la entonces Rambla del Centre, 35.

Giovanni entró en la Fonda como botones, para recibir a los acomodados clientes procedentes de cualquier parte de Europa que decidían pasar algunos días en la ciudad, y llevar las preciadas maletas donde fuera necesario. Cada vez más seguro de su castellano escrito y hablado, podía confundirse en aquel tupido grupo de trabajadores piamonteses de todo tipo, citados años más tarde por el amigo Edmondo de Amicis en sus memorias españolas, que hablaban una jerga horrible en su opinión, una mezcla de francés, italiano, castellano, catalán y quizás también ligur y piamontés. Sus funciones, en realidad bastante humildes, eran dignamente recompensadas por un sueldo más que suficiente para satisfacer sus esporádicas correrías nocturnas con los compañeros del Falcón, por supuesto sin afectar al ahorro, como buen genovés que era.

Sostienen los historiadores que los acontecimientos se repiten continuamente, si bien bajo diferentes formas. Menos de dos años después de la proclamación de la República, a finales de 1874, el general Martínez Campos dirigió desde Sagunto, desde el mismo peñón a pocos kilómetros del mar donde tuvo lugar el desembarco romano en la antigua Hispania, la restauración de la monarquía bajo las órdenes de Alfonso XII, llamado el pacificador, hijo de la exiliada reina Isabel. Grande fue el disgusto de Giovanni y otros muchos italianos establecidos en España por la posibilidad de que los mismos carlistas y conservadores que aseguraban que el verdadero rey de Italia era el Papa, y, que durante cuatro largos años se opusieron al reconocimiento del reino, volvieran al poder y se lanzaran quién sabe a qué campañas en contra de los intereses italianos en el país.

Las cosas fueron diferentes con respecto a 1861, cuando el Reino de España se negó a reconocer internacionalmente al Reino de Italia, culpable de haber escrito el comienzo del final del poder temporal de la Iglesia Católica. Si bien, de hecho, ya desde 1856, bajo el reino de Cerdeña, Italia disponía de un representante diplomático en Madrid como Romualdo Tecco, Ministro Plenipotenciario y hombre cercano a Camillo Benso, Conde de Cavour. Ya durante la expedición de los *Mille* de Garibaldi de 1860, España había retirado sus representantes diplomáticos en Turín, siguiendo el ejemplo de todos los demás países europeos, para volver a nombrarlos en Florencia, convertida en la nueva capital, en julio de 1865, el día después del discurso pro-italiano de la toma de posesión del primer ministro Leopoldo O'Donnell, a la cabeza de una rejuvenecida coalición de liberales.

A la luz de las nuevas relaciones entre los dos países, como le había confiado más de un compatriota de la vieja guardia residente entonces en Barcelona, Giovanni se enteró del histórico primer Tratado de Comercio y Navegación estipulado en Madrid en febrero de 1870, promulgado por el Rey Víctor Manuel II el 15 de septiembre y que entró en vigor el 1 de octubre de aquel mismo año. Esto hizo temer que se disolviera el importante grupo de comerciantes, hoteleros y otros numerosos profesionales italianos en España, incluso por el descontento local hacia Amadeo de Saboya, de no haber sido porque el nuevo gobierno de Cánovas del Castillo reiteró oficialmente sus buenas relaciones con Italia, lo que fue celebrado con un gran suspiro de alivio por todos los italianos en España.

Pocas semanas después de su llegada a la Fonda, Giovanni dedicó una larga carta a sus padres, explicándoles que se encontraba bien de salud y pidiéndoles noticias de sus abuelos y de sus queridas hermanas; les envió sus dos direcciones principales esperando una respuesta que, un día de primavera, se dio cuenta de que tardaba mucho en llegar. Sin embargo, mientras tanto, una novedad iba a cambiar su vida: el reencuentro, en parte rocambolesco, con su amada María.

Sucedió en una lluviosa tarde de primavera. La joven, a la que Giovanni no había vuelto a ver y a la que tampoco había buscado desde que su relación había acabado, y él se había marchado de viaje al centro de España, apareció de repente como un fantasma en la recepción de la Fonda con Michele Pantaleoni, bella como siempre, enfundada en un largo vestido negro que resaltaba su piel blanca y resplandeciente. Habían quedado con Pietro Durio para celebrar en la Fonda un banquete donde el novio, confió a Giovanni su compañero Mario, seguramente aprovecharía la ocasión para hacer la pedida de mano de ella. "¿Y tú que sabes?", dijo Giovanni, quizás más contrariado que incrédulo. "¿No oyes lo que dice la gente?", respondió su colega, notando en el joven una cierta consternación, algo impropio de una persona que se supone que no tiene ninguna relación con el extraño. "Si tú supieras...", le increpó Giovanni, que aquella noche, una vez acabado el turno de trabajo, sometió a su desventurado amigo a una larga confesión sobre la desdichada relación con la futura esposa del comerciante de sombreros.

Al día siguiente nuestro hombre llegó al trabajo antes de lo normal. Una vez tomado un café rápido en compañía del portero y del lavandero, fue a guardar su ropa en el armario de siempre cuando vio una nota dejada como por casualidad por un misterioso remitente. La desdobló con gran curiosidad hasta que apareció un trozo de papel arrancado de mala manera con algo escrito a toda prisa, San Sebastián 20 h, y una firma inconfundible: María. Durante toda la jornada Giovanni no dejo de pensar un momento en el motivo de aquel mensaje ni en el momento en el que la joven lo habría dejado, imaginando que el futuro marido la habría seguido con la vista en cada uno de sus movimientos en el hotel.

La jornada transcurrió lenta, como lentas y angustiosas son las esperas, tanto de buen como de mal augurio, hasta que sonaron puntualmente las siete y media de la tarde y nuestro hombre, casi sin despedirse de sus compañeros, se arregló en pocos minutos y corrió más veloz que el viento hacia el lugar de la anhelada cita. El carrer de Fernando VII, normalmente agradable y con poca gente, parecía no tener fin en aquellos momentos que precedieron al ansiado encuentro y Giovanni esquivaba a una pareja de ancianos, una madre que llevaba de la mano a un niño, a un mozo corriendo... temiendo no llegar a tiempo. Después, de repente, surgió ante sus ojos el convento de San Sebastián, hoy desaparecido para dejar lugar a la Via Laietana, la larga arteria que separa el centro histórico en dos, rápidamente construida entre 1908 y 1913.

María no había llegado todavía, o al menos eso pensaba. Miró a su alrededor una y otra vez para asegurarse; luego miró la hora: faltaban diez minutos para las ocho. Esperó cinco minutos, después otros cinco, cada vez más nervioso, hasta que por el contiguo carrer de Santa Isabel apareció ella, inconfundible como siempre. Se vieron, se abrazaron y, como por arte de magia, se besaron, como si no hubiera pasado el tiempo desde aquella tarde en la que se dijeron y no se dijeron adiós, debido a un destino más fuerte y audaz.

Transcurridos aquellos largos momentos de emoción, los dos se sonrieron sin articular palabra, pero sabiendo que esta vez nada ni nadie les separaría contra su voluntad. Sin hacerse notar, y pasando desapercibidos ante los chismosos vecinos, llegaron lo más rápido posible a la pensión en la que se hospedaba Giovanni; se lanzaron una mirada cómplice, furtiva, después subieron corriendo las escaleras, sin pensar: en menos de un minuto habían llegado a aquella habitación blanca y casi vacía, de no ser por las cosas que poco a poco había ido colocando él como decoración, como si quisiera recrear el reluciente mundo del hotel donde trabajaba. Se quitaron la ropa rápidamente para abandonarse a intensos, interminables momentos de pasión, como si el tiempo se hubiera parado en aquel primer, fugaz, beso en el café Torino, como si la ciudad entera se hubiera depositado en una nube a merced de las suaves, pero caprichosas brisas del Mediterráneo.

Pasados los días intensos y frenéticos de la reanudada relación, los dos siguieron viéndose cómo y cuándo podían, esquivando las miradas indiscretas, pero evitando sobre todo cualquier referencia a su historia con colegas y amigos. Fueron meses llenos de novedades, que comenzaron con el ascenso de Giovanni como ayudante de cocina, y el regreso de ella al café Torino después de una pausa auspiciada por su ex prometido, que no veía bien sus largas jornadas de trabajo. La pensión de él era sólo un dormitorio, por lo que los dos pasaban juntos mucho tiempo en los sitios más dispares de la ciudad, si bien con el habitual pudor obligado de la época.

Sin embargo, un día una noticia conmocionó de nuevo a Giovanni. Fue una carta, la carta que tanto esperaba de sus ancianos padres: la abrió nervioso, casi enfadado por tanto retraso. Estaba firmada por el padre que, en un italiano lleno de faltas gramaticales, contaba la reciente desaparición de las dos hermanas, ahogadas en el naufragio de un barco turístico en el que se encontraban con sus novios, y del abuelo que, ya un poco débil, no superó la tragedia. La misiva terminaba con la promesa, dictada más por las circunstancias que por la realidad, de reunirse algún día, cuando a los padres les faltaran las fuerzas y hubiesen vendido la casa del abuelo.

Giovanni y María se casaron, no sin haber oído antes las últimas quejas del padre de la joven, en una ventosa tarde de la primavera de 1876 en el mismo convento que los reunió después de meses y meses de espera angustiosa. A la breve pero intensa ceremonia asistieron varios colegas y ex colegas de ambos, además de los padres de ella y la hermana pequeña, Gaia, acompañada por un joven extravagante de fuerte acento toscano con el que salía desde hacía unos meses, además de varios socios y dirigentes de la *Società di Beneficenza*. Mientras escribía sus memorias, un párrafo tras otro, el futuro comendador recordaba, no sin cierta nostalgia, aquellos momentos de plena felicidad, inmortalizados por dos daguerrotipos que había enmarcado y colocado en la mesa, donde se veía a los jóvenes esposos sonrientes durante el banquete nupcial y en el sucesivo, breve viaje de novios a la Costa Brava.

De vuelta del viaje, Giovanni y María pudieron por fin establecerse en su nuevo nidito sin miedo a infringir ninguna regla, si bien siempre evitaron que les vieran en actitudes íntimas, especialmente en los largos desayunos dominicales que, a veces, realizaban en el café Torino y, a veces, en la casa de los padres de ella. Justo en una de estas citas, menos de un par de años después de la boda, los dos anunciaron la llegada de un heredero, que la familia de María acogió con sincera felicidad y la de Giovanni, si bien obviamente con unas semanas de retraso, con absoluta excitación. Antonio Picasso Mezzalama vino al mundo una soleada tarde de primavera del mes de junio de 1878 en casa de los recién estrenados padres, en el minúsculo piso en pleno carrer de Bilbao que habían alquilado después de la boda, en un parto al que asistieron la madre de María y la hermana Gaia. El niño, esperado hacía tiempo, formalizaba la definitiva reconciliación de Giovanni y María con los temidos padres de ella y, de alguna forma, fue al mismo tiempo Antonio con la "o" abierta, Antonio con la "o" cerrada y Antoni, así como su padre, que ya se consideraba a sí mismo tanto Giovanni como Juan o Joan.

Durante aquellos años en la Fonda del Falcón, nuestro hombre había ido ascendiendo poco a poco en el almacén, camarero de sala, encargado de recepción y reservas y secretario del jefe de recepción, siempre con la misma humildad y abnegación. Estaba a punto de convertirse quizás en jefe de recepción, cuando Luigi Durio, primo de Pietro y Costantino, le propuso que se fuera con él al Gran Hotel de Oriente, cosa que aceptó gustoso, sobre todo teniendo en cuenta el aumento de sueldo que le ofreció y la posibilidad de estar en contacto con los turistas más acomodados de la ciudad de entonces. Antes de que Antonio cumpliera un año y medio y pudiera decir la palabra "hotel", nuestro hombre se encontraba ya detrás del mostrador de la recepción del lujoso hotel, elegantemente vestido de rojo y azul, los colores corporativos del grupo Durio, con un cómico sombrero que cubría en parte las incipientes, aunque todavía escasas canas.

En esos febriles meses, Giovanni no había dejado de devorar, una tras otra, todas o casi todas las obras que, año tras año, su amigo Edmondo de Amicis publicaba con la editorial Barbera de Florencia y la Treves de Milán, y que puntualmente le enviaba por correo; y que, todo hay que decirlo, nuestro hombre intentaba pagar. ¡Que no se diga que un ligur de poniente da lecciones de generosidad a un genovés!, bromeaban en las cartas que se intercambiaban cada seis u ocho meses. Gracias a la correspondencia, se enteró de los numerosos desplazamientos de Edmondo por la "Bota" siguiendo los grandes eventos nacionales de la época, y en el extranjero, narrados en una serie de volúmenes dedicados a Londres, Holanda, Marruecos, Constantinopla o Paris, el último editado en 1879.

Sin embargo, el libro que más le impresionó fue el dedicado al viaje por España, que de hecho comenzó a bordo del *Unità d'Italia* aquella fría mañana de 1872 y en el cual se veía reflejado por boca de varios personajes citados por el autor en su primera etapa, la de Cataluña. Cada vez que lo releía, sentía una cierta nostalgia recordando aquellos tiempos de juventud e inocencia vividos en tierra española, pero también un alivio al considerar totalmente archivados aquellos momentos de flaqueza después de la partida del amigo, solo y sin dinero en un lugar en el que ni siquiera entendía la lengua oficial, por no hablar de la de la calle. Antes o después volvería a verle, estaba seguro, así como confiaba, no sin un poco de envidia sana, en poder igualar algún día la inspiración narrativa del amigo y recompensarle por su generosidad al enviarle sus obras sin pedirle nada a cambio.

En aquellos meses, la *Società di Beneficenza*, que de nuevo se había mudado a la actual zona detrás del Gran Teatre del Liceu y se había separado de la *Società Italiana di Mutuo Soccorso*, si bien seguían compartiendo la sede, estaba dividida en dos por el deseo de crear un colegio para los hijos, cada vez más numerosos, de los italianos residentes en la ciudad. Frente al dilema, Giovanni, que entonces ya era consejero de la asociación, se había pronunciado más de una vez a favor de aquel colegio, aunque sin adoptar posturas histéricas o radicales ante uno u otro consejero contrario al proyecto. De opuesto parecer eran, por ejemplo, los socios Corona y Balduzzi, según los cuales habría que hacer frente a unos gastos excesivos reduciendo la preciosa ayuda a los indigentes italianos a los que se había asistido desde siempre.

Tras un largo debate interno y un importante intercambio de correspondencia con el Ministerio de Asuntos Exteriores del Gobierno de Roma, y gracias también a nuevas donaciones de cada socio y consejero, en enero de 1882 se inauguró la escuela primaria gratuita, situada en los mismos locales de la *Società di Beneficenza* y destinada a seguir, como Giovanni recordaba con disgusto años después, los continuos cambios de un edificio a otro del Barrio Gótico. Con toda sinceridad, nuestro hombre estaba encantado con la nueva entidad, siempre que no representase un gueto italiano auto-excluyente en el corazón de la Barcelona más bulliciosa y autentica.

Como sucedió con la fundación de la *Società di Beneficenza e Mutuo Soccorso* en 1865, primero la intervención del cónsul italiano, Angelo Comello y la de Arnoldo de Martino después, resultaron de vital importancia para la apertura del Liceo Italiano, si bien el aporte definitivo se debió a dos figuras de extraordinaria importancia en aquellos años en la colonia italiana de Barcelona: el presidente Gioacchino Villavecchia, un genovés que había desembarcado en la ciudad un año después que Giovanni al frente de una sociedad, Carbonia, que ya ostentaba el monopolio de la importación de carbón vegetal de Cerdeña, y el vicepresidente Adolfo Folchi.

Florentino, todavía treintañero, llegó a la ciudad en 1877 como representante de la fábrica francesa de cristales Baccarat, y enseguida se inscribió en la *Società di Beneficenza*, de la que representaba la facción más pragmática. Padre de Giovanni y Elena, nacida poquísimos días antes que Antonio, pronto se ganó la ira de aquellos socios y consejeros más viejos, veteranos o simplemente conservadores, por esa actitud suya de actuar y proponer ideas continuamente, frente a la actitud de los primeros, más parecida a una diplomacia consular que a actuaciones de verdadera ayuda a los indigentes, minusválidos y expatriados.

La nueva sede del carrer de Lancaster, sin duda más digna que las precedentes, era fruto de su gran sentido de los negocios, así como la idea del evento más esperado de aquellos años, el Baile de los Italianos, y la iniciativa de cobrar, si bien prefería usar la palabra sensibilizar, a los armadores y capitanes de los barcos que atracaban en Barcelona y a los artistas italianos que recalaban entre una etapa y otra de sus giras europeas. De hecho, con él empezó a perfilarse la figura del representante local de grandes empresas italianas y extranjeras, mucho más activa y válida que la del pequeño y mediano emprendedor familiar, hegemónico en la anterior generación. Algún lustro antes, Martini & Rossi y la competencia, Cinzano & C, habían allanado el camino que más tarde daría lugar a una verdadera proliferación de oficinas de representación de empresas italianas, protagonistas a su vez de la constitución de más de una asociación italo-barcelonesa.

1882 fue un año especialmente importante para Giovanni y María. En marzo, un par de meses después de la apertura de la escuela gratuita, se convirtieron en padres de la pequeña Francesca, una niña de aspecto despierto y grandes ojos negros, para la cual su padre soñaba con la profesión de maestra o institutriz, debido a su profundo y nunca correspondido del todo, amor y respeto hacia la enseñanza y la literatura, mientras que su madre la imaginaba simplemente como mujer y madre respetuosa de la dignidad de los demás y la suya propia. No pocas fueron las visitas que recibieron en su pisito del carrer de Bilbao, así como las cartas y tarjetas de felicitación por el gran acontecimiento, que Giovanni anunció a sus padres unos días después en una larga y apasionada carta.

Esa primavera una muerte en parte anunciada conmocionó a gran parte de la comunidad italiana en España: la de Giuseppe Garibaldi, el llamado héroe de los dos mundos, desaparecido en su casa de Caprera a la venerable edad de setenta y cinco años. “Este es el peor golpe para Italia y la libertad”, leía nervioso Giovanni el 7 de junio en “La Vanguardia”, mientras desayunaba con María y el pequeño Antonio, que, con sólo cuatro años, ya había aprendido a pronunciar el apellido del mítico comandante del orgulloso papá. Muchos fueron los homenajes organizados por los italianos residentes en Barcelona, algunos de los cuales, como el varesino Luigi Grugnola del Hotel Cuatro Naciones, habían combatido en sus filas, en la que hoy conocemos como la Tercera Guerra de Independencia.

El mes siguiente, en una bochornosa mañana del mes de julio nuestro hombre recibió dos cartas que hacían presagiar la cantidad de novedades que deparaba aquel año. Por un lado, sellada por Correos del Reino de Italia, se encontraba la esperada respuesta de los padres de Giovanni a la carta del mes precedente, donde estos se alegraban del nacimiento de su segundo nieto. Ya sexagenarios, los dos habían ampliado la finca familiar de San Pier d'Arena; él había dejado la empresa Ansaldo, y ella casi todas las ocupaciones fuera de casa: criar gallinas, conejos, cerdos y cultivar cebollas, patatas y berenjenas se convirtieron en sus principales actividades, muchas veces con la ayuda de un hermano del padre, que no tenía ni mujer ni hijos y había dejado Parodi Ligure para establecerse en la costa, "donde al menos hace buen tiempo", escribían los padres no sin los habituales, pero inevitables errores de ortografía. Una vez más, los dos se despedían prometiendo hacerles una visita antes o después, promesa que nuestro hombre apreciaba y deseaba sinceramente, si bien creía difícil de cumplir.

La otra carta, por supuesto menos esperada que la primera, estaba firmada nada menos que por el cónsul de Barcelona, el anciano Giovanni Battista Cerruti, y se trataba de una invitación para formar parte del comité de bienvenida de una delegación enviada por el Ayuntamiento de Génova para celebrar la colocación de la primera piedra del gran monumento dedicado a Cristóbal Colón que se construiría cerca del puerto. El grupo, formado por trece personas entre asesores y periodistas de diarios como *L'Epoca, Il Movimento* e *Il Caffaro* de Génova, *La Patria* de Bolonia e *Il Secolo* de Milán, llegó en tren el 25 de septiembre y se alojó en el hotel de nuestro hombre, para participar después en una recepción oficial en el Saló de Cent, con una representación de *Il Trovatore* de Verdi y de *Pamela Nubile* de Goldoni en el Teatro Lirico y el Teatro Principal, un banquete en el piróscafo Cristóbal Colón del conocido armador Morera, una corrida en la entonces Plaza de Toros El Torín en la llamada Barceloneta, una excursión a los exclusivos Baños Orientales del Conde Gassull, una cena oficial en el Hotel Cuatro Naciones y una comida de despedida ofrecida a las autoridades y prensa catalana en el restaurante París.

Cinco días después Giovanni despidió a la delegación que partía hacia Marsella a bordo del piróscafo Colón, no sin un cierto alivio después de casi una semana de acontecimientos, pero también con una cierta melancolía al despedirse de aquellos acentos tan marcadamente iguales al suyo y, por extensión, de su querida familia. Como si no bastara, al día siguiente tenía que dedicar parte de su tarde de descanso a una misa en memoria del cónsul Cerruti, desaparecido en su casa de Turín justo en la vigilia de la llegada de la delegación, y por este motivo ausente de los eventos organizados en su honor. "Los esfuerzos siempre tienen su recompensa", le consolaba María mientras se dirigía, bastante cansado, al funeral bajo la contrariada mirada del hijito Antonio, que hubiera querido jugar con él en el parque, y consolado por el sueño imperturbable de Francesca, acunada en ese momento por la abuela Carla. Ella tenía razón.

A nivel profesional, el año se cerró para Giovanni con la participación en un evento entre los más celebrados por la prensa local de la época: la inauguración, en el Gran Hotel de Oriente, del Gran Salón Condal, un acto organizado por los propietarios, los incansables hermanos Pietro y Costantino Durio y su primo Luigi, para acoger a la *créme de la créme* del mundo empresarial italiano y español afincados o de paso por la ciudad. Después de tres años como jefe de recepción del Gran Hotel de Oriente, aquella misma tarde Giovanni fue ascendido a vice director del nuevo salón, concebido como un reto al resto del sector hotelero catalán, cada vez con más problemas por las ingentes inversiones de la familia Durio. Con aquel encargo Giovanni empezó a desempeñar un rol casi de representación, como una especie de embajador de la marca Durio en la ciudad, con las obligaciones que ello conllevaba: desde la participación en reuniones, banquetes y conferencias con huéspedes de categoría, hasta la obligación, sobre todo moral, de participar y contribuir más activamente con la *Società di Beneficenza* y la escuela gratuita, en la que matricularía al pequeño Antonio en unos meses.

Parecía que todo favorecía a Giovanni y su familia en la breve pero intensa estación que culminó, en mayo de 1883, con la boda de la cuñada Gaia y su novio Emanuele, si no hubiera sido porque desde hacía mas de una década una serie de conflictos diplomáticos y comerciales amenzaban la paz y tranquilidad futuras de todo un continente.

Como sucedió en parte con la unificación italiana, el nacimiento en 1870 del nuevo Impero Alemán cambió el panorama geopolítico continental alertando a las otras potencias europeas, España e Italia incluidas, que emprendieron una tras otra la vía del proteccionismo, convencidas de poder contener así de forma más eficaz problemas como el nacionalismo y el descontento social de las masas obreras y campesinas. El Estado adoptaba así un rol cada vez más activo en la economía, imponiendo aranceles frecuentemente insalvables para las mercancías extranjeras, provocando verdaderas guerras aduaneras. Contemporáneamente a estos altibajos económicos, Europa se mostró cada vez más colonialista y armada, dado que, ya desde los años 70, cada vez más países se habían lanzado a la conquista de territorios en Asia y África, hasta que, justo cuando Giovanni y María disfrutaban de los primeros meses de vida de la pequeña Francesca, el 20 de mayo de 1882, el Reino de Italia creó con el Imperio Alemán y el Austro-Húngaro la Triple Alianza, un pacto para frenar las ambiciones francesas en el Magreb, al que siguió en 1907 la Triple Entente que se firmó entre la Tercera República Francesa y los Imperios Británico y Ruso.

Debido a la neutralidad española, sea por el poco peso internacional de Madrid o por la precaria situación económica local, Italia inició una serie de maniobras secretas para garantizar una postura no pro-francesa por parte de Alfonso XII en temas importantes para el Gobierno de Agostino Depretis, como el predominio en el Norte de África y, más en general, para completar un cerco hostil a Francia también más allá de los Pirineos, ventajoso para la Triple Alianza. Algunos años después, en mayo de 1887, el embajador en Madrid, Carlo Alberto Ferdinando Maffei di Boglio, y el ministro del Estado español, Segismundo Moret, estipularon un pacto secreto con una validez de cuatro años, basado en la voluntad general de reforzar el principio monárquico y garantizar la paz: en resumen, fortalecían una serie de medidas ya vigentes para frenar a Francia en este caso, mediante la garantía del estatus quo mediterráneo, sobre todo en las costas norteafricanas.

En aquel clima de relativo progreso económico y estabilidad política y social, la ciudad de Barcelona asistía impaciente a los preparativos para la Exposición Universal de 1888 que, para los empresarios y encargados de las obras sería el despegue económico definitivo de la ciudad. Giovanni se enteró de esto en 1885, en los dramáticos días que acabaron con la muerte de Alfonso XII, consumido con tan solo veintisiete años por la tuberculosis, y el comienzo de la regencia de su mujer, María Cristina de Austria, embarazada del futuro soberano Alfonso XIII. La ciudad iba ganando espacio al mar y al campo alrededor, equipándose con largas calles peatonales y nuevas redes de comunicación hacia los suburbios de Sants, Sarriá o Gràcia, transformando el parque de la Ciudadela, antiguo polígono militar y centro de la futura exposición, en el nuevo pulmón verde de la ciudad y terminando poco a poco el ambicioso tablero llamado del Eixample. "¡Parece una Turín marítima!", solía bromear un conocido suyo y comisario de la exposición, Carles Pirozzini i Martì, hijo de un piamontés y una catalana, siempre que se refería a aquella ciudad de casi medio millón de habitantes, cada vez más bonita y moderna, a la vanguardia en todos los sentidos en una España a la que le costaba hacerse un hueco bajo el sol en el nuevo panorama geopolítico internacional o *Belle Epoque*, como decía la gente importante de la época.

Mientras tanto, y a pesar de las dificultades de España, sumida en los cambios de régimen y en una serie de largas y desafortunadas guerras coloniales, el contingente nacional en tierra ibérica había aumentado, según un informe del cónsul para España Oriental, Enrico Stella, hasta 3.853 personas, más de una tercera parte de las cuales se encontraban en Cataluña. Sin embargo, estos datos no reflejaban la presencia de decenas de compatriotas que no figuraban en los registros consulares, bien porque eran expatriados en condiciones de emergencia o ilegalidad, bien porque no estaban interesados o les era indiferente aparecer. La *Società di Beneficenza*, en la que Giovanni y el suegro Flaminio seguían participando como socio y consejero, se hacía ahora cargo de muchos de ellos ofreciendoles un plato de comida caliente, una ayuda para pagar el alquiler o bien, en los casos más extremos, un billete de vuelta a Italia.

A pesar de estas loables obras, numerosos miembros de la comunidad habían poco a poco empezado a reclamar la constitución de una asociación que representase más en concreto los intereses y expectativas de los emprendedores italianos en España, a imagen y semejanza, por ejemplo, de la Cámara de Comercio Italiana de Londres, que desde hacía menos de un año representaba los intereses de los compatriotas en Inglaterra y Escocia. A su regreso de un breve viaje al Reino Unido con su mujer, el señor

Antonietti, que mientras tanto se había convertido en algo más que un simple conocido para Giovanni, consideraba la Cámara como un gran paso adelante para la tan activa comunidad económica italiana local. Sin embargo, en honor de la verdad, ambos se daban cuenta de que estas iniciativas caían en saco roto debido a la todavía escasa presencia de grandes empresas italianas en España en general, y de acaudalados empresarios locales en Barcelona en particular. "¡Entonces nosotros constituiremos las empresas!", sugerían frecuentemente, profetizando, a sus compañeros más íntimos.

Aquellas exclamaciones que, a primera vista, parecían de broma, fruto quizás del simple deseo de reforzar y articular la presencia italiana en el territorio, se convirtieron con el paso del tiempo en verdaderas manifestaciones de impotencia, a raíz por ejemplo de la creación en 1886 de la Cámara de Comercio, Industria y Navegación de Barcelona que, de cara a la Exposición Universal, ambicionaba reunir los intereses de todo el empresariado catalán, cada vez más fuerte y orgulloso de su ciudad. Así fue como en los años más intensos y gratificantes al servicio de los Durio, a punto de cumplir los cuarenta años, Giovanni empezó a sentir, aparte de las ganas de afrontar nuevos retos, un cierto aburrimiento por las tareas y cargas de trabajo que ejercía desde hacía años: quizás había llegado el momento de cambiar de vida y la solución a su cada vez más frecuente malhumor estaba más cerca de lo que él imaginaba.

"¿Que es lo que de verdad te gustaría hacer en la vida?", le preguntó un día a quemarropa la siempre clarividente María, que no había dejado de hacerse cargo del café Torino excepto poco antes y poco después de su segundo embarazo y que, de un tiempo a esta parte, invitaba cada vez más frecuentemente a casa a su hermana Gaia y a Emanuele, que se divertían en mimar a Antonio y Francesca y que, a los pocos meses, se convertirían también ellos en padres. El silencio embarazoso que siguió le trasladó a los momentos de flaqueza que tuvo apenas desembarcó en la ciudad y pensaba en volver a casa, tal era la soledad y frustración que lo envolvían. Después, de repente, una broma concisa, lapidaria, de las que se sueltan sin meditar los pros y los contras y los efectos en general: "Los libros", respondió.

II

En aquellas semanas, Giovanni todavía no había terminado de leer *Las aventuras de Pinocho* de Carlo Collodi, cuando una nueva correspondencia, esta vez más gruesa de lo normal, llegó a sus manos procedente de su amigo Edmondo, establecido ahora en Turín, en el elegante Palazzo Perini. Eran dos paquetes que contenían una larga carta en la que el ya consagrado periodista y escritor le hacía partícipe de los numerosos viajes realizados como corresponsal de *La Nazione* y de sus nuevas ambiciones como escritor infantil, a imagen y semejanza de su admirado Collodi, así como una copia del borrador del nuevo volumen en el que estaba trabajando: un libro para jóvenes titulado, o al menos así lo parecía, *Corazón*.

Si bien todavía había que perfilarlos, aquellos atormentados cuentos de niños marcados por un destino que les superaba, prometían convertirse en un enorme éxito editorial, gracias también a los grandes esfuerzos del Reino de Italia para crear una conciencia nacional de unidad basada en el amor por la patria, el respeto por las autoridades y los padres, el espíritu de sacrificio, el heroísmo, la caridad, la obediencia y la actitud ante las desgracias. En particular, uno de estos cuentos, *De los Apeninos a los Andes,* se parecía un poco a las aventuras de Giovanni y le recordaba los fríos momentos de febrero de 1872 en los que, junto a su amigo Edmondo cruzó el Mediterráneo a la búsqueda, justo como el joven protagonista Marco, de algo que deseaba mucho: un trabajo digno y el amor de otro ser humano. Lo leyó y releyó no sin sentir una especie de conmoción por las dolorosas peripecias del pequeño, que sin embargo, igual que él, logra superar poco a poco las dificultades y se reúne, en su caso, con la adorada madre enferma en Argentina.

"¿Por qué no lo puedes traducir y publicar tú en España?", dijo nuestro hombre, al tiempo que se le iluminaba la cara, una noche en la cena durante una conversación con el cuñado Emanuele, que desde hacía algún tiempo se dedicaba en cuerpo y alma a la editorial. "Podemos verlo", respondió manteniendo una cierta frialdad, acostumbrado como estaba a los altibajos del mercado de libros, si bien a su vez preveía la gran potencialidad de una obra capaz de surcar fronteras y culturas nacionales. Escribieron así una larga, apasionada declaración de intenciones a Edmondo y a la editorial del volumen, la Treves de Milán, en la que los dos presentaban la actividad, historia y objetivos de Maucci Edizioni, para proponerse después como referencia para la promoción y venta de *Corazón* en España y América Latina. Todavía no lo sabían los dos cuñados, y sin embargo aquella carta significó el comienzo de una colaboración más que rentable de una de las más bellas aventuras editoriales del siglo pasado.

En el escrito, los dos hicieron alarde de todos sus dotes de persuasión y originalidad. Hasta entonces la existencia de Emanuele había sido particular, por no decir atípica, nacido en 1845 en Mulazzo, actualmente provincia de Massa Carrara y acostumbrado desde la más tierna infancia a sacarse las castañas del fuego. Huérfano de padre con tan sólo cinco años, vendedor ambulante de libros en Francia y abandonados los estudios a los diez años, Emanuele empezó muy pronto a viajar por Italia vendiendo libros y cuadernillos hasta que en 1862, con diecisiete años, emigró a

Montevideo y Buenos Aires, donde compró un puesto ambulante de libros en italiano y fundó una de las primeras librerías de la ciudad, con libros en italiano y en castellano. Tiempo después comenzó a dedicarse al comercio al por mayor de libros entre Italia y Sudamérica y se marchó a México, donde abrió una librería, El Parnaso Mexicano, que en poco tiempo se convirtió en un punto de referencia para la literatura italiana en todo el país.

Durante uno de sus viajes a Europa, en una escala en Barcelona, Emanuele conoció a Gaia casi por casualidad cuando bebía a sorbos un té en el café Torino; al principio la diferencia social y de edad entre los dos mantuvo a raya cualquier tipo de pasión. Sin embargo, cuando Emanuele volvió a marcharse a París y Sudamérica, los dos iniciaron una numerosa correspondencia de la que sólo María estaba al corriente, cómplice de la hermana para que las cartas de aquel joven aventurero y un poco disoluto no acabaran en manos del padre Flaminio. Cuando regresó definitivamente a Barcelona en 1882, fortalecido por la experiencia adquirida en la editorial y cada vez más unido a Gaia, a finales de 1883 el joven abrió una pequeña tienda en el carrer del Conde del Asalto, actualmente carrer Nou de la Rambla, frente al futuro Palau Güell, además de traducir y publicar en España los primeros volúmenes de la nueva Editorial Maucci, distribuyendo la mayoría en Buenos Aires, donde trabajaban los primos Luigi, Carlo y Giacomo, y en Ciudad de México, donde vivían los cuñados Carlo y Alessandro, todos ellos oriundos de Mulazzo y del Apenino ligur y tosco-emiliano en general.

Con aquellas premisas, la actividad de Emanuele prometía convertirse en una de las mejores aventuras empresariales italianas en España, a mitad de camino entre aquellos primeros compatriotas que se dedicaban al comercio al por menor de pieles, ropa y alimentos y aquellos directivos, cada vez más numerosos, que desembarcaban para ampliar los horizontes de la casa madre italiana que representaban. Consciente de la creciente sed de lectura y del limitado poder adquisitivo de la gente del pueblo, el astuto emprendedor se especializó enseguida en las ediciones de bolsillo o económicas, con traducciones quizás de inferior calidad respecto a las de la competencia, pero haciéndose poco a poco con el apetitoso mercado de las novelas y relatos por entregas, basados muchas veces en argumentos banales o de carácter picante, que luego editaba en un único ejemplar con atractivas tapas.

A pesar de las malas críticas de los puristas del sector que le acusaban, cosa que le hacía mucha gracia, de "vender la literatura al Diablo", cosechaba un éxito tras otro desde hacía más de dos años, dando trabajo a una patrulla cada vez más numerosa de jóvenes traductores y traductoras, ya que para él el trabajo femenino era tan digno como el masculino, y dando a conocer al gran público una tras otra las primeras obras de Carolina Invernizio, Edmondo de Amicis y Paolo Mantegazza entre otros, sin olvidar aquellas que años después, ya moribundo, recordaría como su mayor éxito: las controvertidas "*Conocimientos para la Vida Privada* escritas en 1900 por el higienista mexicano Vicente Suárez Casan. Normalmente se trataba de libros contrarios a la Iglesia y a las Autoridades, pero que reflejaban plenamente los gustos de un sector, el del pequeño burgués, artesano y proletario, cada vez más instruido y sediento de lectura. Por esto, sólo unos años después, más por conformismo y elección empresarial que por pasión, Emanuele y Giovanni empezaron a publicar clásicos de la literatura universal de Dante, Shakespeare o Cervantes que, con los libros de jóvenes neófitos y los tratados, al principio por entregas y más tarde completos, de geografía, astrología, ciencias ocultas o sexualidad, constituyeron la tercera columna sobre la que descansaba aquel afortunado imperio del papel.

Corazón vio la luz en octubre de 1886, coincidiendo con el inicio del nuevo año escolar, y enseguida tuvo mucho éxito no sólo en el mundo docente, sino también entre las mismas familias interesadas en transmitir a su prole los valores, por decirlo de alguna manera, universales del libro. Una vez superada la resistencia de Treves, hostil en un primer momento a las lisonjas de Emanuele y Giovanni, los dos estipularon con la entonces principal casa editorial milanesa un contrato de colaboración que, si bien el libro se reveló como un negocio, significó probablemente el despegue definitivo de la casa editorial. A cambio de un porcentaje sobre los beneficios, los dos se encargaron de traducir y distribuir *Corazón* en el mercado de habla hispana, cada vez más interesado en las novedades literarias europeas y estadounidenses, de España a las Américas, pasando por Filipinas, colonia del decadente imperio de Alfonso XII.

Y así fue. El libro, que desde el primer momento decidieron llamar *Corazón,* desapareció enseguida de las estanterías de la pequeña Librería Maucci, tanto que Emanuele encargó una segunda y una tercera edición. Giovanni, que en aquellos meses hacia cada vez más viajes entre el café-restaurante de los Durio y la tienda del cuñado, estaba inmensamente satisfecho por las nuevas funciones de consejero, ayudante, vendedor y estratega editorial a lo que se dedicaba cada vez más, además de sentir un poco de envidia sana por las dotes empresariales del cuñado, que mientras tanto se había convertido en padre de Giulia y deseaba ampliar rápidamente la familia. "¡Ya eres un viejo!", bromeaba Giovanni recordándole que en aquel tiempo muy pocos hombres se convertían en padres por primera vez cumplidos los cuarenta. "¡Mírate tú!", le contestaba, recordándole que, a fin de cuentas, nuestro hombre era sólo tres años más joven.

Gracias a las reediciones de *Corazón* y otros éxitos recientes como la *Filosofía del placer* de Mantegazza, Maucci inauguró en los meses sucesivos dos nuevas sucursales en Cuba y Madrid, ésta última después de un profundo análisis de mercado para estudiar si la capital española, entonces fuera del importante tráfico comercial italiano y extranjero en general, podría favorecer la expansión en el resto de la Península Ibérica. En este momento Giovanni, que estaba esperando el ascenso a director del Gran Salón Condal prometido desde hacia tiempo, pero no formalizado todavía, empezó a pensar en dejar a la familia Durio que, debido a un pequeño bajón en la facturación, había congelado desde hacía un año el salario de la mayoría de los empleados, para dedicarse de lleno a aquel mundo, la literatura, que desde siempre le había traído suerte y animado cuando más lo había necesitado. Era una señal del destino, pensaba.

Recuerda en sus memorias el comendador Picasso que sus dieciséis años en el mundo hostelero acabaron de repente en la primavera de 1888 cuando, después de meses de tira y afloja sobre su ascenso a director, el propietario del salón, Luigi Durio vendió todas sus acciones a sus primos Pietro y Costantino para dedicarse a una nueva aventura empresarial, el café Nacional de Madrid. Justo cuando el mundo empresarial italiano en España era cada vez más numeroso y se encontraba concentrado en la ciudad de Barcelona, el más joven y temerario de los Durio decidía probar suerte en el corazón de aquel país que crecía a pequeños pero seguros pasos, convencido de que la relativa falta de competencia, sobre todo de extranjeros, y la céntrica situación geográfica de la capital jugarían a su favor en aquella iniciativa.

Por lo tanto, sin el apoyo de aquel que hacía unos años le llevó consigo al nuevo salón y amargado por el nombramiento como director de un novarés del que, años después, no recordaría siquiera el nombre, Giovanni presentó su dimisión a los dos Durio una mañana a finales de marzo. A las insistentes preguntas de los hermanos, que no se esperaban esta decisión, "Vuolsi così colà dove si puote ciò che si vuole, e più non dimandare" (*esto se decide allí donde se puede hacer lo que se desea, y no pregunten más*), les respondió flemático citando a Dante Alighieri, aquel autor que, justamente en aquellos días estaba releyendo pensando en una probable reedición del *Infierno* en España y Argentina. Por último, firmaron los documentos de la separación amistosa y se despidieron con fuertes apretones de mano, de esos que quieren enterrar en un abrir y cerrar de ojos los posibles rencores, desacuerdos y sonrisas forzadas del pasado.

Cansado de un mundo, el del turismo de lujo, donde la apariencia era más importante que la sustancia y, sobre todo que la dignidad personal, y necesitado de un cambio radical de vida, Giovanni inició sus cuarenta años con una nueva aventura laboral. Es más, fue el mismo Emanuele, de regreso de un viaje por Sudamérica, el que le hizo el regalo más significativo y más inesperado: el cambio de razón social de la empresa a Editorial Maucci & Picasso. Una vez más, esto ocurrió en el piso de Giovanni en el carrer de Bilbao, en presencia de la familia Mezzalama al completo: los ancianos Flaminio y Carla, las hermanas María y Gaia y, cómo no, los pequeños Antonio, que con casi diez años ya leía *Las aventuras de Pinocho*, Francesca, de seis años y Giulia, de dos. Era el inicio de una nueva vida, uno más de los tantos cambios que nuestro hombre ya había experimentado y que todavía le quedaban por vivir en aquella ciudad durante la febril espera de la gran Exposición de abril.

Al día siguiente, inmerso en sus pensamientos, Giovanni casi se equivoca de camino al ir por la mañana a su nueva oficina del carrer del Conde del Asalto, situada en el segundo de los dos pisos ocupados por la librería, ya se podía decir, de la familia. Nombrado director ejecutivo del cuñado, sabía que en realidad tendría que realizar toda una serie de funciones que incluían la elección de los títulos a traducir y reeditar, organización de las exportaciones a Sudamérica, gestión de la sucursal de Madrid y también, porque no, atender a los clientes y visitantes, en notable aumento después de la reciente ampliación del local. Consciente de sus nuevas responsabilidades, en los días precedentes al cambio de trabajo, Giovanni organizó hasta en los mínimos detalles, junto al Consejo Directivo de la *Società Italiana di Beneficenza,* una delegación que asistiría a la inminente inauguración del monumento a Cristóbal Colón, y a esto se dedicó en esos primeros e intensos días en los que Emanuele se encontraba de nuevo en el extranjero, dedicado a promocionar la casa editorial entre viejos conocidos franceses.

La inauguración, que marcó al mismo tiempo el comienzo de la tan esperada Exposición Universal, tuvo lugar el uno de abril y reunió a no menos de trescientos expositores. Para la ocasión, la colonia italiana de Barcelona ofreció un banquete a Tommaso di Saboya, segundo duque de Génova y a los altos oficiales de la Marina que acudieron al evento, mientras que por la tarde visitó el pabellón el Secretario General de la muestra, Carles Pirozzini, y la Reina María Cristina en persona, que llevaba en su regazo al futuro soberano Alfonso XIII. Maucci & Picasso ocupaba un pequeño espacio y, aunque la delegación italiana no se encontraba en el punto más concurrido de la feria, era de fácil acceso para todos los visitantes extranjeros que día tras día, del 8 de abril al 9 de diciembre atravesaban el Arco de Triunfo para admirar estupefactos las maravillas internacionales reunidas en el Parque de la Ciudadela, rehabilitado para el evento.

Esta euforia quedó en sombra cuando el Gobierno italiano, después de un duro debate parlamentario, decidió no enviar a Barcelona una delegación oficial propiamente dicha, dejando en las manos de cada ayuntamiento y empresario la decisión de participar o no en la inauguración de la feria. De todas formas, en aquellos nueve meses muchas fueron las visitas y recepciones en el pabellón italiano en honor de políticos y empresas llegadas directamente de la "Bota", sin contar otros muchos actos más solemnes, organizados por las autoridades italianas en España, como el nuevo embajador Giuseppe Tornielli Brusati Di Vergano, al que poco después sustituyó el más longevo Carlo Alberto Maffei di Boglio. A pesar de los loables intentos de aunarlos a todos bajo una misma bandera, la ausencia de un organismo que representara los intereses italianos en Barcelona o en España era en esos momentos dramática, dando la razón a las viejas quejas de Giovanni y de otros muchos compatriotas, según las cuales sin una verdadera unión, nunca obtendrían los beneficios adecuados ni voz ni voto en las altas esferas de la política, tanto italiana como española.

La Exposición Universal cerró sus puertas en diciembre de 1888 con un gran éxito de público y la consagración definitiva de Barcelona en el mapa económico europeo; más que de las declaraciones de la prensa y recíprocas manifestaciones de consideración entre la diplomacia de Roma y Madrid, fueron otros los elementos que detonaron el auténtico despegue de las relaciones económicas y comerciales entre los dos países.

Así, igual que el Tratado de Comercio y Navegación, firmado en Roma el 2 de junio de 1884, basado en el primer acuerdo sobre los mares de catorce años antes, formalizaba las buenas relaciones entre las dos potencias, el convenio, entonces secreto, de 1887 entre el embajador en España Maffei y el ministro de estado Moret, allanaba el camino al primer Tratado de Comercio entre España e Italia que, firmado el 26 de febrero de 1888 y válido durante cuatro años, se prorrogó hasta el 30 de junio de 1892 y conllevó una primera regulación de las exportaciones de un litoral al otro del Mediterráneo; al acuerdo le siguió un segundo tratado homónimo firmado el 6 de agosto de 1893 y adoptado enseguida aún sin contar con la ratificación parlamentaria hasta 1905.

Acabados los fastos de la Exposición Universal, a principios de 1889 Giovanni emprendió con su cuñado su primer viaje de negocios al Madrid de los liberales de Práxedes Mateo Sagasta, a la cabeza desde hacía cuatro años del Gobierno más estable y longevo desde los tiempos de Leopoldo O'Donnell. Fue un viaje largo y cansado que transportó por un momento a Giovanni a aquellas sensaciones lejanas, agradables y aniquiladoras al mismo tiempo, de diecisiete años atrás, en aquella fuga suya en soledad a la Meseta más árida y solitaria, a la búsqueda de sí mismo después de los primeros meses tristes y sin compañía en Barcelona.

Sin embargo, aquella vez, seguro de un éxito empresarial que se hacía cada vez más patente en su forma de vestir, ahora más cara y elegante, y en sus gestos, ahora más tranquilos y estudiados al detalle, como si siempre estuviera frente a un cliente de la alta sociedad, viajaba con una autoestima y una seguridad en sí mismo que incluso podían parecer inapropiadas para los que no le conocían de cerca. Aquel cambio sufrido hacía un año, parecía a primera vista el fruto de una feliz e improvisada elección de trabajo y de vida, mientras que él, extremadamente fatalista y racional, sabía bien, aunque se cuidaba mucho de decirlo, que había llegado al final de una serie de acontecimientos que lo habían llevado a un punto sin marcha atrás. Así, su elección fue en cierto modo impuesta, si no quería caer en la amargura y lamentaciones de un ascenso prometido y nunca concedido, ni en la envidia por un pariente todavía menos culto que él, pero que de la nada creó un verdadero imperio editorial.

Aquellos días de negocios madrileños, repletos de visitas comerciales y reuniones, dieron sus frutos en primavera con la apertura de una tienda en pleno Paseo de Recoletos, a pocos metros de la imponente Biblioteca Nacional y del Gran Café de Gijón, fundado el año anterior por un emigrante asturiano y que, unas décadas después se convertiría en el punto de referencia para el universo literario local, si bien todo esto no podían saberlo ni Giovanni ni Emanuele. La elección de aquel barrio tan señorial, en parte tan diferente al público popular al que se dirigían muchas de las publicaciones, era toda una apuesta, ya que es cierto que las principales librerías de la época se encontraban en los alrededores de la Puerta del Sol, y que aquello que ahora es un céntrico lugar de reunión y paseo, entonces era una zona casi periférica, frecuentada sobre todo en verano por transeúntes en busca de aire fresco en el vecino Parque del Retiro.

Debido a la entrada en el mercado editorial de numerosos competidores con precios asequibles, Emanuele y Giovanni intentaron en aquellos meses diversificar la oferta e imagen misma del grupo, hasta hacia poco tiempo despreciado por todos los lectores que no perdonaban a Maucci & Picasso el reducido catalogo de clásicos de la literatura, tanto española como universal. Es más, los dos preparaban desde hacia tiempo la apertura de nuevas tiendas e imprentas en regiones hasta ese momento fuera de los grandes circuitos literarios de entonces, como Vascongadas y Andalucía: la idea sin embargo requería una aportación de fondos no despreciable y de ser un fracaso hubiera podido truncar en su nacimiento las aspiraciones del grupo.

En aquellos tres años, las visitas a Madrid tanto de Emanuele como de Giovanni fueron frecuentes, mientras que se fueron abriendo al mercado francés y portugués, siendo testigos del creciente protagonismo de la capital española. La ausencia de una salida al mar se compensaba sobre todo por las mejoras de las líneas ferroviarias y la apertura de viejos y nuevos trazados terrestres capaces de unir cada vez más rápido la ciudad con cualquier punto de la geografía ibérica; mientras tanto, la costa española, tanto mediterránea como atlántica, experimentaba un importante aumento de la actividad industrial y del nivel de vida y cultural de sus habitantes.

Cada vez que Giovanni se disponía a hacer los más de seiscientos kilómetros que separan Barcelona y Madrid, María le rogaba que volviera lo antes posible y que le notificara si tenía que quedarse más tiempo de lo previsto, temerosa de aquella ciudad lejana, centro de la vida y revueltas políticas del país, como leía en los periódicos que llegaban al café Torino. La mujer, ya cansada de su trabajo detrás del mostrador, repartía su tiempo entre la administración del bar, el cuidado de los hijos Antonio y Francesca y el de sus ancianos padres, Carla y Flaminio; como si no fuera suficiente, frecuentemente sacrificaba su poco tiempo libre a la editorial, en la que ayudaba a organizar actos de carácter literario en el café paterno. Cuanto más se afanaba, Giovanni se sentía más culpable de seguir emprendiendo nuevos proyectos que normalmente le llevaban lejos de su familia: "¡Encuentra un trabajo normal de una vez por todas!", le espetaba María en los momentos de más trabajo, antes de fundirse en largos, recíprocos abrazos.

En cualquier caso, al poco tiempo y debido a las precarias condiciones de salud de su fundador y la constante pérdida de clientes atraídos por el aumento de locales de precios económicos que ofrecían las bebidas alcohólicas más en boga en la época, María decidió vender las acciones familiares del café Torino a los eternos Pietro y Costantino Durio, que reunieron así buena parte de los hoteles y locales de moda del centro de la ciudad. Fue una difícil elección, dictada más por la razón que por el corazón, en la que la mujer y el anciano padre tuvieron en cuenta las perspectivas de crecimiento de un sector que, a pesar del relativo bienestar de los barceloneses, no les ofrecía especiales garantías a medio y largo plazo; aquella mañana en que firmaron la cesión definitiva del local a los Durio cerrando así una saga de casi veinte años, en los que supieron lo que era hacer el esfuerzo de invertir cada vez más energías en un mercado competitivo como ninguno, pero durante los que también conocieron la enorme satisfacción de contar con el cariño y la consideración de la Barcelona bien de la época, se emocionaron como nunca habrían imaginado.

La cesión del café Torino, además de liberar a los Mezzalama de un trabajo cada vez más pesado, permitió a Carla y Flaminio hacer realidad su viejo sueño de comprar una torre familiar en Sarriá, lo suficientemente lejos del ruido de las fábricas de Barcelona, pero a fin de cuentas a una distancia irrisoria de las principales vías de comunicación con la capital catalana. El anciano matrimonio ocupó toda la planta inferior de la casa, mientras que María y Giovanni se instalaron en el ala izquierda del primer piso, dejando la derecha a Gaia y Emanuele, también ellos decididos a abandonar el piso que tenían en alquiler desde hacía años a dos manzanas de la primera librería del grupo. La mudanza definitiva de los cuatro se hizo a principios de 1891, mientras que los niños Antonio y Francesca por una parte, Giulia y Emanuele, el nuevo hermanito, por la otra, a pesar de la diferencia de edad, escrutaban con el mismo estupor aquella nueva residencia tan parecida a las casas medievales de los caballeros y princesas de sus cuentos preferidos.

Una vez instalados de forma estable en Villa Mezzalama, Giovanni y Emanuele se lanzaron a un nuevo, ambicioso proyecto editorial: una colección de obras y autores ligados al mar, de cara al cuarto centenario del Descubrimiento de América. El evento reunió en Barcelona a numerosas autoridades españolas e italianas que, para no crear conflictos diplomáticos, evitaron el viejo y peliagudo debate sobre los orígenes de Cristóbal Colón. "¡Sólo faltaría que fuese sevillano!", bramaba Giovanni cada vez que se ponía en duda, incluso de broma, los orígenes genoveses del ilustre compatriota. Para la ocasión, los dos organizaron toda una serie de encuentros con literatos, proveedores y profesionales del mundo editorial en general, renunciando a los numerosos viajes de negocios a Madrid, concentrados como estaban en la nueva iniciativa: la colección "Grandes Clásicos del Mar", que vio la luz en septiembre de 1892, un mes antes de los festejos dedicados a Colón, y que de nuevo fue un gran éxito editorial, con el resurgir del patriotismo que en aquellos meses excitaba a jóvenes y viejos en todo el país.

Pocas semanas después, reforzados por la popularidad de la nueva obra, los *cuñadísimos*, como se les iba conociendo en Barcelona, fueron invitados, junto con los principales empresarios italianos, a dar la bienvenida a la delegación italiana llegada de Génova para participar en los festejos y encuentros bilaterales que se celebraron en base al renovado interés comercial entre las dos orillas del Mediterráneo. El grupo, precedido pocos días antes por otra delegación, destinada a asistir a las celebraciones de Palos de la Frontera, en Huelva, llegó puntual en tren el 11 de octubre a la Estación de Francia y, alojados en el Hotel Cuatro Naciones, participaron en ocho intensos días de ceremonias, fiestas, banquetes, excursiones, corridas y noches de gala, como ya se hizo en 1882 y 1888.

Al acabar las celebraciones, gracias a los intermediarios de la casa editorial Treves, con la que Maucci & Picasso mantenían muy buenas relaciones desde los tiempos de *Corazón*, con las sucesivas reediciones de la obra, los dos cuñados convinieron con esta la traducción y distribución en Italia de los "Grandes Clásicos del Mar", seguros de que también allí sería un gran éxito editorial. En efecto, la idea cumplió las expectativas, si bien la menor implicación de la opinión pública en las celebraciones en honor de Colón y la poca familiaridad con numerosos autores españoles, redujeron bastante las ventas. Giovanni y Emanuele llegaron a la conclusión de que, si bien las relaciones italo-españolas eran sólidas, el problema era la falta de recíproco conocimiento, un factor que el mercado no podía ciertamente remediar por sí solo: era necesario, aparte de las más que redundantes declaraciones de amistad y lealtad de políticos y diplomáticos, un esfuerzo común para promocionar todo el sistema económico y cultural italiano en España y español en Italia, siguiendo el camino marcado por las Cámaras de Comercio ya existentes en otros países, sin duda a las órdenes de las instituciones gubernamentales presentes en el territorio, pero también con la libertad de invertir gracias a la autofinanciación de estas sociedades de empresarios.

Sin embargo, desde hacía unos meses, un nuevo cambio de rumbo político, que al principio pasó inadvertido, empezó a enfriar de golpe el idilio italo-español llevando a un lento, progresivo acercamiento franco-español a causa de las comunes ambiciones en el Norte de África: se trataba de la formación, en julio de 1890, del gobierno del conservador Antonio Cánovas del Castillo, apoyado por un gran número de diputados liberales a favor de la rotación entre las dos principales corrientes políticas de la época. Tras un largo y encendido debate parlamentario, en la senda del proteccionismo y nacionalismo en auge en Europa, el 31 de diciembre de 1891 entró en vigor el llamado "arancel", un impuesto basado en una idea de autosuficiencia prácticamente total, que en pocos años significó la no renovación del acuerdo secreto Maffei-Moret, roto definitivamente en mayo de 1895, y la progresiva pérdida de interés hacia las relaciones con Italia, considerada cada vez más como una de las tantas costas europeas para los intereses comerciales locales.

Giovanni y Emanuele percibieron todo esto por el aumento de los costes de exportación de sus libros a Italia, Francia y Portugal, por citar sólo algunos de los países con los que mantenían relaciones comerciales, así como por la creciente dificultad para proveerse de materias primas de estas u otras partes del continente. En cualquier caso, los dos estaban preparados para los altibajos del mercado, tanto que habían alcanzado un buen nivel de autosuficiencia con la apertura, poco después de la entrada en vigor del arancel, de una fábrica propia en el corazón de Sant Martí de Provençals, en la zona entonces conocida como la *Manchester catalana*.

Hacia principios del año siguiente, cuando ya habían pasado veinte de su partida, Giovanni emprendió un largo viaje por Italia a petición de Emanuele que, desde hacía tiempo pensaba en promocionar en España una nueva colección de jóvenes autores italianos después del gran éxito de ventas obtenido, por citar sólo un par de ejemplos, con Carolina Invernizio o Edmondo de Amicis. Nuestro hombre, visitó por orden, Génova, Turín, Milán, Bolonia, Florencia y otra vez Génova, para volver en tren a Barcelona vía Marsella. A pesar de las largas distancias a recorrer y la tristeza por tener que separarse durante unos días de María, Antonio y Francesca, que con catorce y diez años amenazaban, si se puede decir así, con imitar al padre de mayores, admiradores como eran de sus viajes por España y Europa, Giovanni sentía una creciente emoción según se iba acercando la fecha de la partida, pero también un poco de melancolía por el tiempo y los recuerdos dejados atrás más de dos décadas antes, y una especie de sentimiento de culpabilidad por haber retrasado tanto esa visita, como si no hubiera querido abrazar de nuevo a los ancianos padres.

Los padres. En las últimas cartas enviadas con la ayuda de un primo soltero de tercer grado, oriundo como el padre de Parodi Ligure, encargado de muchos de los asuntos domésticos, Tommaso y Lucia no escondían una cierta amargura al ver desaparecer uno tras otro a sus familiares, amigos y conocidos de toda la vida, por no hablar del recuerdo, todavía vivo aunque hubieran pasado muchos años, de Giulia y Caterina, las dos hijas ahogadas en el Mar Ligure una aciaga tarde de junio mucho tiempo atrás. Sin decirlo abiertamente, Giovanni pensaba en la idea de llevarse con él a Barcelona a sus amados padres, para que conocieran a aquella mujer maravillosa con la que se había casado en España y los dos nietecitos que tanto habían oído hablar de sus abuelos ligures.

Mientras se preparaba para atracar en el muelle Spinola, a pesar del cansancio por tantas horas de viaje y el deseo de llegar lo antes posible a San Pier d'Arena, Giovanni no podía dejar de contemplar aquellas desoladas colinas a pie de mar, recreando casi un anfiteatro imaginario y evocando aquella ciudad regia cuyo solo aspecto, según Francesco Petrarca, la hacía soberbia y la convertía en la señora del mar. Las laderas natales y la sutil brisa marina desprendían un aroma que le parecía familiar y lejano al mismo tiempo, acostumbrado como estaba al tranquilo mar y a los relieves montañosos más dulces de Barcelona, por lo que pasó una buena media hora antes de decidirse a dejar el puerto y dirigirse al pueblo natal, a realizar aquella visita que nadie, y menos aún sus padres, esperaba.

El hijo de los Picasso, como le conocían los vecinos, llegó a San Pier d'Arena pasadas las cuatro de la tarde y enseguida reconoció, detrás del puerto, cada vez más bullicioso por la actividad y las murallas medievales de San Benigno, aquel conglomerado de casas de aspecto mohíno, consumidas por el Lebeche y empequeñecidas por las vecinas, fastuosas villas en las que la gente bien de Génova vivía largos periodos de vacaciones. Golpeó la puerta una, dos veces, hasta que el primo Fausto le abrió y, después de haberle escrutado durante una décima de segundo, no dudó en abrazarle: "¡Bienvenido a casa!", dijo espontáneo, antes de hacerle pasar al gran salón de la casa donde sus padres, en cuanto le reconocieron, no pudieron contener las lagrimas de alegría por verle después de tanto tiempo, pero también de resignación por los años pasados que no volverían nunca. Aquella madre y aquel padre un tiempo tan decididos, aparecían ahora ante los ojos de Giovanni como esperando tan solo el paso de las estaciones; igual que, como aquel hijo entonces aplicado pero todavía no preparado para afrontar en solitario las vicisitudes de la vida, aparecía ahora como un hombre hecho y derecho, en la plenitud de sus casi cuarenta y cinco años y de sus muchas aventuras profesionales de éxito.

Enseguida los cuatro se acomodaron alrededor de una mesa y comenzaron a contarse todo lo que pudieron, intentando así quitarse de encima la extraña sensación provocada por la lejanía y el discurrir imparable del tiempo. Hablaron de nacimientos, lutos y sorpresas más o menos agradables durante horas, y Giovanni sentía que aquella complicidad ligada a un recuerdo y a las esporádicas cartas que iban de un puerto a otro, nunca había desaparecido, fortalecido por un vínculo de sangre que se había estrechado todavía más por la desaparición de Giulia y Caterina. Aquella noche, al acostarse, nuestro hombre sintió una alegría especial: se sentía otra vez como un niño, olvidándose de golpe de los libros que antes devoraba con el interés del neófito y que ahora, si bien no dejaban de entusiasmarle, eran principalmente una fuente de ingresos para él y gran parte de su familia.

Al día siguiente, Giovanni salió por la mañana temprano para empezar con la serie de reuniones que había programado con dirigentes de editoriales genovesas que meses antes habían mostrado su interés en colaborar con Maucci & Picasso. Fueron algo más que encuentros con dirigentes, afortunadas intrusiones en los lugares más característicos de la ciudad, que admiraba una y otra vez incrédulo, como si fuese la primera vez que los veía. Aquellos pocos días en Liguria le reconciliaron con una tierra de la que había escapado quizás demasiado pronto, pero con la que había mantenido un lazo invisible, a pesar de la distancia y el pasar de los años. Cuando llegó el momento de dejar la casa familiar para dirigirse a Turín a ver a su amigo Edmondo De Amicis, sintió que perdía algo y poseído por una celosa melancolía, reveló a sus padres su deseo de llevarles con él a Barcelona de una vez por todas: no podía imaginar que aquel sueño prohibido pronto se haría realidad.

De regreso a Génova tras la etapa florentina de su itinerario, Giovanni pasó esta vez el tiempo necesario para unos apretones de mano de compromiso con operadores del sector y posibles colaboradores futuros de casas editoriales y, tras despedirse por última vez de sus padres, se dirigió a la estación de tren de Plaza del Príncipe para emprender la vuelta a Barcelona como final de un cansado viaje atravesando el Sur de Francia y la Costa Brava. No es que le disgustara volver a casa, todo lo contrario, pero en aquel momento se sentía perdido ante el imponente viaje en tren que le separaba de sus seres queridos en Cataluña. Abandonada la ciudad natal, se demoró mirando introspectivamente por la ventanilla del tren y en cuanto se hizo de noche, se abandonó a un largo sueño casi ininterrumpido, del que se despertó muchos kilómetros más tarde, primero en Marsella y luego a punto de atravesar los Pirineos y la frontera con la amada tierra de adopción.

Antonio Picasso Mezzalama era, con diecisiete años, un muchacho de aspecto vivo y maduro, amante de los viajes y la buena literatura, con un carácter variable, ora jovial, ora introvertido, típico de la adolescencia; mientras acababa los estudios secundarios en el colegio San Ildefonso en Sarriá, dudaba si matricularse en la Universidad, quizás en Filosofía o Derecho o, por el contrario, lanzarse a descubrir el mundo y convertirse en empresario siguiendo los pasos de su padre y su tío materno. Giovanni estaba muy orgulloso de aquel heredero tan emprendedor, si bien se cuidaba mucho de que se le notara para evitar que el joven se durmiera en los laureles, así como sólo le confiaba a María el temor, totalmente normal en los padres, de que Antonio quisiera dejar el nido familiar en breve para embarcarse en cualquier sueño típico de su edad.

Por otra parte, Francesca, que ya tenía trece años, seguía con éxito los estudios de piano que había empezado de pequeña, aparte de las clases privadas de francés y contabilidad que recibía semanalmente en casa y hacia las que demostraba un gran interés, inspirada por un hermano con el que tenía una gran complicidad, basada en parte en un sano espíritu de competitividad. A pesar de que los convencionalismos de la época limitasen la educación de las mujeres a un puñado de ámbitos y aunque estuviera destinada a convertirse en el futuro en ama de casa, Giovanni y María querían ofrecer a su hija todos los recursos a su disposición, convencidos de que el futuro reservaría a las mujeres, antes o después, oportunidades entonces impensables en la vida política, económica y social del país.

En aquellos días, Cánovas del Castillo sucedió de nuevo a Sagasta a la cabeza del gobierno, mientras que en el corazón de Barcelona la Biblioteca Pública Arús, la primera de su clase en España, abría sus puertas con veinte mil obras dedicadas a cada género del saber humano; por otra parte, la ciudad seguía su ambiciosa expansión hacia el interior con la anexión, uno tras otro, de los municipios limítrofes de Les Corts, San Gervasio de Cassolas, Gracia, Sants, San Andrés del Palomar y San Martín de Provensals. Unos meses después, Sabino Arana fundaba en Bilbao el Partido Nacionalista Vasco y en Cuba se alzaba una insurrección contra la dominación española que culminó, tres años después, con la pérdida de la isla, de Puerto Rico y Filipinas, además de la disolución del Imperio y el nacimiento de la llamada Generación del 98. En cuanto a Italia, era inminente la derrota de Adua, en la actual Etiopía que, en marzo de 1896, hizo caer al tercer Gobierno de Francesco Crispi y dio lugar a un largo periodo de revanchismo militar que acabó al fin entre 1911 y 1912 con la conquista de Tripolitania.

En aquellos meses de relativas turbulencias políticas, una carta, que Giovanni decidió ocultar a la familia sin saber porqué, anunciaba que en pocas semanas llegarían a Barcelona los ancianos padres, deseosos de conocer a la familia de su único hijo, quizás en el último viaje que el destino les deparaba. Los días anteriores a la llegada fueron frenéticos para nuestro hombre, dividido por el deseo de abrazar de nuevo a sus seres queridos y el de no alterar el equilibrio familiar, teniendo que alojar a sus padres en una parte de la casa de Sarriá; por fin una noche se decidió a anunciar la buena noticia a su mujer e hijos, que reaccionaron con gran entusiasmo, "¡mira tú!", regañando a Giovanni por no habérselo dicho antes.

Tommaso y Lucia Picasso vivieron sus últimos días en Villa Mezzalama antes de apagarse, con pocas semanas de diferencia uno del otro, entre finales de 1896 y comienzos de 1897. El suyo fue un funeral tranquilo, intimo, acompañado por el cariño de los conocidos más antiguos de Giovanni en Barcelona y del de su mujer e hijos que, a pesar del poco tiempo pasado con los abuelos, se dieron cuenta enseguida del estrecho vínculo de sangre que les unía, más fuerte que los kilómetros y décadas que les separaron. Todos, desde el matrimonio Mezzalama, los colegas de la *Società di Beneficenza*, hasta los dependientes de Maucci & Picasso, se inclinaron frente a los restos mortales de los Picasso-Parodi, que era el apellido original de la madre de Giovanni, y se despidieron de ellos con un fraternal abrazo para demostrar el respeto que sentían por aquel anciano matrimonio de carácter severo y corazón generoso.

El único de la familia que no pudo dar el último adiós a Tommaso y Lucia fue Antonio que, pese a la serena pero firme oposición de los padres, hacía unos meses que se había ido a Argentina después de un breve periodo de trabajo en la primera histórica librería familiar del carrer del Conde del Asalto. Dado el imparable deseo del joven de respirar aquel mundo que no conocía más que a través de las crónicas y relatos de los escritores de la época y las fascinantes vicisitudes del tío Emanuele, padres e hijo habían llegado a un acuerdo: después de un breve viaje por Brasil, Uruguay y Argentina, Antonio iría a trabajar a la empresa de la familia a las órdenes de los primos Luigi, Carlo y Giacomo

Maucci, ocupándose directamente de los contactos comerciales con Europa y México, donde vivían Carlo y Alessandro Maucci. Millas y millas marinas lejos de casa, Antonio aprendía poco a poco el difícil arte de la empresa, con las enervantes esperas de materias primas y permisos administrativos, las largas negociaciones con la competencia y las trabajosas, costosas, pero imprescindibles actividades de autopromoción comercial.

En una de sus primeras salidas de Buenos Aires, el joven entró en contacto con algunas de las numerosas comunidades italianas diseminadas por el país, conociendo así en persona la otra cara de la emigración, la obligada por el hambre, por la ausencia de perspectivas de futuro y también, aunque menos, por problemas con las autoridades políticas y religiosas de la época. Miles y miles de compatriotas, como ya había visto en Brasil y Uruguay, se habían de hecho trasladado en las últimas décadas a aquellas tierras que entonces aún necesitaban colonos, creando verdaderas colonias independientes desde el punto de vista económico y social y dando vida a una de las mayores diásporas que la historia recuerde. De hecho, no era difícil para Antonio tropezarse en la capital, Rosario o Córdoba, con señores y señoras Rossi, Bianchi, Ferrari o Esposito, citando algunos de los apellidos italianos más típicos, o con los ligados a la región paterna, con matrimonios Parodi, Pastorino, Canepa y hasta Picasso.

Durante aquellos meses, pese a la lenta expansión de Maucci & Picasso, cuanta más experiencia empresarial adquiría Antonio, más se daba cuenta de una especie de debilidad intrínseca de las empresas, como si de un momento a otro los privilegios trabajosamente adquiridos por este o aquel grupo pudieran precipitarse en la nada por los motivos más absurdos, ya se tratara del encarecimiento de una materia prima o de un decreto gubernamental especialmente desfavorable. Por este motivo, manifestaba un vivo interés hacia toda aquella serie de asociaciones que, desde la

Società di Beneficenza de 1872 a la *Società Dante Alighieri*, constituida algunas semanas más tarde de su desembarco en Argentina, pasando por la Cámara de Comercio y Artes de Buenos Aires de 1884, reunían bajo un único techo instancias incluso contrarias entre sí, favoreciendo sin duda el crecimiento de todos sus miembros, ya fuesen pequeños o grandes.

Maucci & Picasso, gracias sobre todo al primo Luigi, era una de las más activas promotoras de la Cámara de Comercio que, sobre todo en los inicios, no tuvo una vida fácil, ya que había sido ignorada por el Gobierno de Roma y por las Cámaras de Comercio italianas en la patria, tanto que a menudo la Embajada y el Consulado local representaban el primer interlocutor para los numerosos emprendedores italianos interesados en entrar en el mercado argentino. En todo caso, entre los trescientos cincuenta socios de la Cámara, se encontraban algunas de las principales empresas italianas de la época en Buenos Aires, como la *Banca de Italia y de Río de la Plata*, la compañía de seguros *Italo-Argentina* y los grupos navales *La Veloce* y *Navigazione Generale Italiana*, además de numerosos operadores privados que proporcionaban a la asociación una solidez y prestigio por su progresivo crecimiento en los años sucesivos.

Debido a los numerosos consejos de la Cámara en los que había participado como oyente en compañía de su tío Luigi, Antonio quedó impresionado por las sólidas relaciones existentes entre el organismo, o algunos de sus miembros, y diversos entes y empresas argentinas, sin olvidar al mismo Gobierno local, considerado mucho más cercano que el italiano del que sin embargo recibía una contribución igual a más de un tercio de la facturación anual. Aquel puñado de consejeros, todos rigurosamente de nacionalidad italiana, según la primera ley reguladora de las Cámaras de Comercio y Arte de fecha 6 de julio de 1862, ostentaban orgullosos los apellidos de sus tatarabuelos y, al mismo tiempo, luchaban como papá Giovanni y tío Emanuele en España, por el reconocimiento y la integración de sus empresas en el territorio donde operaban, haciendo que sus hijos, nietos y bisnietos se sintieran hijos de dos culturas, beneficiándose de toda su riqueza y potencial.

Al otro lado del Atlántico, en una templada tarde de abril de 1898, Giovanni apagaba las velas de una tarta que María había preparado para darle una sorpresa para celebrar sus primeros 50 años. Rodeado por el cariño de su mujer e hija, de los suegros Flaminio y Carla, que les dejó justo pocos días después, de los cuñados Gaia y Emanuele y de los sobrinos Giulia y Emanuele, nuestro hombre articulaba emocionado palabras de agradecimiento hacia los que habían hecho que ese día fuera tan especial, ofreciéndoles generosos vasos de vino dulce y abundantes raciones de tarta. "¡Como se nota que no la has pagado tú!", bromeaban María y Emanuele. Para festejarlo también había llegado, unos días antes, una carta de Antonio y los primos de Emanuele, que le reiteraban su afecto y le invitaban de broma a que les visitara para que viera de cerca lo que era una verdadera colonia italiana. No le habría disgustado, aunque sólo fuera por su eterno deseo de afrontar nuevos retos, pero se sentía ya demasiado viejo para volver a empezar como hizo quince años atrás, cuando en un abrir y cerrar de ojos abandonó los fastos del Gran Hotel de Oriente para embarcarse en la aventura de Maucci & Picasso Edizioni. En definitiva, Barcelona era ahora su casa, donde había transcurrido más de la mitad de su vida y a la que se sentía ligado como un hijo adoptivo que experimentaba una gran nostalgia cada vez que se alejaba, aunque sólo fuera por unos días.

Aparte de por los cincuenta años de Giovanni y la desaparición de Carla Mezzalama, 1898 se recordaría en la familia por la primera, ansiada medalla concedida por la *Società Italiana di Beneficenza* de Barcelona, a los *cuñadísimos*, por su dedicación, en realidad con cada vez más donaciones, a favor de todos aquellos compatriotas que llamaban a la puerta de la asociación en busca de una ayuda para sobrevivir. Hacia finales de año, la *Società* organizó un evento en su honor, durante el habitual Baile de los Italianos que, como cada año, felicitaba la Navidad a mayores y pequeños; llamados para saludar a los presentes y dar regalos a los más necesitados, los dos vencieron aquella introversión que les caracterizaba desde siempre y se lanzaron a un largo y emocionado discurso a favor de la Sociedad, que culminó en un caluroso aplauso que hizo temblar el Gran Teatre del Liceu, que justo ese año sustituía al Teatro Novedades como escenario de uno de los eventos más importantes de la colonia italiana de Barcelona.

La *Società di Beneficenza* era entonces un organismo en continua evolución, sensible a los cambios de la colonia misma y a las inevitables divergencias entre sus socios. Así, si durante los años 80 había vivido con unánime entusiasmo la anhelada constitución y puesta en marcha del Liceo Italiano, en 1893 la asociación sufrió la escisión de los futuros fundadores de la *Società Italiana di Soccorso Mutuo*, que seguía siendo huésped de la Sociedad en los locales del carrer del Gobernador y le siguió en sus cambios de sede durante unos años. Amenazada por las crisis internas, la morosidad de algunos socios y la siempre insuficiente financiación del Gobierno italiano, unas semanas más tarde, ya en 1899, durante una asamblea extraordinaria Flaminio Mezzalama propuso e hizo aprobar una de las mejores estrategias para la continuación del organismo: se trataba de la llamada suscripción de capital intransmisible, para constituir un fondo estable para el Liceo Italiano y cuyos intereses se destinarían a financiar los gastos generales. Las sucesivas inversiones se convirtieron por lo tanto en carteras de renta italiana custodiadas en el Consulado local, encargando así al máximo representante diplomático de la gestión de dicho capital.

En aquellos convulsos días de principios de año, Flaminio Mezzalama parecía incansable, como si quisiera espantar o sólo olvidar las amarguras de la viudez y los fantasmas de la vejez que se iba apropiando de él. Durante las largas cenas familiares en la villa de Sarriá, se demoraba hasta tarde en animados discursos de denuncia de los defectos del empresariado italiano, en España o Italia daba igual, pero que de hecho acababan en larguísimas diatribas contra este o aquel conocido o gobernante. Emanuele y Giovanni normalmente intentaban calmarle, o simplemente corregirle algunas afirmaciones con expresiones más diplomáticas, pero no había forma: el anciano solía reaccionar con una energía y seguridad en sí mismo fuera de lo normal, fruto de los largos y numerosos artículos y discursos escritos durante su vida para políticos, periódicos y asociaciones de todo tipo, incluida la *Società di Beneficenza.*

Sin embargo, la capitulación de Flaminio era cuestión de semanas. Una fría mañana de noviembre de aquel año, las hijas María y Gaia le encontraron inerte en su lecho, extrañadas por su tardanza en bajar al salón donde todas las mañanas desayunaban juntos. El obituario publicado por la *Vanguardia* tres días después, coronado por un estilizado grabado del café Torino, ocupó casi media página del periódico, mientras que al fondo otra noticia pasó entonces desapercibida. Era la que anunciaba ¡que coincidencia!, el nacimiento del Football Club Barcelona que, después del Huelva Recreation Club y el Athletic Club de Bilbao es actualmente el tercer abanderado más antiguo de aquella actividad tan particular, el fútbol, prácticamente ignorada por la burguesía de la época, molesta por el protagonismo de los inmigrantes ingleses que monopolizaban los puertos y las minas de buena parte de España. "¿Papá, que es el *foot-ball*?", preguntó el día del funeral Emanuele hijo a Emanuele padre. "Sólo un juego", respondió haciéndole callar, tanto por la solemnidad del momento como por el poco interés que sentía al ver a veintidós bípedos corriendo tras una esfera de cuero en un campo de tierra batida infestado frecuentemente de charcos.

Las exequias, en las que participaron muchos de los notables de la colonia italiana que dieron su último adiós a los padres de Giovanni, concluyeron con una serie de homenajes por parte de amigos, viejos conocidos y descendientes de antiguos rivales, como los difuntos hermanos Durio, en la capilla ardiente instalada en la nueva y definitiva sede del Consulado del carrer de Mallorca. Muchos fueron los socios y consejeros de la *Società di Beneficenza* que recordaron cómo el difunto Flaminio había luchado hasta el final por la supervivencia de la asociación, auspiciando la redacción de un nuevo estatuto y la inminente inauguración de la escuela nocturna de italiano para adultos. Sobre todo los turineses expresaron palabras de elogio hacia aquel que, a pesar de su avanzada edad, no había dejado de visitar y declarar su amor a su ciudad natal, a la que había representado oficialmente en España justo el año anterior a la Exposición Nacional de 1898. Con Flaminio Mezzalama desaparecía un pilar de la colonia italiana de Barcelona, pero no las ganas de hacer y el temperamento que lo caracterizaron en vida y que marcó durante años el camino a sus descendientes.

III

La desaparición de uno de los italianos más polifacéticos nunca vistos en Barcelona, periodista, escritor, benefactor y gestor durante muchos años de un local de prestigio, dejó un gran vacío en la colonia, pero como es sabido, la vida sigue: enjugadas las lagrimas por la pérdida del cabeza de familia, los Mezzalama se reorganizaron alrededor de la casa editorial de los *cuñadísimos* y a los pocos días idearon, una detrás de otra, algunas de las propuestas de mayor éxito recordadas en los anales del grupo que, no por casualidad, les valieron una larga serie de reconocimientos tanto corporativos como institucionales. El nuevo siglo fue saludado con las esperadas *Memorias* de Edmondo de Amicis, *La Hija de la portera* de Carolina Invernizio y también por una serie de manuales dedicados al recién nacido mundo del automovilismo, a la psicología de Freud, que unos meses antes había publicado *La interpretación de los sueños*, y la filosofía de Nietzsche, muerto en el mes de agosto, mientras que en México la apreciada "Biblioteca del Niño Mexicano" publicaba uno de sus volúmenes más leídos sin lugar a dudas, la *Historia del Rey Netzahualcoyotl*.

Consolidada tanto en España como en América y conocida ya en buena parte de Europa Occidental, Maucci & Picasso ocupaba en ese momento el centro de la familia, desde las hermanas María y Gaia, que organizaban cada vez más la agenda de sus maridos, a Francesca, empleada como contable. Mientras tanto Giulia y Emanuele observaban con creciente curiosidad la actividad de aquellas tres mujeres pacientes y trabajadoras al mismo tiempo, tanto como para ocuparse cada día personalmente también de sus estudios y cuidados. Así transcurría la vida de los habitantes de Villa Mezzalama en los albores del nuevo siglo, en una Sarriá cada vez más poblada de torres de nuevos burgueses que escapaban de Barcelona, pero también cada vez más cerca de aquella metrópoli al mismo tiempo próspera y orgullosa de su europeísmo y catalanismo, que poco antes del final de siglo había superado el medio millón de habitantes, casi el doble con respecto a la víspera de la Exposición Universal de 1888.

El catalanismo. Desde hacía unos años, como en el caso de Vascongadas, no había debate político que no desembocara en una larga diatriba sobre la conveniencia o no de una mayor autonomía de Cataluña con respecto al resto de España. Desde el lanzamiento del *Diari Català* de Valentì Almirall en 1879, la celebración en 1880 del primer Congreso Catalanista, hasta la fundación entre 1887 y 1891 de la Lliga de Catalunya y de la Unió Catalanista, en 1899 del Centre Nacional Català y de la Unió Regionalista, los movimientos a favor del nacionalismo se sucedían uno tras otro, complicando los últimos años de la regencia de María Cristina de Borbón y el traspaso de poderes a su hijo Alfonso XIII. Por su parte, Giovanni y Emanuele, atentos y preocupados por los delicados acontecimientos de un país cada día más dividido entre centralistas y autonomistas, liberales y conservadores, monárquicos y republicanos, próximo a la coronación de un joven de quince años que habían visto siendo un niño en la Exposición Universal de doce años antes, mantenían siempre una postura lo más neutra posible, convencidos de que tarde o temprano, cualquier toma de posición perjudicaría sus intereses comerciales.

Faltaban más de treinta años para la efímera proclamación de la Segunda República y del Estatuto Catalán y, sin embargo, muchos autonomistas creyeron inminente la concesión de la independencia cuando, en abril de 1901 el recién creado Centre Nacional Català se fusionó con la Unió Regionalista dando vida a la Lliga Regionalista de Enric Prat de la Riba. El mes siguiente, ésta destronó a liberales y conservadores como primera fuerza política local y relegó a un segundo plano las corrientes republicanas, que volvieron a escena en 1931 con el nacimiento de Esquerra Republicana de Catalunya. El debate adquiría tonos cada vez más encendidos, mientras que en Madrid los liberales guiados por Sagasta regresaban por poco tiempo al poder, teniendo que enfrentarse con una rivalidad político-militar internacional cada vez más fuerte y las consecuencias de la caída del imperio colonial, sin descuidar las crecientes reivindicaciones internas de los agricultores y obreros, cada vez más inquietos y sindicalizados.

1901 fue un año de vital importancia también para Maucci & Picasso Edizioni, con la consagración definitiva de los *cuñadísimos* como dirigentes de una de las más populares casas editoras del momento. Invitados a Milán para impartir una serie de conferencias a los ideólogos de la Universidad Comercial Luigi Bocconi, que abriría sus puertas un año después, participaron el 7 de junio en la asamblea constituyente de la Unión de las Cámaras de Comercio Italianas, donde asistieron con estupor y un poco de envidia al nacimiento de un organismo que, según declaraciones de sus fundadores, representaría desde Roma a todas las cámaras italianas en la *Bota* y el extranjero sin distinciones, para favorecer en todas partes la difusión de los principios del libre comercio.

Después de haberles rendido homenaje con una medalla de bronce por su figura de emprendedores italianos de éxito en el extranjero, el Secretario General de la Cámara de Comercio de Milán y su cicerone, Leopoldo Sabbatini, pronunció un animado discurso a favor de las cámaras que, pese a la oposición del Estado Liberal podían ahora reivindicar el corporativismo y lograr la reconciliación entre intereses y política. Acabadas todas las intervenciones, Sabbatini fue nombrado Secretario General del recién nacido organismo y el Presidente de la Cámara de Comercio de Milán, Angelo Salmoiraghi, pasó a ser su presidente, sin dar lugar a dudas sobre cuál era el socio más importante de la recién nacida asociación. Despidiéndose de Sabbatini, se prometieron invitarle a Barcelona para asistir a la creación de *su* cámara que, con un cierto optimismo, creían inminente: ironías del destino, el primer rector y presidente de la Universidad Bocconi desapareció justo en 1914, pocos días antes del nacimiento de aquella que, para Giovanni, Emanuele y numerosos emprendedores italianos residentes en Barcelona, era entonces poco más que una quimera.

Retomadas las obras de la nueva sede de Maucci & Picasso del carrer Mallorca, cerca del Consulado, a finales de julio Giovanni recibió una carta de Argentina: era su hijo Antonio que, un lustro después de su partida, comunicaba a sus padres el deseo de volver a casa para seguir de cerca las decisiones editoriales de la familia, más que satisfecho por la experiencia adquirida en Argentina pero deseoso de abrazar de nuevo a sus seres queridos después de tanto tiempo. En la carta el joven hacía referencia a una novia argentina de origen italiano que había conocido tres años antes en Montevideo durante uno de sus viajes con los primos Maucci, y que tenía intención de llevar con él a España: grande fue la sorpresa de Giovanni y María, curiosos por conocer a la muchacha que había conseguido conquistar el inquieto corazón de su hijo.

El joven, fiel a su promesa, volvió a Barcelona una gélida mañana de principios de marzo a bordo del transatlántico *Unità d'Italia* y fue recibido con los brazos abiertos por María y Giovanni que, a pesar de los esfuerzos, no lograron contener las lagrimas al volver a ver a aquel hijo, que al fin se había convertido en un hombre después de un lustro en Argentina; sobrecogidos por la emoción, conocieron a Carolina que, con sólo veinte años, demostraba una madurez y compostura más que admirables. La muchacha, nacida y criada en Montevideo de padre siciliano y madre campana, había emigrado sola a Buenos Aires, donde enseguida consiguió trabajo como secretaria y ayudante de los Maucci en las oficinas principales del grupo, y donde conoció y empezó a frecuentar al miembro más joven de la familia, Antonio. Los dos se cogían de la mano lo más discretamente posible, mientras que con los padres de él se dirigían a la casa familiar de Sarriá, donde ocuparon el piso en el que los abuelos maternos vivieron sus últimos años de vida.

Acomodados en su nuevo alojamiento, él en el cuarto del abuelo Flaminio y ella en las habitaciones antes reservadas a los invitados, los dos anunciaron enseguida su intención de casarse, ya que la actual situación, él en un ala y ella en la otra de la misma casa, daría bastante de que hablar a los siempre numerosos bien pensados vecinos y a la colonia italiana en general. No es que María y Giovanni lo considerasen como algo trascendental, debido al tormentoso inicio de su relación; pero la moral de la época, aquella que acataban la totalidad de los habitantes de esa parte del planeta en aquel momento histórico, no permitía, por decirlo de alguna manera, relaciones no convencionales o, para usar un término inequívoco, extra matrimoniales. Por esto, para intentar no dar demasiado pie a las habladurías, durante los primeros meses tras su regreso a Barcelona, esperando la boda que se celebraría en septiembre, los dos optaron por no dejarse ver casi nunca juntos en el pueblo y Carolina pasaba gran parte de su tiempo con Francesca, de su misma edad y que la introducía poco a poco en la alta sociedad local. "¡Ayúdala a casarse!", bromeaban Giovanni y María con Carolina, intentando acuciar a su hija, que parecía reticente a la hora de encontrar el amor definitivo antes de que la sociedad decidiera que era demasiado tarde.

Un par de meses después, en una ciudad donde la tradicional división entre conservadores y liberales era superada por las no menos profundas entre monárquicos y republicanos y entre constitucionalistas e independentistas, los Picasso y los Maucci tuvieron noticia de la coronación del joven de dieciséis años Alfonso XIII, en una ceremonia que el periódico "La Vanguardia" y la prensa de Madrid en general definieron como soberbia y festiva, pero que pretendía, estaban seguros, recuperar la confianza perdida en la figura de los Borbones y combatir los fantasmas del republicanismo y secesionismo. Muchos eran los problemas que el nuevo soberano debía afrontar, desde la ausencia de una verdadera representación política de numerosos grupos sociales, hasta la pésima situación de las clases populares, sobre todo del mundo rural, sin olvidar las consecuencias del desastre colonial de 1898 y los continuos progresos de las otras potencias en el mapa político internacional.

En cuanto a las relaciones con Italia, enfriadas a causa de los aranceles de los años anteriores, a pesar de los llamamientos de ambas partes a una especie de solidaridad latina y a una cierta visión común de la política internacional, se había llegado, por decirlo de alguna forma, a un punto muerto. Los continuos cambios de representantes gubernamentales y diplomáticos, las ambiciones coloniales de los dos países y el nacionalismo imperante entonces en Europa, rescindirían en poco tiempo los acuerdos comerciales del siglo anterior y conducirían a un decidido enfriamiento en las relaciones entre ambos países, pese a que no pocos políticos y emprendedores lucharan ya entonces por retomar los contactos, tanto de forma oficial como secreta, para poder restablecer una sintonía de primer orden entre Roma y Madrid.

Justo en la enésima crisis ministerial interna de los gobiernos de Giuseppe Zanardelli y Raimundo Fernández Villaverde, Antonio y Carolina contrajeron matrimonio en una ceremonia íntima reservada a familiares y amigos de la pareja, sin fastos ni gastos como decían las malas lenguas, lo que habría implicado invitar a la alta sociedad italo-barcelonesa de la época. Pasaron una breve luna de miel en la Costa Brava, como ya hicieron los padres de él hacía algunas décadas, antes de retomar sus obligaciones de siempre, él a la búsqueda de talentos literarios y al poco tiempo socio de la *Società di Beneficenza*, ella secretaria en la nueva sede central del grupo en el carrer de Mallorca.

En los meses sucesivos, debido a los frecuentes viajes de trabajo de los *cuñadísimos*, a menudo los dos se hicieron cargo del funcionamiento de la oficina, demostrando una preparación fuera de serie. Por su parte, en aquellos años, Giovanni y Emanuele recogieron uno tras otro los premios ofrecidos a los emprendedores de moda del momento en las exposiciones continentales organizadas en Viena en 1903, Madrid y Budapest en 1907 y Londres en 1913, sin olvidar las distinciones obtenidas en Argentina y México por la otra rama de la familia; aquellos galardones, lejos de convertirse con el tiempo en algo descontado o normal, traían consigo, año tras año, el sabor dulce de un reto humano y profesional, logrado finalmente en media Europa gracias a los libros y enciclopedias económicas destinadas a un público menos acaudalado, frecuentemente proletario o casi, por lo general hijos o nietos de analfabetos.

Aquel año, 1903, además de haber viajado por primera vez a un país fuera de la cuenca mediterránea, recordaba el comendador Picasso en sus memorias haber estrechado la mano de un joven dirigente cremasco de sólo veintisiete años de nombre Amerigo Fadini, llegado en febrero como representante de la filial española de la *Società Anonima Italiana di Assicurazione contro gli Infortuni* de Milán, que abrió sus puertas en mayo. Hijo del conocido abogado y socio fundador de Edison de Milán, Ottone Fadini, el muchacho se licenció a su vez en Derecho en la Universidad de

Pavia y, cumplido el servicio militar en Milán, fue contratado apenas dos años antes por la sociedad en la que pronto sería nombrado vice director hasta su jubilación en 1947. Recordaba Giovanni que en aquel primer, fuerte apretón de manos con quien se afilió en los siguientes tres años, primero a la *Società di Beneficenza*, para convertirse después en vicepresidente y presidente, enseguida notó el carisma de un hombre pequeño que, aunque todavía no hablaba bien el español ni conocía en profundidad a la colonia italiana, hacía amistad con muchos compatriotas con gran facilidad, gracias a su natural simpatía que atraía la mejor energía de la colonia misma.

Giovanni no se equivocó en absoluto. Desde los primeros días en Barcelona y con su innata capacidad de organización, Fadini trabajó para hacer más activa la vida de la comunidad italiana, promoviendo primero cenas y encuentros con sus notables y, una vez nombrado consejero de la *Società di Beneficenza*, organizando toda una serie de iniciativas para implicar a toda la colectividad, echando siempre una mano a los menos afortunados. Giovanni seguía recordando las largas cenas en el café Torino en compañía de Emanuele, Fadini y el comendador Pietro Pegorari, amigo intimo del cremasco, llegado también ese mismo año, en las que debatían de modo cortés pero animado sobre los problemas de la economía italiana y española, la ambición colonial de ambos países o bien sólo sobre las novedades y chismes de algunos de los compatriotas residentes en Barcelona

Con ese modo de actuar, por así decirlo, enérgico, moderno, menos formal que la precedente generación, Fadini representaba una bocanada de aire fresco en la comunidad italiana en general y para sus hombres e instituciones principales en particular; de todas formas, es verdad que desde hacía tiempo se estaba produciendo un fenómeno de rejuvenecimiento de la colonia misma simbolizado por la llegada y aparición de figuras, ya no ligadas a pequeñas y medianas empresas familiares, sino a colosos de la industria y servicios, de los que normalmente no eran ni los fundadores ni los propietarios, sino directivos. La primera empresa de un cierto calibre que desembarcó en Barcelona fue Pirelli, que en 1902 abrió en Vilanova i la Geltrù, a treinta kilómetros de la capital catalana, su primera fábrica en el extranjero de conductores eléctricos aislados en textíl y goma, seguida años más tarde por grupos como Metalgraf Española, el Banco di Roma o Navigazione Generale Italiana, que contaba entre sus mejores agentes a dos viejos conocidos de Giovanni, los primos Luigi e Ignazio Villavecchia.

Pese a la cada vez más eficaz organización de la comunidad italiana, la constitución de una asociación que la representara ante los gobiernos y grandes corporaciones italo-españolas seguía siendo sólo un proyecto, lo que significaba que todavía había mucho que hacer en este sentido, con la resignación de quien, como Giovanni y Emanuele, esperaban desde hacía mucho la constitución de un hogar común para dar el salto de calidad de la comunidad. Por su parte, pasados los últimos, intensos años de promociones editoriales, viajes y reconocimientos institucionales en España y Europa, ya cerca de los sesenta años, Giovanni y Emanuele intuían que, poco a poco, deberían ir delegando el futuro de la reconocida Maucci & Picasso en los hijos y colaboradores de confianza, bien para modernizar la estructura y decisiones editoriales, bien por la inevitable necesidad de sangre fresca, capaz de afrontar los nuevos retos del sector editorial y entender los gustos de un público en continua evolución.

Fue así como, a principios de 1904, nombrados ambos consejeros ejecutivos y censores de cuentas de la *Società di Beneficenza*, Giovanni y Emanuele cedieron la dirección de algunas librerías del grupo a Antonio que, con veintiséis años, demostraba una predisposición para los negocios realmente increíble para su edad, mientras que Emanuele Junior, que ya tenía quince años y seguía estudiando en Sarriá, se implicaba cada vez más en el grupo y sufría el mismo conflicto interior del primo, las ganas de incorporarse al grupo familiar y el deseo adolescente de conocer el mundo con una mochila a la espalda. Así mismo, Francesca y Giulia se ocupaban con gran desenvoltura de la contabilidad de gran parte de la facturación del grupo y empezaban a frecuentar, pero esto los padres lo ignoraron durante mucho tiempo, quien sabe cómo a dos hermanos madrileños de buena familia que vivían desde la infacia en Sants, antes de que en 1897 entrara a formar parte de la ciudad de Barcelona, y que se movían entre Sarriá y el Eixample, donde trabajaban en el bufete fundado hacia años por el padre Álvaro y el tío paterno Pere.

Quizás Giovanni y María se hubieran dado cuenta de esas relaciones clandestinas si no hubiera sido por el embarazo de Carolina que, con veinticuatro años esperaba un hijo de Antonio, acaparando así la atención de todos, deseosos de dar la bienvenida a aquel nuevo miembro que, de alguna forma, les habría aliviado el reciente luto por la desaparición del cabeza de familia. Cuanto más avanzaba el embarazo, más crecían las expectativas de los futuros abuelos y tíos sobre el sexo y el nombre del niño, mientras que Giovanni, en silencio, anhelaba la llegada de un heredero que, confiaba, diera continuidad al grupo en un par de décadas. Esta vez nuestro hombre pecaba de optimismo, pero no podía saberlo y no lo supo nunca.

Juan Picasso Arena vino al mundo en la casa familiar pocas horas antes de la cena de Navidad de 1904, irrumpiendo con su llanto en la acomodada tranquilidad de los Maucci-Picasso-Mezzalama, que contaban impacientes los días que quedaban para el feliz acontecimiento. Fue una llegada esperada la suya, es más, desde hacía dos días tanto papá Antonio como el abuelo Giovanni y el tío Emanuele habían anulado todos los compromisos o cenas de trabajo, algo extrañísimo dada la costumbre de la sociedad de una especie de desinterés masculino por los momentos, por decirlo de alguna forma, de carácter más sentimental. No era este el caso de un grupo familiar que desde siempre contrataba, por ejemplo, para muchos puestos de trabajo importantes a mujeres y contaba entre sus secretarias y contables con las mujeres, hijas y suegras de los directivos mismos.

Con el nacimiento de Juan, en aquella imponente casa neogótica que surgía allí donde el carrer Major de Sarriá termina hoy en el carrer de la Bonanova, a dos pasos de la Via Augusta donde a cualquier hora del día transitan coches y motocicletas de todas las cilindradas, los *cuñadísimos* empezaron a pensar en ampliar al menos un ala de la casa, con el doble objetivo de reforzar la unidad familiar y aumentar todavía más su prestigio, si bien es cierto que todos sus invitados coincidían en definirla como soberbia y fascinante. En la primavera siguiente, obtenidos los permisos de la Junta Municipal, empezaron las obras de reforma de la prestigiosa mansión que, gracias también a la precedente demolición de un edificio vecino en ruinas, duraron poco. Justo a tiempo de descubrir que Carolina estaba de nuevo embarazada, razón por la cual los Mezzalama al completo, por sugerencia de María y Gaia, pensaron en inaugurar la nueva ala de la casa con un suntuoso banquete en honor al futuro segundo hijo de los jóvenes padres.

Mientras tanto, en la España conservadora de los primeros años del reinado de Alfonso XIII, la creciente prosperidad económica catalana y una serie de tensiones con el gobierno de Madrid hacían que la balanza electoral local se inclinara cada vez más a favor de los partidos contrarios al monarca, con la Lliga Regionalista y los republicanos disputándose aquello que, hasta hacía poco, había sido algo exclusivo de los partidos así llamados de la Restauración. El resurgir de la cultura y lengua catalana, durante muchos años al margen de la vida social del país, se hizo evidente gracias a toda una serie de periódicos y revistas satíricas que, a pesar de las grandes limitaciones impuestas por la censura de la época, conseguían cada vez más una mayor visibilidad tanto a nivel regional como nacional, estando por ello en el punto de mira del poder político y militar: como fue el caso por ejemplo de la revista *¡Cu-Cut!,* asaltada por un centenar de militares junto a la *Veu de Catalunya* en noviembre de 1905, como represalia por una caricatura anti militar después de la reciente victoria municipal de la Lliga Regionalista. La irrupción provocó la dimisión del primer ministro liberal Eugenio Montero Ríos y la aprobación de una ley que atribuía a la justicia militar la jurisdicción de todos los delitos contra la patria o el ejército.

Con su ya larga experiencia en Cataluña, Giovanni y Emanuele no escondían su preocupación por las crecientes tensiones entre el poder central y la que los periódicos de la época denominaban ya la *Solidaritat Catalana*, tanto era así que la nueva ley vigilaba especialmente al sector editorial, amenazando con cerrar un gran numero de periódicos y casas editoriales. Con estas premisas, los dos anularon a toda prisa y con gran rabia la impresión y distribución de algunos títulos que, de ser interpretados al pie de la letra por los militares, podrían significar el cierre y disolución de la misma Maucci & Picasso, dada su fama por sus numerosas publicaciones por decirlo de alguna manera anticonformistas, si bien las críticas de sus detractores versaban hasta el momento sobre la moral religiosa y social. "¡Siempre tiene que pasar algo!", gruñían los *cuñadísimos*.

No era un buen momento para nacer, les hubiera gustado decir a Giovanni y Emanuele a Cristina, la segunda hija de Antonio y Carolina, ese oscuro día de invierno de 1906 en el que vio la luz, ayudada por la misma comadrona que, poco más de un año antes, asistió al nacimiento del hermanito Juan, que comenzaba a dar entonces sus primeros pasos con la ayuda de sus padres y tíos.

Las críticas internacionales seguidas por la represión de Alfonso XIII en Cataluña y la cada vez más estrecha vigilancia militar del soberano, que salió ileso de un atentado en Madrid el 31 de mayo de 1906, lejos de resolver aquel estallido debido a la dimisión de Montero Ríos y la subida al poder de Segismundo Moret, acentuaron el estancamiento de la economía nacional, dando lugar al poco tiempo, como si no fuera ya suficiente, a un intenso debate parlamentario sobre la conveniencia o no de una economía autárquica, basada en el expansionismo militar y la aplicación de fuertes impuestos aduaneros a las mercancías extranjeras.

La tasa ultra proteccionista de julio de 1906, aprobada bajo el gobierno de José López Domínguez hubiera podido ser mortal para las relaciones políticas entre España y sus mayores socios comerciales de la época, incluida Italia, de no ser porque normalmente los políticos y diplomáticos, emisarios en tierra extranjera, abandonados a un destino variable e imprevisible, encuentran o mejoran acuerdos que trascienden los esquemas y las lógicas más tradicionales de la política, en base a las afinidades personales que a veces sólo un químico sería capaz de explicar. Por ello, a pesar de la entrada en vigor de aquel fuerte impuesto de la industria siderúrgica local en estrecha colaboración con la del trigo y la del algodón, la necesidad española de un apoyo a sus nuevas miras expansionistas en Marruecos y la italiana de crear una opinión pública favorable al proyecto de colonizar Libia, empujaron a los respectivos notables a buscar nuevos puntos de acuerdo para asegurarse, por lo menos, una no-hostilidad ajena frente a eventuales maniobras bélicas. De modo que respiraron con alivio los numerosos empresarios y directivos italianos en España que, en ausencia de una asociación o Cámara de Comercio que los reuniese bajo un único techo, mostraron su satisfacción por el renovado dialogo entre Italia y España a través de las asociaciones a las que estaban afiliados, como la *Società Dante Alighieri* y la *Società di*

Beneficenza que, de Málaga a Madrid, y de Barcelona a Zaragoza, se encontraban ya activas en buena parte de la geografía local.

La reanudada amistad italo-española era en parte fruto de la reciente Conferencia de Algeciras que, desde el 16 de enero al 7 de abril reunió a los representantes de trece estados y concluyó con un apoyo más que unánime al futuro protectorado de España y Francia en el norte y sur de Marruecos, que se haría realidad en 1912 con la firma del Tratado de Fez. El evento, al que sin embargo los periódicos de la época no dedicaron demasiado espacio, fue seguido por Giovanni y Emanuele con gran interés, dado que un apoyo italiano a las maniobras españolas acercaría de nuevo a los dos países y habría una más que probable revisión de los aranceles a aplicar a las mercancías directas de una orilla a la otra del Mediterráneo, cosa que efectivamente sucedió. Tanto se alegraron los dos que ese verano, una vez conocidas las conclusiones del encuentro, enviaron una carta de felicitación al entonces embajador en Madrid, Giulio Silvestrelli, en nombre de buena parte de los socios de la *Società di Beneficenza*; fiel a su estilo polémico y anticonformista, les respondió una semana después con un seco "Así lo han querido en Roma", suscitando quizás más hilaridad que irritación entre los numerosos destinatarios del telegrama.

Durante ese año, que vio sucederse a la cabeza de los respectivos ejecutivos cuatro presidentes diferentes en España y tres en Italia, con notables consecuencias negativas para los empresarios de ambos países, Giovanni y Emanuele fueron los principales artífices de la última mudanza de la *Società di Beneficenza*, desde un piso en la primera planta del carrer del Montserrat a las más modernas oficinas del carrer de Valencia, gracias a un aumento de los fondos puestos a disposición del Ministerio de Asuntos Exteriores que, a pesar de la grave inestabilidad política y de las repercusiones del proteccionismo, decidió mantener su apoyo a los compatriotas menos pudientes fuera de la *Bota*. Fue un gran éxito para los *cuñadísimos* que, justamente a partir del invierno siguiente, empezaron a reducir su compromiso con la asociación, señal de su entrada de lleno en la que hoy llamamos tercera edad, sustituidos en muchas reuniones por los hijos Antonio y Emanuele, que aquel año cumplía diecinueve años y, que después de un largo tira y afloja con los padres, había optado por inscribirse a la Facultad de Derecho de la Universidad de Barcelona, a dos pasos de la Plaça de Catalunya, un lugar emblemático de la moderna metrópoli que estaba viendo la luz justo en esos años.

Aquellos fueron los últimos meses de trabajo de las hermanas María y Gaia que, cerca ambas de cumplir los sesenta, se retiraron de cualquier actividad familiar para dedicarse a sus nietos Juan y Cristina, esperando los posibles herederos que Francesca, Giulia y Emanuele pudieran darles en el futuro. A pesar de los tímidos intentos de los padres para animar a las dos primas con su encanto serio y discreto a caer en los brazos de un futuro consorte, las muchachas mostraban, sin embargo, una cierta reticencia a casarse o incluso a tratar el tema con ellos, como si quisieran posponerlo hasta el infinito, un comportamiento que no podía entender ni aceptar la sociedad de la época. Y aún agravaría más la situación Emanuele, con aquel creciente aire de poeta desgreñado que no pasaba inadvertido en la austera Sarriá, si bien la literatura europea estuviera llena de personajes similares, de los que su propio padre publicaba obras y antologías que les quitaban de las manos en numerosas librerías de la ciudad. "¡Vístete decentemente!", habían oído gritar más de una vez los vecinos cuando el joven salía de casa para ir a la universidad.

A finales de año, durante uno de sus últimos viajes a Italia, Giovanni tuvo la oportunidad de volver a ver, después de mucho tiempo, a un viejo conocido, retirado desde hacía años del periodismo para dedicarse en cuerpo y alma a las novelas y los ensayos: era Edmondo de Amicis, ya una referencia de la literatura para adultos y niños de su tiempo, que había regresado de un viaje por el sur que representó un nuevo éxito para Maucci & Picasso, los *Recuerdos de un viaje por Sicilia*. Primero en Turín y luego en Génova, los dos se intercambiaron más de una impresión sobre la literatura del momento, la política y la llamada *Cuestión Social*, como escribían los periódicos de la época, y el inminente medio siglo de la Unificación de Italia, un aniversario que Giovanni sentía como suyo cuanto más se alejaba de la *Bota*. Los dos se despidieron con la promesa de volver a verse, sin saber que aquel sería su último encuentro antes de la prematura desaparición de Edmondo, en el mes de marzo siguiente. El literato sufrió una hemorragia cerebral en Bordighera, en una habitación del Hotel de la Reina, elegido por el escritor porque unos años antes había vivido en él George MacDonald, un autor escocés de novela fantástica desconocido para el gran público, pero que había recomendado a Giovanni convencido de que sería un gran éxito de ventas, profecía que se cumplió en parte.

Fue una gran pérdida para nuestro hombre la imprevista desaparición de un gran amigo, uno de los autores más queridos y rentables para su casa editorial, además de un asesor muy competente, dada su experiencia en numerosos ámbitos literarios, de la novela patriótica a la de viajes, del ensayo político, dada su militancia en el Partido Socialista Italiano fundado unos años antes, a las últimas tendencias fantásticas y policíacas. ¡Cuántos años habían pasado desde su primer encuentro! Dirigiéndose desde Génova a Barcelona ignorantes de su destino, uno a la búsqueda de la gloria periodistica y literaria, el otro sin demasiadas pretensiones, deseoso de un trabajo que le permitiera vivir dignamente. Se abrazaron fuerte en ese ultimísimo encuentro a los pies de la *Lanterna*, y quizás no mintieron cuando se prometieron verse pronto, agotados ya por las numerosas batallas mantenidas en su vida para conquistar un lugar bajo el sol en el panorama literario y empresarial de su tiempo. No fue una lucha inútil la suya, recordaba el comendador Picasso en sus memorias, últimos representantes de una generación que, pese a los evidentes progresos técnicos y científicos obtenidos en toda Europa, fue victima en poco tiempo de la catástrofe de la Gran Guerra.

En los primeros meses de 1908, después de una larga campaña realizada por el nuevo presidente de la Società di Beneficenza, Amerigo Fadini, en colaboración con varias autoridades diplomáticas italianas en España, Giovanni y Emanuele fueron condecorados con el titulo de Comendadores del Reino de Italia, una distinción que les consagraba en el firmamento de los empresarios italianos de más éxito en España y que, como es habitual, se celebró con un suntuoso banquete en el Consulado Italiano de Barcelona primero y luego en Villa Mezzalama. Todavía conmocionado por la reciente desaparición de Edmondo de Amicis, en aquellos momentos de júbilo Giovanni decidió que escribiría sus memorias para hacerse un hueco en los recuerdos de las gentes que lo habían apreciado en la tierra y de los descendientes que no le llegarían a conocer. Sabía que acababa de llegar al punto más alto de su carrera como trabajador y emprendedor, un pedestal del que sólo podía caerse poco a poco por el despiadado paso de los años. Si hoy un sesentón es un casi joven, entonces no se podía decir lo mismo, cuando la esperanza de vida de un individuo era mucho más reducida.

Acabados los festejos por el real reconocimiento y el sexagésimo cumpleaños, nuestro hombre se dedicó en cuerpo y alma a un nuevo, interesante, proyecto que vería la luz un par de años después: la fundación de la sección barcelonesa de la *Società Dante Alighieri*, ulterior pieza de una colonia italiana que, pese a las difíciles relaciones comerciales entre Roma y Madrid, iba creciendo y haciéndose notar en toda España. La educación, incluso por encima del mercado, se estaba convirtiendo en la obsesión de Giovanni, que luchaba por la alfabetización y formación de los menores con los ojos de un abuelo que ve en la educación de los nietos la principal respuesta a los problemas de la familia y sociedad en general. Su sueño, cosa que ya no escondía a Fadini en sus largas reuniones de trabajo en el carrer de Valencia, era crear un auténtico hogar para todos los italianos en Barcelona y en Cataluña, cosa que el *presidentísimo* de la *Società di Beneficenza* apoyaba totalmente: después de largos años de espera, aquel sueño se haría muy pronto realidad.

Mientras tanto, en aquellos meses radiantes en los que Antonio tomaba cada vez más las riendas del grupo editorial y los pequeños Juan y Cristina crecían entre los brazos de Carolina y de la abuela María, no sin la constante ayuda de Gaia, numerosos fueron las tardes en las que Francesca, como desde hacía algún tiempo, iba a la vecina parroquia de Sarriá para rezar y reflexionar, como decía ella, hasta que un día, rota por la emoción, reveló a su familia al completo la decisión de tomar los hábitos para hacerse monja. Fue una sorpresa para Giovanni, menos que para María, que desde hacia tiempo seguía las andadas, lentas pero constantes, de la pasión religiosa en el corazón de aquella hija menor, que ahora casi se lamentaba de haber intentado empujar a los brazos de todos aquellos pretendientes que perdieron uno después de otro la paciencia por la indiferencia de la joven a sus lisonjas. Pocas semanas después, Giulia y Emanuele recibían sin embargo de los padres una especie de aprobación a sus respectivas historias de amor con Crispín y Giustina, madrileño él y turinesa ella, que llevaban años en Barcelona viviendo con sus padres en los nuevos barrios residenciales del llamado Eixample. Así, Emanuele y Gaia se emocionaban ahora por la posibilidad de tener un nietecito o nietecita que, en unas décadas, llevara con orgullo el apellido Maucci heredando parte de la empresa y del prestigio familiar. Una esperanza vana, aunque esto no lo supieron nunca, así como ignoraban la existencia de un grupo de hombres, entonces niños, que llevarían a dos países en lento y frágil desarrollo, a perseguir ideales autárquicos de mal disimulada pureza étnica y libertades sacrificadas en el nombre de un estado dueño de todo y de todos.

Pasaban los años y las reivindicaciones de los campesinos y obreros se convirtieron en una constante en las crónicas italianas y españolas, edulcoradas todavía por un aura de severidad que buscaba ofrecer a la opinión pública una lectura lo más serena posible de los acontecimientos. La tensión entre las facciones políticas en Barcelona en 1909 era tal que, mientras en marzo miles de simpatizantes de distintas ideologías asistían estupefactos a la inauguración del moderno campo de futbol llamado del carrer Indústria donde el Fútbol Club Barcelona obtuvo sus primero éxitos, en verano, la decisión del primer ministro Antonio Maura de enviar tropas de reserva formadas en su mayoría por padres e hijos de familias obreras a las inestables posesiones en Marruecos, desembocó el 26 de julio en la Semana Trágica, con ocho días de huelgas, acciones subversivas y cargas de la policía con un balance de setenta y ocho muertos, numerosos heridos y más de un centenar de edificios incendiados, además de centenares de detenidos, cinco de ellos condenados a muerte.

Giovanni y Emanuele vivieron aquellos ocho días de terror atrincherados en casa con su familia por las posibles represalias de anarquistas y sindicalistas, que consideraban a su empresa culpable de explotar a masas de obreros y proletarios en pro del provecho capitalista. Durante aquella semana, su único contacto con el exterior fueron algunos ejemplares de "La Vanguardia" que el hijo del vecino les lanzaba a su jardín cada mañana y que, con sus sangrientas imágenes de enfrentamientos y heridos socorridos en las calles de la ciudad, no hacían más que aumentar la angustia de los *cuñadísimos* por la suerte de los amigos y conocidos de la colonia italiana y de la Barcelona *bien* en general.

Aunque comprendían el rencor de las masas populares, los dos emprendedores no justificaban la degeneración de las manifestaciones sindicales que acababan en verdaderos tumultos llevando a los más indisciplinados a saquear tiendas e incendiar edificios civiles y religiosos, como si la iglesia y el mercado fueran los únicos responsables de su malestar: "¿Por qué no la toman con sus dirigentes?", protestaban los dos *prófugos*.

Acabados los enfrentamientos y vuelta la normalidad a las fábricas de la ciudad, Giovanni y Emanuele comprobaron personalmente los daños sufridos por sus inmuebles en aquellos ocho días de revueltas y saqueos, para llegar a la conclusión de que al final no habían sido tan enormes: una ventana rota y la presencia de pintadas amenazadoras eran las únicas consecuencias importantes de una serie de asaltos que afectaron sobre todo a las grandes fábricas nacionales y extranjeras, lugares de trabajo de centenares de obreros que, pese a los progresos de los años anteriores, no veían mejorar mucho sus condiciones de vida. Sufrieron la rabia popular algunos religiosos y políticos conservadores que vieron con sus propios ojos el desahogo del pueblo, contenido durante mucho tiempo, gracias a las cada vez más numerosas propuestas recreativas y culturales ciudadanas, pero nunca visto venir del todo por los gobiernos locales, preocupados ante todo por conservar su equilibrio de poder.

El Gobierno de Antonio Maura, cada vez más impopular tanto en España como en el extranjero, tenía en otoño de aquel año los días contados y, sin embargo, hacia finales del mes de octubre fue el protagonista de uno de los procesos más controvertidos de la época, el que acabó con la condena a muerte y fusilamiento de Francisco Ferrer Guardia, un referente para los ideales anárquicos, republicanos y laicos en general. Muchas fueron las críticas a la coalición liberal-conservadora entonces en el poder, tanto que sólo ochos días después, Maura fue sustituido por un político mucho más carismático, Segismundo Moret que pocos años antes habría firmado un acuerdo secreto como ministro de Estado con el entonces embajador italiano en España, Maffei di Boglio. Sin exponerse demasiado, dada su personalidad conciliadora y no amante de la polémica para nada, Giovanni consideraba injusta la condena de Ferrer, quizás porque pensaba que la condena a muerte era un castigo ineficaz e indigno de un país civilizado o quizás porque estaba convencido de que el fundador de la Escuela Moderna no era el responsable de las revueltas ciudadanas, siendo casi todas capitaneadas por jefes y jefecillos pertenecientes a ideologías políticas y sindicales de lo más dispares. Nuestro hombre además estaba convencido de que esas batallas campales en el corazón de Barcelona podían mancillar la imagen de ciudad moderna y segura que esta se había ganado en los círculos bien y que él mismo intentaba promocionar entre todos aquellos italianos interesados en residir o invertir en Cataluña: por este motivo, se dedicó en cuerpo y alma en recoger fondos para subsanar las heridas sufridas por el patrimonio artístico durante los disturbios y de las que fueron víctimas en primer lugar iglesias y monasterios, elección que la *Società di Beneficenza* aprobó con un largo telegrama de felicitaciones..

Mientras España intentaba restablecer el orden interno y el socavado prestigio internacional después del desastre de 1898, en Italia el ejecutivo de Giovanni Giolitti se preparaba para pasar el testigo al de Sidney Sonnino, en una rotación entre la Izquierda y la Derecha histórica que, como en España, quería garantizar la alternancia del poder sin demasiadas repercusiones para el estado liberal y sobre todo sin importantes concesiones a las reivindicaciones de las masas campesinas y obreras. Giovanni no podía dejar de apoyar el hacer cumplir a las instituciones el orden estatutario y de la propiedad privada y, sin embargo, sentía dentro de sí una especie de fervor cada vez que leía en los periódicos de la época las crónicas de aquellos individuos hambrientos de pan y derechos que, como su padre años antes, sacudían las bases del Reino de Saboya con sus huelgas y manifestaciones cada vez más eficaces y organizadas. A diferencia de las reivindicaciones de entonces, si bien las fuerzas del orden golpeasen con dureza a los disidentes, ahora los manifestantes mostraban menos miedo a marchar juntos por las calles y plazas de toda la *Bota*, como si por fin fueran conscientes de su número e importancia para la economía nacional.

A alegrar el ambiente de Villa Mezzalama fueron en aquellas semanas las novedades de la familia, que anunciaron una después de otra una serie de propósitos, futuros nacimientos y proyectos. La primera en arrancar fue Giulia, que una tarde fresca de primavera de aquel año anunció su deseo de casarse con Crispín, el joven abogado con el que se veía desde hacía tiempo en los lugares más modernos de Sarriá, a salvo de las miradas indiscretas, apoyada enseguida por Emanuele, que veía en aquel joven un prometedor profesional de buena familia, mientras que el otro hijo Emanuele, si bien continuaba sus estudio de Derecho, había alcanzado la mayoría de edad y manifestaba su deseo de entrar a formar parte en la principal fuerza política local de la época, la Lliga Regionalista, que reflejaba en pleno las creencias de la mayoría de los emprendedores barceloneses y catalanes, aunque un poco menos la del padre, que a decir verdad no tenia ideología definida, dada su costumbre de viajar por toda Europa y a relativizar según sus conocimientos. Como si no bastara, ese año Antonio y Carolina anunciaron el futuro nacimiento de su tercer hijo, mientras que la hermana pequeña Francesca ingresaba en el Convento de Sant Vicenç, o San Vicente, a dos pasos de casa pero tan lejos de la tradición familiar, ya que ni Giovanni, ni Emanuele, y menos aún María y Gaia recordaban tener un antepasado religioso en sus árboles genealógicos.

Reservados ya por motivos de salud casi todos los viajes de trabajo a Antonio, en aquellos meses Giovanni y Emanuele organizaron toda una serie de encuentros y conferencias con el objetivo de acercar a los notables de la colonia italiana en Madrid y Barcelona y las respectivas instituciones locales en un momento tan delicado para España, con grandes costes políticos y económicos por la sangrienta invasión de Marruecos, iniciada el año anterior y aún lejos de una rápida conclusión. En sinergia con el Embajador Giulio Silvestrelli, en el cargo desde 1904, los *cuñadísimos* fueron muchas veces huéspedes o anfitriones de hombres de negocios, ministros o también simples benefactores, contribuyendo por un lado a afrontar las dificultades de la España de entonces y por el otro a retomar las relaciones con Italia, que entraba en la órbita de las potencias germánicas y por esto ya no le interesaba llegar a acuerdos importantes con un país que hasta no muchos años antes se consideraba más que un simple socio comercial en el Mediterráneo y ahora, a pesar de la retórica oficial, se le miraba con cierta indiferencia.

El cambio de decenio significó así un cambio en las relaciones entre los dos países y, si en el mes de febrero vio finalmente la luz la sección catalana de la *Società Dante Alighieri*, en primavera el nuevo gobierno laico y liberal de José Canalejas empezó a interesarse por los festejos para celebrar el medio siglo de la Unidad de Italia, que tendrían lugar el sucesivo mes de marzo, cosa muy grata para el primer ministro Luigi Luzzatti, un paduano de origen judío cuya facilidad para cerrar acuerdos con las potencias extranjeras estaba regenerando el sistema político autorreferencial del momento. En aquellos meses de aparente calma se sentaron así las bases para el llamado *Convenio de Arbitraje,* un pacto estipulado el 2 de septiembre de 1910 en San Sebastián, Vascongadas, entre la numerosa delegación italiana en España encabezada por el embajador Silvestrelli y varios emisarios del Gobierno de Canalejas;

de corte marcadamente técnico, su importancia residía no tanto en su contenido, si es verdad que no fue ratificado en el Parlamento español hasta el 17 de febrero de 1912, como en la voluntad tangible de retomar aquel dialogo perdido después de la aprobación de los aranceles aduaneros españoles.

Aclamado con palabras de júbilo por ambas partes, el acuerdo abría una nueva etapa en las relaciones italo-españolas, marcada por una especie de mutua complacencia en las recíprocas veleidades coloniales en Libia y Marruecos. En aquellos meses de general euforia para la colonia italiana de Barcelona, cada vez más organizada e importante en las relaciones entre los dos países, Giovanni sufrió al conocer la enfermedad del cuñado Emanuele, que desde hacía unos meses tenía fuertes dolores de estomago, en un primer momento considerados típicos de su edad. Recordaba el comendador en sus memorias que ese hombre de sesenta y cinco años, fuerte física y espiritualmente, nunca había conocido el dolor y la enfermedad durante su vida hasta cuando, unos meses antes, empezó a rechazar las invitaciones de amigos y compañeros para almuerzos y conferencias alegando un cansancio crónico y la necesidad y de recuperar energías físicas y mentales. "¡Y eso que la empresa va viento en popa!", se lamentaba Giovanni, cada vez que sus intentos de animar a su pariente eran vanos, incapaz de identificarse con la nueva dimensión a la que había sido catapultado de imprevisto. La gravedad de la situación se hizo visible al poco tiempo.

La llegada de Carla, el tercer hijo de Antonio y Carolina aportó temporalmente un poco de serenidad a los inquilinos de Villa Mezzalama, así como la boda de Giulia y Crispín, a la que asistieron numerosos amigos, socios y conocidos de Emanuele y Giovanni y toda la familia Mezzalama, incluida la prima Francesca, muy emocionada en su doble condición de sierva de Dios y pariente de la novia. Aquel día, toda Sarriá parecía haberse congregado en la Iglesia de Sant Vicenç, adornada como nunca gracias a los ingentes fondos puestos a disposición por Emanuele y los parientes de Crispín, conocidos en la ciudad por su prosperidad, dada su cercanía a algunos de los principales exponentes de la Lliga Regionalista y por ser herederos de uno de los más conocidos y prestigiosos bufetes de la zona. La boda y la luna de miel de la primogénita de Emanuele hicieron olvidar por un tiempo el precario estado de salud del ilustre padre, prácticamente ya indiferente al destino de la casa editorial, si bien en todas partes su nombre era sinónimo de calidad a precios económicos y sus libros y enciclopedias estuvieran en los escritorios y librerías de media España; parecía que los reconocimientos y muestras de estima que llegaban continuamente de las instituciones más dispares y que el miembro más anciano de la familia Picasso-Maucci-Mezzalama acumulaba uno tras otro en su estudio, no servían de nada, ante los lúcidos y estupefactos ojos de la mujer Gaia, que quizás por la edad, quizás por una especie de inconsciente simbiosis típica de las parejas de una cierta longevidad, sufría desde hacía un tiempo una serie de problemas de salud que la medicina tradicional no sabía explicar, y que la hermana María atribuía a su atormentada psique.

Mientras tanto, la vida seguía en la *Società di Beneficenza* y en las mayores asociaciones italianas en Barcelona, entusiasmados por los inminentes cincuenta años de la Unidad Nacional. La asociación fundada en 1865 por el entonces cónsul Comello contaba con ciento veinte socios efectivos, diecinueve socios patrocinadores y veintiún bienhechores; las contribuciones de los capitanes de barcos ascendían a casi dos mil quinientas pesetas, mientras que las cinco clases primarias mixtas al cuidado de los maestros Primerano y Colarossi y la escuela mixta de lengua italiana para adultos contaban con un total, respectivamente, de sesenta y dos y cincuenta y ocho alumnos. No es de extrañar por ello que los festejos de la Unidad de Italia de marzo de 1911 reunieran durante siete días a una cantidad nunca vista de emprendedores, benefactores, directivos de empresas, mujeres, artistas, obreros y simples ciudadanos de paso, orgullosos de extender la cultura de la patria más allá de las fronteras nacionales.

Sin embargo, el paso más decisivo lo dio una vez más el abogado Fadini, el principal artífice del salto de calidad de la colonia italiana de Barcelona en los años precedentes al estallido de la Gran Guerra. El día 2 de junio, fiesta del Estatuto de la asociación, que desde hacia tiempo proclamaba el deseo de reunir bajo un mismo techo a los compatriotas residentes en la capital catalana, anunció la inminente constitución de la entidad para la fundación de la *Casa degli Italiani* en Barcelona que, efectivamente, vio la luz el 15 de junio en los locales del Consulado presidido entonces por el carismático Vittorio Lebrecht. La nueva organización, de la que formaban parte personalidades de prestigio como el genovés Antonio Calcagno, el benefactor cremonés Pietro Pegorari o los hermanos Pantaleoni, además obviamente de los *cuñadísimos*, estaba presidida por el cónsul mismo y tenía como objetivo comprar una sede social con las aportaciones a fondo perdido de socios y benefactores; se encontró un edificio en un chalet de tres pisos de perfecto estilo neoclásico propiedad de una rica heredera local situado en el pasaje Méndez Vigo, a dos pasos de la actual plaça de Catalunya, y comprado el 7 de noviembre de 1911 por una cifra cercana a ciento veintiséis mil pesetas: nacía así la *Casa degli Italiani*, según un nuevo concepto de italianidad, que absorbía y le daba una sede de prestigio a la venerable *Società Italiana di Beneficenza*, a las Escuelas y a la *Società di Mutuo Soccorso*, convirtiéndose en vivero para muchas de las asociaciones que surgirían en los próximos años, incluida la *Cámara de Comercio e Industria Italiana para España.*

En aquel radiante año 1911 en el que la patria cumplía su primer medio siglo de vida y la comunidad de Barcelona realizaba un gran salto de calidad, el Reino de Italia entraba en guerra con el Imperio Otomano por la posesión de las regiones norteafricanas de Tripolitania y Cirenaica, incorporando en octubre de 1912, después de un año de conflicto, la primera pieza de un dominio colonial deseoso de emular los fastos de la Roma de Augusto. Los vientos de guerra soplaban cada vez más fuertes, haciendo temer lo peor a más de un político, teórico, emprendedor, comerciante o simple ciudadano, tildados de pesimismo y derrotismo en toda Europa. El continente estaba impregnado por una fiebre y ambición colonialista nunca vistas hasta el momento y, si Italia y España lograron pronto sus propósitos en Libia y Marruecos, no muy diferente era la situación de franceses, ingleses, alemanes y austríacos, usando los topónimos modernos, que extendían su dominio en África y Cercano Oriente, sin preocuparse de los ingentes gastos militares y recíprocas amenazas.

La misma colonia italiana estaba dividida entre pacifistas e intervencionistas, para ceñirnos a los términos usados por la prensa de la época, si bien el entusiasmo por la fundación de la *Casa degli Italiani* y la espera de las condecoraciones prometidas por Victor Manuel III a diferentes notables de la colonia, mediante cartas de felicitación dirigidas al cónsul Lebrecht, contribuyeran a calmar estas divergencias. Hacia finales de febrero, los principales artífices de la Casa, el primero de todos el presidente Fadini, fueron distinguidos con el título de Caballero de la Orden de la Corona de Italia, mientras que los dos *cuñadísimos* recibieron una mención de honor por su gran aporte a la causa, gracias a los ingentes fondos destinados a la compra de la nueva sede social. Fue la última aparición pública de Emanuele el cual, aplaudido durante un largo tiempo por los presentes en la ceremonia organizada en la sede consular del carrer Mallorca, pronunció con gran esfuerzo palabras de agradecimiento a todos los que le habían acompañado en su larga aventura en Barcelona: murió unos días después en la vivienda familiar, acompañado por toda la familia y abrazando a su nietecita Claudia, nacida algunos meses antes, hasta aquel último suspiro que anunciaba la llegada al paraíso de los divulgadores de lecturas, para un público que hasta algunas décadas antes moría analfabeto en las tierras trabajadas hasta el final por los padres, abuelos y bisabuelos excluidos de la gran Historia del mundo.

La desaparición de Emanuele, a cuyo funeral acudió una multitud nunca antes vista en la diminuta Iglesia de Sant Vicenç, dejó a Giovanni y sobre todo a Antonio solos en la dirección de una empresa que, pese a los tiempos de crisis de un sector azotado por la fiebre bélica, en Europa y América era ya una de las casas editoras más apreciadas por el gran público. Cada vez eran más frecuentes los viajes de Antonio a Madrid, donde el grupo crecía rápidamente, o a otras ciudades españolas a las que se llegaba cada vez antes gracias a los progresos en las comunicaciones por carretera y ferrocarril de la época. Por otra parte, Emanuele, que con veinticuatro años se acababa de licenciar en Derecho, se lanzaba en cuerpo y alma al difícil mundo del derecho y la política local, junto con el cuñado Álvaro, después de haber anunciado su inminente boda con Giustina. Desde hacía algún tiempo la joven había empezado a escribir breves poesías y relatos, que sin embargo puntualmente rompía. "¡Hay que tener más constancia!", la regañaba el futuro marido, orgulloso sin embargo del amor por las letras de esa mujer, culta y refinada, cuando él prefería estudiar las letras para mejorar la retórica verbal y su conocimiento de normas y detalles burocráticos.

Aquel año que décadas después pasó a la historia por lo lluvioso y el asesinato del primer ministro Canalejas, vio nacer en Villa Mezzalama al cuarto y último hijo de Antonio y Carolina, Vittorio, llamado así en honor al Rey de Italia, extraño destino para aquel que en vida votó y luchó durante años a favor de la causa republicana, desafortunado último hijo de un padre que, a pesar de la frialdad que les separó durante años, lloró tiempo después la muerte del hijo en una fría celda de la Cárcel Modelo. En diciembre, tras la boda de Emanuele y Giustina, Francesca visitó durante algunos días la casa familiar y después de tanto tiempo pudo abrazar de nuevo a aquellos parientes que dejó años antes perplejos, pero respetuosos de su elección de consagrarse a la Iglesia Católica, además de conocer de cerca a los nuevos llegados de los que tanto le habían hablado los padres: Juan, Cristina, Carla, Claudia, Vittorio... la lista de los sobrinitos era tan grande que frecuentemente olvidaba sus nombres o se equivocaba al llamarlos, errores puntualmente corregidos y perdonados por las madres o abuelas de los niños, bajo la mirada complacida del nuevo senador de la familia, Giovanni, y del recién estrenado matrimonio, que pronto aportaron nuevas cunas a la cada vez más atestada residencia familiar.

Mientras tanto, en los años anteriores a la Gran Guerra, el destino de los Picasso, Mezzalama y Maucci estuvo marcado por una nueva hornada de cambios en las cancillerías italo-españolas, portadores de aire fresco en las relaciones de los dos países, basadas desde hacia tiempo en una especie de indiferencia. El apoyo recíproco en las guerras de Libia y Marruecos y la elección como primer ministro de Álvaro de Figueroa y Torres, conde de Romanones, amigo de Italia desde los tiempos de su doctorado en Derecho Político en la Universidad de Bolonia, además del regreso de Giolitti a la cabeza del Gobierno de Italia y la llegada a Madrid de un diplomático de larga experiencia como el conde Lelio Bonin di Longare, marcaron, después de años de vacilaciones, el definitivo enlace de las relaciones políticas y comerciales italo-españolas, necesitadas ahora solamente de un amplio acuerdo como el firmado a finales del siglo anterior.

Dado que el clima geopolítico europeo era cada vez más delicado y destinado a desembocar en la Gran Guerra, la prensa y los gobiernos de ambos países comenzaron a apoyar la idea de un pacto entre las dos potencias capaz de consolidar durante varios años una amistad entre las que, con una cierta dosis de retórica, eran llamadas las naciones hermanas. Lo que se concibió entre Roma, Milán, Barcelona y Madrid en el lluvioso otoño de 1912 fue un proceso extraordinariamente intenso que culminó a los dos años con la aprobación del anhelado Tratado y el nacimiento, que pasó inadvertido en un primer momento, de la Cámara de Comercio Italiana para España. Era el culmen del sueño de toda la vida de Giovanni, espectador, durante su larga experiencia en España, del arranque y la crisis de un dialogo que políticos y emprendedores no habían sabido o querido profundizar, despreciando la buena predisposición de los súbditos de ambos reinos.

Gracias a la recuperación de relaciones entre los dos países, el 6 de junio de 1913 se constituyó en Roma, donde desde 1910 ya existía la Escuela Española de Historia y Arqueología fundada por Romanones en calidad de ministro de educación de Canalejas, el llamado Comité Italo-Español, presidido por el conde Luigi Dentice, príncipe de Frasso, y apoyado por un grupo de políticos, artistas y emprendedores que llevaban en su corazón las relaciones entre los dos países. La nueva asociación ayudó como un moderno grupo de presión a las recién iniciadas negociaciones para la redacción de un nuevo tratado comercial italo-español, seguido por la fundación poco tiempo después del Comité Hispano-Italiano de Madrid, creado el 30 de noviembre de ese año en el suntuoso Conservatorio de la capital española bajo la presidencia de Tristán Álvarez de Toledo y Gutiérrez de la Concha, segundo duque de Bivona.

En una época en la que los viajes entre los dos países todavía eran largos y complicados, la decisión de fundar el comité en Madrid en vez de Barcelona estaba motivada por la necesidad de seguir más de cerca los encuentros de los emisarios gubernamentales; este gesto no gustó sin embargo a la colonia italiana en Cataluña visto el peso que hasta ahora tenía en la imagen de Italia en España y, aún sin emitir ninguna nota oficial, hizo sentir su contrariedad promoviendo la formación de un análogo comité en Barcelona. Giovanni y Antonio seguían como podían las complicadas negociaciones entre las dos partes con conversaciones y cambios de puntos de vista con los notables de la colonia, si bien les costaba entender la rigidez sobre temas en apariencia tan secundarios como el mármol, las sardinas, la seda y el corcho, por no hablar del aceite y del vino, los verdaderos escollos de las negociaciones. También por esto, mientras el año llegaba a su fin y los pequeños de Villa Mezzalama preparaban sus cartas para los Reyes Magos, los dos prestaron poca atención en ese periodo al contenido de las negociaciones; es más, las olvidaron totalmente el día en que Giulia, la hija mayor de Emanuele, dio a luz a su segundo y tercer hijo, los gemelos Jordi y Álvaro, que les hizo olvidar por un tiempo el todavía reciente luto por la desaparición de Emanuele. El anunciado embarazo de Giustina, encinta de cuatro meses de Emanuele, completó el grato cuadro familiar mientras Giulia y Crispín se mudaban poco después a dos pasos de Villa Mezzalama en la casa en la que este último había crecido, ya vacía desde hacía unas semanas después de que Álvaro y Sofía, padres de aquel hijo único venido al mundo después de años de intentos, se trasladaron a Madrid por razones del trabajo del padre.

Mientras tanto, a Maucci & Picasso, cada vez más inclinada a favor del segundo apellido, le había llegado el momento de reestructurar las ventas y, sin nada de pena, Giovanni y Antonio decidieron vender la casa madre mexicana y argentina a un nuevo coloso editorial de Buenos Aires, Siglo Veinte Ediciones, que asumió en bloque a los empleados más veteranos y dio a los primos de Emanuele una sustanciosa cuota en su nuevo accionariado. Sin embargo, el contacto se perdió con ellos poco a poco, como en todos los árboles genealógicos de ciertas dimensiones, que ven como van podándose, rompiéndose, o mejor todavía, ramificándose hasta el infinito las ramas más antiguas, hasta que las nuevas generaciones se dan cuenta que no conocen a quien dio la vida a los padres de los padres de sus padres, y se contentan con hacerse una idea general, o con imaginar cómo querrían o podrían haber sido en los diferentes momentos de su vida. A cargo de la casa editorial quedaron así Picasso padre e hijo, con la participación, realmente más simbólica que real, de Emanuele hijo, mientras Giustina veía por fin publicadas sus primeras obras, poesías breves que había empezado a escribir años antes y que tuvo la fuerza de acabar durante los primeros meses de embarazo. Por su parte, María y Gaia, legitimas propietarias de la casa familiar, se encargaban de las mejoras del lujoso inmueble y ayudaban a Carolina y Giulia a criar a sus siete hijos, apartadas de la vida social de Sarriá y de la empresa familiar en la que desempeñaron un rol importante años atrás; de vez en cuando iban a rezar con Francesca en Sant Vicenç, ellas que en realidad habían prescindido de Dios y de la religión durante gran parte de su existencia. "¡Son cosas de la edad!", se reían ante las curiosas preguntas de Giovanni cada vez que volvían de la cercana iglesia.

Con la partida de Giulia y Crispín que, junto al tío Pere y a Emanuele seguía su campaña electoral nacional y aspiraba a uno de los noventa y seis escaños de la recién fundada Mancomunidad de Cataluña, Giovanni y Antonio vieron vaciarse de repente una buena parte de la casa familiar y, a pesar de una cierta desilusión, volvieron a seguir las negociaciones comerciales oficiales italo-españolas, que muchos daban ya por terminadas; ciertamente no podían imaginar que les esperaba el regalo más importante, el objetivo por el que el primero había luchado durante toda la vida y el segundo había más de una vez echado en falta.

Todo empezó en las primeras semanas del nuevo año, cuando desde Roma se corrió el rumor, poco después confirmado, de la inminente creación de un segundo comité italo-español en Florencia y del viaje a España de un grupo de casi un centenar de italianos entre políticos, periodistas, industriales, comerciantes, dirigentes de empresas y estudiantes a la vez, con el objetivo de divulgar al gran público la amistad que unía los dos litorales del Mediterráneo; "La Vanguardia" se convirtió enseguida en portavoz de los pasos de la comitiva, que llegó a Barcelona el 21 de abril y partió el 6 de mayo desde Valencia hacia Génova. Entonces, Amerigo Fadini propuso a los socios y dirigentes de la *Casa degli Italiani* la que, unas décadas después, se reveló como una de las decisiones más acertadas, la creación de un Comité Hispano-Italiano con un perfil y reivindicaciones puramente comerciales, igual a los de Roma y Madrid pero independiente de estos, capaz de representar las peticiones de la industria italiana en Barcelona y resto de España, y por ello destinado a sobrevivir una vez que acabaran las negociaciones comerciales en curso entre los dos países: era la colocación de la primera piedra de aquella Cámara de Comercio que Giovanni ya no esperaba ver nacer en esta vida.

Después de semanas de anuncios y desmentidos, la *Casa degli Italiani* fijó para el sucesivo 12 de marzo, un jueves, la primera reunión del Comité que, aquel día, sin ningún imprevisto, aprobó un estatuto societario bajo la presidencia de Pedro Gerardo Maristany y Oliver, diputado nacional en Madrid, nuevo presidente del Ateneo de Barcelona y desde el 4 de enero, honrado por Alfonso XIII con el titulo de primer conde de Lavern. A Giovanni no le gustaba la excesiva presencia de los nobles en organismos que, en realidad representaban los intereses de exponentes del mundo burgués frecuentemente de origen humilde, pero se cuidó mucho de hacerlo notar a Fadini y sus asociados, para no provocar conflictos internos que hubieran comprometido la todavía frágil estructura de la *Casa degli Italiani*; por el contrario, aceptó enseguida, en compañía de Antonio la invitación para participar a esa primera reunión del nuevo organismo, seguro de que sería un éxito, como puntualmente escribieron los periódicos de la época, "La Vanguardia" sobre todo.

A la constitución del Comité Hispano-Italiano de Barcelona acudieron algunos de los emprendedores y dirigentes italianos y españoles más conocidos de la ciudad, lo que enseguida atrajo la atención de la prensa, mientras la presencia de Fadini, que el año antes había contraído el tifus en Barcelona y había pasado una larga convalecencia en Alassio, en el poniente ligur, impresionó a los presentes por su estoica apertura y moderación del debate entre los socios constituyentes con la voz y los gestos aún marcados por la enfermedad. Al final del breve debate y de la todavía más rápida y unánime aprobación del estatuto de la asociación, los presentes declararon constituido el *Comité Hispano-Italiano de Barcelona - Cámara de Comercio Italiana para España*, con la presidencia honoraria del conde de Lavern y la ejecutiva de un antiguo conocido de Giovanni. Era Luigi Villavecchia, genovés como él, que desde hacía años comerciaba con algodón y cereales con Inglaterra asociado con el francés Jean Canadell y hermano de Gioacchino, importador de carbón vegetal de Cerdeña, y padre de Ignazio, que empezaba su carrera como agente de las compañías marítimas Parquet y Marittima-Italiana y comerciaba con cereales y carbón vegetal en varios puertos del Mediterráneo.

A la espera del reconocimiento ministerial y de las ayudas económicas del gobierno de Roma, de acuerdo con los estatutos de gran parte de las cámaras de comercio italianas, la recién estrenada asociación eligió a sus diez primeros consejeros, todos rigurosamente italianos, y fijó su sede oficial en una habitación en la primera planta de la *Casa degli Italiani* del pasaje Méndez Vigo, mientras empezaron a llegar, una detrás de otra, las primerísimas peticiones de adhesión por parte de empresas italianas y españolas que veían en el nuevo organismo a un interlocutor y representante fiable frente a los retos económicos de España y Europa de aquellos años.

En aquellos febriles días de marzo dedicados en cuerpo y alma al nuevo comité, Giovanni casi no se acordaba de que a primeros del mes siguiente vendría al mundo su sobrino nieto, hijo primogénito de Emanuele y Giustina. Nuestro hombre se emocionaba con cada nacimiento como si se convirtiera en abuelo o tío abuelo por primera vez y, orgulloso de su rol de miembro más anciano de la familia, a pesar de los achaques de la edad; a fin de cuentas, ya tenía setenta años. Entonces decidió que, en cuanto tuviera la ocasión, se retiraría de los compromisos oficiales tanto de la empresa familiar como de la Cámara de Comercio, de la que se convirtió por este orden en presidente honorario y socio, igual que al día siguiente de la fundación de la *Casa degli Italiani* tres años antes, había decidido dejar el cargo de consejero, manteniendo su apoyo como simple socio y delegando en su hijo Antonio. Por su apego al trabajo y a lo público, no sería tan fácil para él retirarse a una vida de abuelo; "¡Te lo dije!", tronaba entonces María.

La constitución del Comité Hispano Italiano de Barcelona, que tanto la prensa española como la italiana describía con todo lujo de detalles, pronto se convirtió en la última, decisiva lanzadera hacia el ansiado tratado entre los dos países. De hecho, un par de semanas más tarde, el 30 de marzo de 1914 se firmó en Madrid el Convenio de Comercio y Navegación entre España e Italia que, una vez aprobado por las respectivas Cámaras parlamentarias, reguló hasta 1921 los intercambios comerciales entre los dos litorales del Mediterráneo, formalizando oficialmente la reanudada amistad. El pacto, firmado por un emocionado Lelio Bonin de Longare en representación del gobierno de Antonio Salandra, ponía fin a todos aquellos dimes y diretes según las cuales los intercambios entre los dos países nunca daban beneficios. Es más, reguló algunas de las cuestiones más espinosas relacionadas con las excelencias gastronómicas comunes como el aceite y el vino; la Gran Guerra y sus repercusiones políticas y económicas limitaron bastante su utilidad, si bien todo esto Giovanni no lo sabía, ni lo supo jamás.

Frecuentemente a años insulsos en la vida de una persona, ciudad o comunidad le siguen otros cuyas novedades, por buenas o malas que sean, sería imposible resumir en una biografía. En el Annus Domini 1914, que también vio morir al Papa Pio X o inaugurar al tráfico naval en cl Canal de Panamá, además del estallido de la Primera Guerra Mundial o el nacimiento del Comité Hispano-Italiano de Barcelona, la capital catalana fue además el escenario de la constitución oficial de la nueva Mancomunidad, un organismo que el gobierno de Eduardo Dato había finalmente reconocido el año anterior y que, sin embargo, no tuvo una vida fácil, si bien pasó a la historia como experimento de Comunidad Autónoma en todo el territorio nacional. A la reunión del 6 de abril se presentaron, bajo los auspicios de la entonces mayoritaria Lliga Regionalista, el futuro papá Emanuele Maucci Mezzalama y el cuñado Crispín Enseñat Escribano que, pese a sus orígenes madrileños debidos a los continuos traslados del padre por trabajo durante su juventud, fue poco a poco aceptado como representante de relieve del catalanismo, mientras el tío Pere se quedó atrás, eligiendo mantener el cargo de alcalde de la ciudad de Reus, adonde se había retirado años antes para administrar las fincas familiares.

En aquel caluroso y soleado sábado se hizo realidad la propuesta avanzada en 1907 por Enric Prat de la Riba, fundador y presidente de la Lliga en la provincia de Barcelona, de reunir las cuatro provincias catalanas en un órgano de autogobierno que actualmente llamamos Región, Generalitat o Comunidad Autónoma, pero que entonces escandalizaba por el presunto peligro separatista, que en realidad no era infundado. En cualquier caso, después de una larga negociación con el gobierno central, en 1913 el primer ministro Eduardo Dato promulgó el Decreto de Mancomunidades, que autorizaba la unión de las provincias con objetivos puramente administrativos, convertido en ley el 18 de diciembre de 1913 por Alfonso XIII, y que podía aplicarse a todas las provincias españolas, aunque sólo las catalanas decidieron usarlo, creando la Mancomunidad de Cataluña.

Muchos fueron los elogios, algunos forzados, al nuevo organismo, no sólo desde Cataluña, si no también otros puntos de la península e incluso del extranjero. Desde Madrid, donde el mes antes fue reconfirmado diputado después de las elecciones del anterior 8 de marzo, en las que su formación consiguió trece de los cuatrocientos ocho escaños en la Cámara de los Diputados, el mismo Francesc Cambò, número dos de la Lliga, contrario en principio a la propuesta de Prat de la Riba, reconoció la importancia con tono entusiasta y, junto a su representante legal y ayudante, que no era otro que Álvaro, padre de Crispín y, desde hacia pocas horas, tío de Emanuele Maucci Bertone, envió un larguísimo telegrama de felicitación a la nueva asamblea y sus electores de cualquier color político.

Si bien la Mancomunidad no tenía poder legislativo y dependía de los recursos puestos a disposición por las provincias catalanas, enseguida jugó un rol de importancia, en simbiosis con muchos ayuntamientos, en la mejora de las infraestructuras o de la cobertura telefónica, facilitando el acceso de agua potable y desarrollando en los años futuros toda una serie de organismos y actividades culturales, desde el Instituto de Estudios Catalanes en la Biblioteca Regional, hasta las escuelas laicas basadas en las doctrinas de Francisco Ferrer, hasta el Observatorio Fabra, en la montaña del Tibidabo, sin olvidar la difusión de la nueva normativa ortográfica promocionada al poco tiempo por el ingeniero e intelectual barcelonés Pompeu Fabra i Poch. No podían contener más la emoción los dos diputados aquel día y, mientras ya pensaban en que mejoras legislativas podían aportar a la nueva criatura, una vez acabada la primera reunión se prodigaron en un largo y sentido aplauso dirigido a los noventa y seis diputados, incluidos ellos, antes de correr a toda prisa a Sarriá, donde Giustina acababa de dar a luz a su primer hijo, el futuro ministro Emanuele Maucci Bertone.

Después de una larga espera, el 21 de abril de aquel año había llegado en tren desde Roma un centenar escaso de italianos que, durante más de dos semanas recorrieron a lo ancho y largo la Península Ibérica para difundir las bellezas y progresos económicos del amigo reencontrado, aquella España de Dato que tras una larga negociación había firmado un acuerdo en espera de la aprobación de los respectivos parlamentos. Llegada con puntualidad a la Estación de Francia, la comitiva fue recibida por el alcalde y por el cónsul de Italia en Barcelona, Riccardo Motta, para dirigirse después al Ayuntamiento para un brindis oficial regado por el vino de las Bodegas del Conde de Lavern y, una vez recuperadas las fuerzas, comenzar con una serie de incesantes actividades que les llevarían a las modernas Maquinista Terrestre y Marítima, a la sede del renombrado Orfeo Catalá, al Gran Teatre del Liceu, al puerto de la ciudad, a la *Casa degli Italiani* para un encuentro con los dirigentes y socios del ente al completo, al Museo de Reproducciones y Arte Decorativo, al Monte Tibidabo y a la sede del periódico “La Vanguardia”, todo sin olvidar desayunos, almuerzos y cenas ofrecidas por los hoteles y restaurantes italianos más conocidos de la ciudad, que todavía eran muchos.

El 24 de abril, día de la partida hacia Zaragoza, Giovanni, Antonio y en general los notables de la colonia de Barcelona despidieron con cordialidad al grupo de italianos ruidoso y exigente, pero que según pensaban, hablarían bien de España, sus habitantes y los expatriados italianos. Si bien la comitiva no aportó nada nuevo, ni influyó demasiado en las buenas relaciones italo-españolas, hubiera sido muy agradable salir en los periódicos italianos como un buen ejemplo de integración y cooperación económica y política, a la luz sobre todo de los vientos de guerra que soplaban cada vez más fuertes en todo el continente y que desembocarían pronto en la tormenta de la que todos hemos sabido por los libros de historia. Igual que las de "La Vanguardia" en Barcelona, las crónicas de "ABC" en Madrid dieron gran eco a los dos días transcurridos por la comitiva en Zaragoza y los siguientes seis y cinco en Madrid y Valencia, hasta su regreso a Génova el 6 de mayo, acompañados por los tres presidentes de los comités italo-españoles locales, Basilio Paraíso Lasús, Tristán Álvarez de Toledo y Gutiérrez de la Concha, segundo conde de Bivona, además de Enrique Trénor Montesinos Bucelli y Sacristán, conde de Montornés y de la Vallesa de Mandor.

Como era de esperar, los periodistas que acompañaban a la comitiva no escatimaron elogios al país visitado y, después de la publicación de sus artículos en "Il Secolo XIX" de Génova o "La Tribuna" de Roma, la ratificación del pacto italo-español en el Parlamento fue muy rápida, aprobándose antes del 3 de junio en la Cámara de los Diputados, y más tarde el 26 de junio en el Senado del Reino. Por otra parte, el Senado español daba vía libre al pacto el 19 de junio seguido del 2 de julio por el Congreso: el 13 de julio de 1914, el Convenio de Comercio y Navegación entre España e Italia se convertía finalmente en una realidad para los dos países.

A pesar del ansiado resultado, el desastre estaba cerca y, trascurrida la euforia y la grandilocuencia de las negociaciones y las visitas oficiales que habían cortado la respiración a una colonia entera, pronto se vio que aquel pacto comercial nunca tendría en el fondo el rol que le correspondía. La misma suerte corrió la Mancomunidad, por no hablar del gobierno conservador de Eduardo Dato, al que pronto sucedió de nuevo el conde de Romanones, en el difícil intento de conciliar los ánimos en torno a la figura de Alfonso XIII. Por su parte, la *Casa degli Italiani*, que desde hacía años hospedaba a la antigua *Società di Beneficenza* y escuelas, la *Società Operaia di Mutuo Soccorso* y el Comité local de la *Società Dante Alighieri*, además de la nueva *Cámara de Comercio para España*, afrontaba ahora un momento complicado debido a las cada vez más reducidas contribuciones de los socios, benefactores, capitanes de navíos y ministerios, además de los ingentes gastos realizados los años precedentes, los gastos de mantenimiento y reforma de la nueva sede, agravado todo con la progresiva devaluación de la lira en los mercados financieros.

En aquellos meses de calma inquieta, Maucci & Picasso, proyectada ahora sólo en el mercado europeo, encontró en la guerra un nuevo, poderoso filón literario capaz de garantizar grandes beneficios en un momento más que difícil para la economía española, arrollada de nuevo por la inflación y la caída del gasto público destinado a las empresas bélicas en Marruecos. La misma Giustina, esporádica escritora de ensayos y colecciones junto a su hermana Luciana, además de autora de relatos y novelas de todo tipo y extensión, contrariamente a sus gustos literarios, daba prioridad a aquella prosa sanguinaria ambientada en batallas, lutos y mercenarios, signo de una edad dominada por el fanatismo nacionalista y enfrentamientos de intereses comerciales y coloniales. Era el sueño de la razón, como decía el filosofo, y sus frutos no podían ser otra cosa que monstruos, que maduraron en poco tiempo en Sarajevo, con el asesinato del heredero al trono del Imperio Austro-Húngaro, el archiduque Francisco Fernando de Habsburgo, y su mujer Sofía, duquesa de Hohenberg, el 28 de julio de 1914.

IV

El 4 de noviembre de 1918 fue un día memorable en Villa Mezzalama. Mientras la familia al completo festejaba el décimo tercer cumpleaños de Emanuele, desde las primeras horas de la tarde se corrió la voz, confirmada por la tarde en Barcelona, de un armisticio italo-austríaco, preludio de la capitulación alemana de siete días después y de los acuerdos de paz que, se creía, darían grandes privilegios al victorioso Reino de Italia. La historia, como ya sabemos, no fue así y, si desde el siguiente año muchos empezaron a hablar de "victoria mutilada", quizás la culpa no fue sólo de los aliados, sino también de los mismos vencedores que, más allá de cualquier expectativa racional, creían que el conflicto bélico resolvería de una vez por todas los problemas internos y externos del país.

Con la victoria de la Gran Guerra en la mano, todo parecía favorecer a los italianos en Barcelona, muchos de los cuales se habían enrolado en las filas del ejército y, especialmente para los Mezzalama-Picasso-Maucci-Arena-Enseñat-Bertone que, aunque en los meses de conflicto tuvieron pérdidas materiales y humanas, vista la lejanía del frente de sus contactos comerciales en Italia y la neutralidad española, no vieron reducirse sus beneficios, ya que concentraron todos sus esfuerzos en el mercado ibérico, interceptando filones poco explorados hasta el momento como el bélico y deportivo, futbolístico en particular. Así, la villa familiar vivía en aquellos años sus últimos momentos de esplendor, con las suntuosas recepciones organizadas por Giovanni y Antonio, con la ayuda de Gaia y María, en honor de emprendedores, artistas y dirigentes de empresas de gran prestigio, mientras que los pequeños de la casa, Juan, Cristina, Carla y Vittorio, correteaban felices por sus pasillos dando vida a interminables juegos del escondite.

Por otra parte, en 1914, poco después de la llegada del primogénito, Emanuele y Giustina se mudaron a un pequeño, pero acomodado piso del carrer Fontanella, a dos pasos de la *Casa degli Italiani* y de la emergente plaça de Catalunya, donde en 1917 nació Paula y donde vino al mundo su tercer y último hijo, que fue además el último de los diez nietos de la familia, Ricardo Maucci Bertone. Su hermana Luciana, viuda desde hacía años de un hombre de negocios de Madrid, les visitaba con frecuencia ayudando a Giustina a cuidar de sus hijos sin tener que renunciar a los placeres de la literatura, y consolándola en los momentos de melancolía, al ser huérfana de padre y madre desde la tierna infancia. Giulia, después de un largo periodo de descanso en compañía de su madre y tía para restablecerse del tifus, volvió al final a la casa del marido. Ella sola se las arreglaba sola para criar y educar a los tres hijos, a la vista de los cada vez más frecuentes compromisos de Crispín en la Lliga Regionalista y de la ya estable residencia en Madrid de los suegros Álvaro y Sofía.

Como sucedía desde hacía un tiempo, el más cumplidor con sus compromisos públicos en la colonia italiana local era Antonio que, desde hacía cuatro años, compaginaba su cargo de tesorero de la *Casa degli Italiani*, con la obligación de presentar en cada reunión el balance financiero al presidente, al vice y a los diez consejeros de la asociación, con el de consejero de la Cámara de Comercio, que desde el año siguiente presidía Giacomo de

Andreis, genovés como su predecesor, a la cabeza de la poderosa Metalgraf Española, que fabricaba envases, cajas y botes para la industria conservera y farmacéutica en Badalona. De Antonio fue la idea de publicar, desde enero de 1915 una revista bimestral, el Boletín de la *Cámara de Comercio Italiana para España,* que se publicó durante unos ocho años, sustituida en 1923 por la todavía más rigurosa *Revista del Comercio Italo-Español*, esta vez mensual, publicada hasta junio de 1936, vigilia de la Guerra Civil Española.

Dados los escasos fondos a disposición, los ocho consejeros de la asociación realizaban ellos mismos los comunicados y noticias del boletín, que el secretario y vicepresidente leían y corregían personalmente antes de publicarlos; la publicación se financiaba sobre todo con la publicidad contratada por empresas italianas que querían darse a conocer en España y que después de una primera fase de rodaje, empezó a aportar una bocanada de aire fresco a la caja de la Cámara. No es que fuera muy costoso dar vida a aquel boletín de unas sesenta páginas, austero en la forma y los contenidos; el problema, para Antonio y los demás consejeros, consistía sobre todo en compaginar los diferentes compromisos a los que tenían que hacer frente -muchos de ellos en la colonia italiana- sin obtener ningún tipo de honorarios. No era raro que nuestro hombre volviera a casa al alba después de las infinitas reuniones y consejos extraordinarios con los socios y consejeros de la Cámara de Comercio o de la *Casa degli Italiani*, dando más de un susto a Carolina y al mayor de sus hijos, Juan. "¡Un día u otro serás tú el que salga en los periódicos!", le espetaba sin demasiados miramientos.

Mientras tanto, en los años de la Gran Guerra, cuando la colonia de Barcelona seguía con preocupación la desigual suerte del ejercito de los generales Cadorna y Díaz, los doce consejeros de la *Casa degli Italiani* dieron vida a una larga lista de iniciativas destinadas a consolidar la nueva entidad, desde la institución de una escuela nocturna mixta de lengua y literatura italiana, a la creación de una sexta clase para los más pequeños, hasta la apertura de una escuela magistral de trabajos manuales dirigida a los profesores de las escuelas primarias españolas. A pesar de los trabajos de reforma iniciados el año anterior y destinados a durar hasta 1921, la sede de la asociación hospedaba además dos nuevos órganos fundados por la colonia italiana de Barcelona: el Comité de asistencia a las familias de los soldados combatientes en la Primera Guerra Mundial y la sección local de la Cruz Roja Italiana que, en noviembre de 1919, cedió su lugar a la sección local de la *Società Reduci e Smobilitati* del 1915-1918.

La presencia de un número tan grande de arrendatarios, contrariamente a las hipótesis iniciales, no aportaba beneficios suficientes para la casa madre, dados los considerables costes de manutención; frecuentemente Giovanni, Antonio y los otros notables de la asociación, el comendador Pietro Pegorari sobre todo, ponían de su propio bolsillo ingentes ayudas a fondo perdido, conscientes de lo larga y accidentada que fue la fundación de la Casa y preocupados por las negativas consecuencias de tener que cerrarla. Aparte de los gastos corrientes y extraordinarios, un duro golpe al estado de salud del ente fue el reclutamiento de muchos de sus socios y consejeros (Giovanni contó una treintena) a las filas del ejército italiano ocupado en una dura y agotadora guerra de trincheras contra Austria, deseosos de servir al país que les había visto nacer o establecerse, a pesar de que algunos de ellos hubieran echado raíces desde hacía tiempo en Barcelona; entre ellos se encontraba el mismo Fadini, que frecuentemente enviaba como podía atormentadas cartas desde el frente a la colonia italiana y a sus sucesores en la dirección de la Casa, primero el industrial químico turinés Giuseppe Pessenda y más tarde el comerciante ferrarés Adolfo Piazzi.

Cesadas las hostilidades bélicas y restablecido el tráfico marítimo y terrestre con Italia a principios de 1919, Barcelona fue el destino de un creciente número de italianos atraídos por la fama de una ciudad que, durante los años de la Gran Guerra, fue considerada una especie de zona franca para enriquecerse rápidamente y sin grandes esfuerzos, dada la proximidad del mar y la ausencia de control sobre las actividades ilícitas. Éstas proliferaban en los antiguos barrios del Raval, el Borne y el Gótico, abandonados a su suerte mientras la ciudad se expandía orgullosa hacia el interior, anexionando uno tras otro los antiguos suburbios y campos de trigo para urbanizarlos lo más rápidamente posible, en una especie de fiebre colonizadora que no respetaba nada ni a nadie. El fatídico año del Tratado de Versalles, que la mitad de Europa comenzó a seguir con la angustia de quien ve materializarse una tras otra todas sus frustraciones más recónditas, pasó a la historia de la colonia italiana de Barcelona por la llegada, por medio de alguien bien informado, de las ideas de un cierto Benito Mussolini. Este era conocido por su anterior militancia en el Partido Socialista Italiano y por la fundación, en polémica con los ex compañeros de armas, de "El Pueblo de Italia", un periódico de corte intervencionista destinado a apoyar la entrada en guerra del país en el agitado invierno de 1914.

Un apático Giovanni, que desde hacía tiempo se movía con dificultad y era victima de crecientes achaques en la espalda que le obligaban a permanecer en la cama durante largos periodos de tiempo, seguía con una cierta distancia las crónicas extranjeras de "La Vanguardia" y las proclamas de la agencia Stefani sobre aquello que hoy los históricos llaman *bienio rojo*, una serie de ocupaciones de terrenos y fábricas que hicieron suponer la llegada de un régimen de tipo soviético a una Italia presa cada vez más de los extremismos políticos. El 21 de marzo de aquel año, mientras el país seguía con aprensión los tumultos obreros en Piamonte y

Lombardía, Mussolini y un puñado de fieles fundaban en Milán, en la sede de la Asociación Comerciantes y Trabajadores de la plaza del Santo Sepulcro, a dos pasos de la redacción de "El Pueblo de Italia", el *Fascio* de Combate local, seguido dos días después de una gran concentración en la plaza que, de hecho, marcó el inicio de la actividad de los llamados *sansepolcristi*, los primeros fascistas. Concentrados en los desordenes del norte de Italia, ni los periódicos ni los emprendedores daban importancia a aquel anti-partido que, se creía, sería reabsorbido por las estructuras del estado liberal; el mismo Giovanni tomó conciencia de su importancia sólo antes de su muerte, cuando de un día para el otro muchos de sus compatriotas de toda la vida adoptaron la causa con ciega obediencia.

Unos años después, cuando no se encontraba en la ciudad un solo opositor de Mussolini, muchos eran los italianos en Barcelona que se jactaban de una adhesión instantánea a las ideas políticas del *Duce*, no sin probar antes que conocían a los primeros fascistas, una serie de personajes realmente mediocres que, por una afortunada coincidencia, ostentaban en aquel momento un gran poder en la ciudad. Y sin embargo, en aquel año lleno de tristes presagios para todo el país, sólo había un puñado de compatriotas realmente al corriente de aquella nueva propuesta política, que tenía como objetivo el derrotar al estado liberal y la amenaza comunista con una estructura fuertemente jerarquizada y los escuadrones como arma para aniquilar la disidencia. La mayor parte de los inquilinos de la *Casa*, todavía sin Fadini, seguían las consignas del gobierno entre Vittorio Emanuele Orlando y Francesco Saverio Nitti, mientras que aquel año en Madrid se formaron cuatro ejecutivos diferentes, y mostraba su preocupación por la ruina económica de la asociación, dependiente más que nunca de las ayudas del Ministerio de Asuntos Exteriores.

A pesar de todas estas dificultades, o quizás gracias a ellas, Antonio y el resto de consejeros de la Cámara de Comercio ponían sobre la mesa un importante intercambio de cartas con Roma en el intento de acelerar el deseado reconocimiento y la llegada de aquellos fondos públicos que, según las previsiones de socios y dirigentes del ente, iban a mejorar notablemente la situación. El heredero del comendador Picasso pasaba cada vez más tiempo con el anciano padre y la querida madre María, que también sufría los achaques de la edad y permanecía recluida en la casa familiar, de la que sólo se ausentaba para dar breves paseos en compañía de la hermana Gaia, de Carolina y a veces también de Giulia, ya totalmente recuperada del tifus. Eran conversaciones serenas, en las que frecuentemente participaba toda la familia y se recordaban momentos de muchos años atrás, que los más pequeños de la casa a duras penas entendían, lejos de la forma de hablar y pensar de sus padres y abuelos. En los momentos de mayor desconsuelo, normalmente con un agravamiento de la salud de Giovanni, Antonio mostraba su faceta más infantil, temeroso de perder a aquel padre al que debía gran parte de sus éxitos profesionales y aceleraba los trabajos para lo que llegaría de Roma como un merecido regalo de fin de año: el reconocimiento oficial de la *Cámara de Comercio Italiana para España.*

Mientras tanto, en la agitada Cataluña de aquellos años, la nueva Lliga Regionalista de Francesc Cambò, que sustituyó a Prat de la Riba después de su prematura desaparición en agosto de 1917, apoyó en principio al ejecutivo de Manuel García Prieto, pero volvió a la oposición después de la enésima crisis ministerial, lanzando una propaganda más vehemente que nunca a favor del nacionalismo en toda la península, en virtud de las fallidas elecciones de febrero de 1918, que dieron al partido un total de veintiún escaños sobre cuatrocientos veintiuno en la Cámara de los Diputados. Emanuele y Crispín, lejos de criticar las prestaciones electorales del partido, confirmaron más de una vez su total disposición para trabajar para la Lliga con cualquier dirigente político. Para evitar tener que rendir cuentas, pusieron a disposición sus escaños en la Mancomunidad, dimisiones siempre rechazadas por Cambò, que apreciaba el compromiso de los dos profesionales tan bien vistos en la ciudad. Desde Madrid, el mismo Álvaro recomendaba al hijo en aquellas tensas tardes de verano que se pusiera manos a la obra por el bien del partido, seguro de que sus esfuerzos, antes o después, serían recompensados y más aún después de que el borrador de Estatuto Catalán, aprobado por la Mancomunidad en enero de ese año, fuese rechazado por el Parlamento nacional, provocando una gran frustración en el interior del nuevo organismo.

En la víspera del cambio de decenio el tiempo transcurría lento pero inexorable para los inquilinos de Villa Mezzalama, en una Sarriá que dos años después entraría a formar parte de aquella que, con una cierta pomposidad, la prensa y los políticos de entonces definían la Gran Barcelona, y que contaba ya con casi setecientos mil habitantes, una cifra más que considerable si se comparaba con los setecientos cincuenta mil de Madrid. En aquellos días el gobierno de Nitti instauraba en Italia la *Regia Guardia per la Pubblica Sicurezza*, un cuerpo de policía de seguridad para controlar las agitaciones populares sustituyendo al *Corpo delle Guardie di Città*, en el inútil intento por aplacar las demostraciones nacionalistas de Gabriele D'Annunzio, entonces a la cabeza de una fuerza irregular de escuadrones y excombatientes, dispuestos a ocupar Fiume para anexionarla a Italia. Las cosas no pintaban mejor en una España liberal-conservadora nostálgica de los antiguos fastos coloniales y cada vez más dividida entre monárquicos y republicanos, mientras que se aumentaban las voces de aquellos que reclamaban la intervención del ejército para restablecer la paz social. "Ya no saben que pedir", bufaba Giovanni cada vez que se tropezaba con las interminables editoriales de los partidarios de la mano dura, una corriente de opinión que pronto encontró el santo de su devoción en la figura de un brillante capitán general originario de Jerez de la Frontera con una larga experiencia en Marruecos, Cuba y Filipinas: Miguel Primo de Rivera.

Pasadas las fiestas de Navidad, el 7 de enero de 1920, un miércoles, Antonio fue a primera mañana a la Cámara de Comercio a ver la correspondencia recibida durante los días precedentes y organizar sus ideas dado el inminente consejo extraordinario para la aprobación del balance de 1919. Al saludar a los ujieres, éstos le entregaron un fascículo llegado un par de días antes con el sello del Ministerio de Asuntos Exteriores de Roma, extraña sorpresa para un ente cuyos contactos se limitaban normalmente a la geografía española y a puntuales emprendedores del centro y norte de Italia. Al abrir rápidamente el paquete, nuestro hombre encontró una serie de folios en apariencia todos iguales entre ellos, pero que hacían presagiar algo de oficialidad: era el reconocimiento ministerial, esperado durante meses, de la *Cámara de Comercio Italiana para España*, el inicio de un nuevo planteamiento y *modus operandi* de una entidad que, hasta ese momento, había hecho de la necesidad virtud, llegando a autofinanciarse para no declararse insolvente y cuya existencia cambiaría a partir de ahora.

En virtud de la Ley 671 del 22 de mayo de 1915, que otorgaba al gobierno del rey poderes extraordinarios en caso de guerra, y del decreto 1573 del 13 de octubre de 1918, correspondiente a la reordenación de las cámaras de comercio italianas en el extranjero, nuestro hombre explicaba unos días después a los consejeros presentes en la asamblea, conteniendo a duras penas la emoción, que el gobierno de Nitti reconocía oficialmente a la Cámara en el Boletín Oficial número 308 del 31 de diciembre de 1919, dando lugar a enormes manifestaciones de júbilo entre los presentes, que veían así materializarse el deseo de poder trabajar a la luz del día y la posibilidad de recibir pronto las primeras contribuciones ministeriales. Por primera vez, según el decreto 273 del 20 de febrero de 1919, la nueva entidad podía, además, admitir como socios efectivos a ciudadanos del país en el que operaba, siempre que no superasen un tercio del total, un objetivo importante en tiempos de nacionalismo manifiesto o latente. Muchos eran los consejeros que apoyaban la elección de extender el radio de acción de la asociación a toda España, conscientes de las limitaciones que encontraría una menos estructurada *Camera di Commercio Italiana* de Barcelona; el mismo Giovanni había defendido durante mucho tiempo la *españolidad* de la nueva entidad convencido de que la apertura, de nombre y de hecho, a todo el mercado nacional, la habría beneficiado desde el primer momento.

El nuevo decenio empezó con el pie derecho también para la *Casa degli Italiani*, ligada ahora más que nunca a la *Dante Alighieri* y ocupada en difundir el método Montessori en sus cada vez más populares escuelas primarias, presididas de nuevo a su regreso por Fadini que, antes de retomar sus ocupaciones en la ciudad, había visitado a Giovanni que estaba en la cama, donde yacía inmóvil desde hacía casi una semana, víctima de una fiebre alta. Los dos se abrazaron fuertemente, en una especie de cesión del relevo generacional que, en presencia de un fotógrafo, hubiera muy bien podido ser la portada de un libro dedicado a la colonia italiana de Barcelona de aquellos años. Tan resuelto como siempre, Fadini todavía no había inaugurado la segunda de sus tres presidencias, pero ya se sucedían las apuestas sobre las actividades de las que se iba a encargar, para algunos de carácter sobre todo educativo y para otros ligadas al mundo empresarial italo-catalán local; acertaron los dos bandos, en una Barcelona donde los hijos de los emigrantes italianos tenían un nivel de formación análogo al de los vástagos locales, y en la que cada vez había más empresas tricolores, desde Fiat a Alfa Romeo, hasta algunos de los principales bancos nacionales, por no hablar de la empresa pionera, Pirelli, que en 1924 comenzó a producir en la fábrica de Vilanova i la Geltrù sus primeros, legendarios neumáticos para automóviles.

Fue en aquellos radiantes meses de inicio de decenio cuando la *Casa degli Italiani*, a petición de la *Società Dante Alighieri* y en sinergia con el nuevo cónsul en Barcelona, Guido Sabella, tuvo la idea de erigir en la colina de Montjuic un monumento a Dante Alighieri coincidiendo con los seiscientos años de la muerte del poeta que se cumplirían en septiembre de 1921, en el intento no muy encubierto de mejorar las ya sólidas relaciones italo-españolas y consagrar el nacimiento de una asociación que, justo al año siguiente, terminó las obras de rehabilitación de su nueva sede. Por su parte, la Cámara de Comercio, muchos de cuyos socios y consejeros ocupaban puestos importantes en la misma *Casa degli Italiani*, o lo harían en el futuro, no se quedaba atrás en las iniciativas de su "hermana mayor" y, es más, las promocionaba como mejor podía, convencida de que en aquellos fulgurantes años de vida, dados los escasos recursos a su disposición, su objetivo principal debía consistir en lograr una cada vez mayor visibilidad entre los protagonistas del sector político y económico catalán y español de aquellos años.

Había en general un fermento especial en la colonia italiana de Barcelona de aquel tiempo, de acuerdo con las grandes expectativas de una metrópoli elegida en 1913 para acoger la gran Exposición de las industrias eléctricas; prevista en un primer momento para 1917 y aplazada sin fecha por causa de la Gran Guerra; y, que en 1918, había inaugurado un pequeño pero funcional aeropuerto cerca de la desembocadura del río Llobregat, meta de numerosos curiosos atraídos por los progresos de la entonces naciente industria aeronáutica nacional. A la espera de una exposición que quería repetir los fastos de 1888 y pasado un largo periodo de desencuentros entre empresarios del gas y de la electricidad y anárquistas de la Confederación Nacional del Trabajo, que un año antes había dejado más de doscientos muertos, la ciudad seguía expropiando terrenos detrás del mar y se extendía poco a poco hacia Montjuic, el Tibidabo y los ríos Besós y Llobregat, orgullosa de su ya reconocido protagonismo político y económico nacional.

En aquellos días de convalecencia de la enésima gripe, Giovanni fue uno de los primeros italianos de la ciudad en conocer la inminente anexión de Sarrià a Barcelona, el último de los antiguos municipios de la zona en sucumbir a un coloso que, como una nueva Roma imperial, ya había alcanzado dimensiones considerables sin tener compasión de los antiguos pastos que la separaban de los municipios que ya no eran más que barrios entre barrios, apenas reconocibles por sus callejuelas tortuosas que contrastaban con el tablero perfecto del Eixample. Nuestro hombre se encerraba en un rabioso silencio cada vez que le recordaban que pronto se convertiría en un barcelonés como tantos y que, quizás la casa en la que vivía en algunos años estaría rodeada por anónimos edificios de seis pisos construidos como símbolo del progreso y la moderna civilización: sin embargo, obstinado como siempre, dictaba en aquellos días los últimos párrafos de sus memorias a Carolina y resistía a los envites de la vejez, deseoso de conocer el final que creía inminente, de una época en la que, a pequeña escala, fue protagonista de una respetada saga familiar y empresarial.

En la primavera de 1920, mientras Eduardo Dato volvía por última vez a la presidencia del gobierno en Madrid, la Lliga Regionalista de Cambò vivía sus años de máximo esplendor gracias a la Mancomunidad y alimentaba las esperanzas de una nación entera, cada vez más celosa de su autonomía normativa y financiera: nadie imaginaba que dentro de poco, en una remota fortaleza marroquí se escribiría el final y después el comienzo, es decir otro final, de estas y otras aspiraciones, a merced de los caprichos de un destino nacional marcado como pocos por rivalidades insalvables, conspiraciones e imprevistos cambios de escenarios y juegos de fuerza. Se alegraban, en aquellos meses de abrumadora mayoría ideológica del partido local, Crispín y Emanuele, dos de sus hombres fuertes con cada vez más peso en una formación que, según sus planes, pronto podría convocar un *referéndum* para la autodeterminación catalana, sin contar con que frecuentemente la Historia cuenta con extraños derroteros, encargando la dirección militar de la región a un general andaluz decidido como pocos a restablecer el honor y prestigio perdidos en los últimos decenios de la monarquía española.

El inicio del nuevo decenio acabó para los inquilinos de Villa Mezzalama con un triste evento: la desaparición, con sólo diez años, de la tercera hija de Antonio, Carla, víctima de una tuberculosis fulminante, dolorosa pérdida para toda la familia y siniestro presagio para el abuelo Giovanni, que pronto asistiría, a su pesar, al ocaso de una generación, la suya, que resplandeció a la sombra de la Exposición de 1888 y fue retratada de forma impecable por otro Picasso, Pablo, que él mismo admiró en una de sus primeras exposiciones en Barcelona, junto a otros maestros de una corriente denominada actualmente *cubismo*. En los tristes momentos que marcaron la llegada del nuevo año, nuestro hombre recordaba la pérdida de sus adoradas hermanas a temprana edad y las imaginaba allí arriba, en algún lugar del paraíso, preparadas para recibirle en cuanto le faltaran las fuerzas; de poco le servían los ánimos de Maria y Gaia, ellas también cada vez más aquejadas por la vejez, pero acostumbradas, al contrario que Giovanni, a confiar los malos pensamientos en el confesionario de la iglesia del ya barrio de Sarrià, que no por esto era menos digna a los ojos de Dios que una iglesia de pueblo.

Acabado el tiempo de riguroso luto familiar por la muerte de Carla, Antonio inauguró el nuevo año con una serie de iniciativas editoriales que tuvieron enseguida un cierto éxito, sobre todo entre los lectores más jóvenes. En concreto, nuestro hombre ideó una colección de relatos de aventuras para adolescentes y otra titulada con el nombre de la hija apenas desaparecida, para los estudiantes de las escuelas primarias, que fue donada a los entonces sesenta y ocho alumnos de las escuelas italianas del pasaje Méndez Vigo, frecuentadas por numerosos hijos de socios y consejeros de la Cámara de Comercio, y a las escuelas de Sarrià y del Eixample donde estaban matriculados el hijo pequeño Vittorio y los hijos de Giulia y Crispín. En la edición de las colecciones había colaborado otra vez la mujer de Emanuele, Giustina que, en aquellas largas tardes invernales, leía a los pequeños Emanuele, Paula y Ricardo decenas y decenas de relatos de viajes y aventuras por todo el mundo, esperando transmitirles su desmesurado amor por la literatura, suscitando la admiración de los sobrinos mayores, Juan y Cristina, ya adolescentes y deseosos de tener cuanto antes un rol protagonista en la empresa familiar.

Por su parte, casi recuperado de los últimos achaques invernales, Giovanni esperó las buenas temperaturas del final del invierno para dejarse ver, acompañado en todo momento por Antonio y Emanuele, en las oficinas de Maucci & Picasso para la habitual reunión anual de los consejeros, aprovechando la visita para un encuentro, el último de su vida, con amigos y conocidos de tantos años en la renovada sede de la *Casa degli Italiani* que no había tenido ocasión de visitar desde hacía años. Notó una rara tranquilidad en la ciudad, a años luz de los desórdenes a los que asistió más de una vez en las calles del barrio Gótico, de los cortejos y manifestaciones que desde hacía un tiempo ocupaban las portadas y editoriales de numerosos periódicos locales y nacionales; sin embargo a su alrededor se notaba la chispa que pronto transformaría las calles en barricadas y los nuevos bulevares arbolados del Eixample en interminables escenarios de persecuciones y batallas campales entre seguidores de este u otro bando político. "La tempestad está en el aire", pensaba para sí nuestro hombre mientras contemplaba por última vez los símbolos arquitectónicos de un progreso económico real, tangible, pero en el fondo basado en una estructura social frágil y obsoleta.

La aparente calma instaurada en el país después de las represiones de 1919 se rompió de hecho un martes cualquiera de los *idus* de marzo de 1921 en pleno centro de Madrid, cuando en los alrededores de la Puerta de Alcalá el primer ministro Eduardo Dato fue asesinado a golpes de pistola por tres anarquistas, el cuarto asesinato en medio siglo de un presidente español después de Juan Prim y Prats, Antonio Cánovas del Castillo y José Canaletas y pésimo presagio para la frágil democracia del país; la noticia cogió por sorpresa a la opinión pública y causó una crisis política que llevó al nombramiento de cinco jefes de gobierno en dos años, mientras crecía el desencuentro entre los seguidores y los detractores de la cada vez más anhelada "mano dura".

Como si no fuera suficiente, en pleno verano el ejército español sufrió una gran derrota cerca de Annual, en el actual Marruecos, por parte de las tropas de Abd el-Krim, que obligó a reorganizar la política colonial nacional y llevó a miles de ciudadanos a protestar contra Alfonso XIII y el gobierno, considerados culpables de haber provocado la muerte en combate de casi diez mil hijos de la España más pobre, la que no podía sobornar a las autoridades para evitar el servicio militar obligatorio. Todo el país seguía conmocionado el debate sobre las causas de la tragedia, mientras en su pequeño reducto, la colonia italiana homenajeaba con más de un acto a las víctimas de una catástrofe que se habría podido evitar si se hubiera actuado con más prudencia y sin infravalorar a un enemigo valiente y astuto, pero esta es otra historia.

¿Y en Italia? En los difíciles meses en los que España recomponía como podía las consecuencias políticas y sociales de la derrota en el Magreb, en Roma treinta y cinco fascistas, entre ellos el mismo Mussolini, lograban en verano un escaño en el parlamento bajo la lista denominada "bloques nacionales", asistiendo a la efímera elección de Ivanoe Bonomi como primer ministro y a la retirada definitiva de Giolitti de la escena política. Múltiples fueron las reacciones de los italianos en Barcelona y resto de España frente al fulgurante ascenso de un movimiento, el fascismo, que se apoyaba en un simple manifiesto ideológico y una red de Escuadrones de Combate, cuyo ímpetu hacía temblar a los defensores del orden liberal, logrando el visto bueno de los que querían un cambio radical de la clase política hasta ese momento en el poder. Heterogénea fue también la reacción de Giovanni y familia frente a la llegada a Roma de un puñado de hombres nuevos de pasado incierto y futuro todavía más ambiguo: mientras Antonio mantenía una postura vacilante por no decir recelosa ante la violencia que había rodeado el nacimiento de los *Fascios*, más amplias eran las simpatías del hijo primogénito Juan hacia la nueva formación, sólo superadas por las del tío Emanuele, que estudiaba el discurso político deseoso de aplicarlo a la Lliga Regionalista, mientras el patriarca tuvo el tiempo justo de que Antonio le leyera las últimas noticias sobre la llegada de los fascistas al parlamento, antes de abandonar a sus seres queridos para siempre.

Después de una nueva recaída, nuestro hombre se apagó una mañana de septiembre en su lecho: había pasado casi medio siglo desde su silenciosa llegada a Barcelona, con tantas dudas y ninguna certeza frente al futuro y, sin embargo, se hizo camino en el mundo empresarial y asistió por fin al nacimiento de la criatura tan anhelada, la *Cámara de Comercio Italiana para España*, para defender los intereses sectoriales y el progreso liberal. Es inútil describir la tristeza de sus amigos, familiares y conocidos por la desaparición de quien, antes que nadie, había entendido las necesidades de la clase empresarial y dirigente italiana en España, en constante ascenso, y le había proporcionado aquellos puntos de referencia que, en ese momento, constituían un modelo de capitalismo envidiado en todo el país.

En un año marcado por las crecientes disputas entre los seguidores y detractores de Mussolini, la figura del comendador Picasso sirvió de nexo a una colonia italiana temerosa de perder en breve el prestigio con tanto esfuerzo conseguido en España, debido a enfrentamientos fratricidas. Después de una larga diatriba sobre el lugar y desarrollo de la ceremonia, semanas más tarde se inauguró por fin en Montjuic el monumento en homenaje a Dante en un acto que, junto al final de las obras de reforma de la sede de la asociación, significó el estreno definitivo de la *Casa degli Italiani*, con la dedicatoria de un ala del edificio a Giovanni Battista Picasso y de otra al benefactor Pietro Pegorari, que más que nadie había financiado las escuelas italianas los años precedentes. Unánime fue entonces la aprobación de las iniciativas de la Casa, un sorprendente comportamiento, dado que sólo cuatro días antes, el 9 de noviembre, se había fundado en Roma el Partido Nacional Fascista, lógico desenlace organizativo para una ideología cada vez más en auge entre los compatriotas de cualquier extracción social y que significó una brecha entre los fascistas de los primeros momentos y los posteriores.

Mientras se avecinaban tiempos difíciles para el liberalismo en Italia y España, expirado el último gran acuerdo comercial de 1914, las dos diplomacias retomaron justo en esos meses las negociaciones con vista al futuro Congreso de Comercio y Navegación entre España e Italia, que tuvo lugar en Madrid el 15 de noviembre de 1923, último de aquella generación de acuerdos entre países recelosos entre ellos, que utilizaban el francés como lengua de trabajo para intentar dulcificar las divergencias que les caracterizaban. Mientras que el papel de Antonio se redujo a esporádicas reuniones con los diplomáticos italianos en Barcelona y los emisarios del gobierno de Luigi Facta, mucho más activo fue el de Alberto Pirelli, hijo del fundador de la homónima empresa de neumáticos, en aquellos meses en España, donde seguía la expansión de la primera filial extranjera del grupo, la niña mimada de la clase empresarial italiana en tierra ibérica, fuertemente impulsada por el sector automovilístico. Pirelli, que inauguró el libro de firmas de la *Casa degli Italiani*, demostró enseguida su apoyo al fascismo y ejerció en aquellos años una gran influencia sobre los socios, consejeros y benefactores de los organismos del pasaje Méndez Vigo 8, incluida la Cámara de Comercio, que vio como poco a poco crecía la presencia de los adeptos del Partido Nacional Fascista entre sus filas.

En aquellos meses de esperanza e incertidumbre por los acontecimientos políticos de Italia, poco a poco perdían importancia, también en Barcelona, los detractores de la facción que, para bien o para mal, al aunar pensamiento y acción en un único concepto había revolucionado el lenguaje y los métodos de la política nacional. El ascenso de Mussolini coincidía además con una coyuntura estupenda para la colonia italiana en España, como por ejemplo la exención perpetua concedida el 7 de marzo de 1922, por el gobierno de Antonio Maura, del pago de los impuestos territoriales por el edificio de la *Casa degli Italiani*, o también por el Real Decreto del 16 de marzo siguiente, que reconocía el carácter educativo de la Casa, motivo de profundo orgullo para sus socios. Ese año, la asociación aprobó un nuevo estatuto societario y ayudó al lanzamiento de un segundo curso de italiano en la *Società Dante Alighieri* que, al mismo tiempo, inauguraba una escuela de carácter técnico para cubrir las necesidades de diferentes tipos de público.

Por caprichos del destino, justo el 16 de marzo entraba en Barcelona un militar de glorioso pasado y controvertido futuro, Miguel Primo de Rivera y Orbaneja, recién nombrado capitán general de Cataluña, que gestionó con mano dura todas las prerrogativas a su disposición hasta el 14 de septiembre de 1924; muchos veían en aquella figura un "*veltro*" dantesco, el hombre que finalmente pacificaría a cualquier precio la región más turbulenta del país para hacer callar de una vez por todas a la disidencia republicana e independista. Se estremecía la sociedad catalana ante los duros procedimientos de Primo de Rivera: prueba de ello fue la aparición de panfletos clandestinos críticos con la monarquía de Alfonso XIII y la creación de partidos como Estat Català que, presidido por el veterano Francesc Maciá, reclamaba a voces la independencia de España y se constituiría más adelante como Esquerra Republicana de Catalunya, contribuyendo enormemente al triunfo de las tesis republicanas frente a las centristas y católicas de finales de aquel decenio. A partir de la desaparición de Giovanni, Villa Mezzalama vivía los primeros síntomas de aquella decadencia que, frecuentemente, deja a los libros, relatos populares y fotografías, la tarea de mantener viva la memoria de grandes arquitecturas venidas a menos en poco tiempo sin dejar signos evidentes del pasado esplendor. La muerte del patriarca y la senilidad de Maria y Gaia hicieron patentes las dificultades y costes de mantener un edificio de grandiosas características, ampliado incluso después del nacimiento de los primeros nietos de los tres. Con Francesca aislada en un convento, Giulia mudada a un edificio cercano y Emanuele ya instalado en el centro de Barcelona, el único nieto de Flaminio Mezzalama que todavía vivía en el chalet era Antonio, si bien un ala entera del edificio era inhabitable y cada mes se multiplicaban las obras de reforma de estucos, vigas, mármoles y escayolas menoscabadas por el implacable paso del tiempo. Las relaciones entre los miembros de la familia, deterioradas en parte por banales disputas por la empresa fundada por los *cuñadísimos*, se fueron agravando poco a poco por las fuertes divergencias políticas sobre el destino de España y la figura de Mussolini, amenazando con convertirse en una enemistad familiar.

De un tiempo a esta parte, Antonio, crítico con la gestión de los consejeros de ambas sociedades, pensaba cada vez más en dejar sus cargos en la *Casa degli Italiani*, de la que entonces era un simple socio, y de la Cámara de Comercio, presidida desde comienzos de 1921 por el modenés Carlo Carandini, patriarca de una gran familia de emprendedores y fundador con el hermano Giulio de la homónima empresa de productos eléctricos. Dado su carácter introvertido y meticuloso, a Antonio no le gustaba aquella persona de bruscos y afectados modales, fiel desde el principio al credo fascista y encargado de difundirlo dentro de las empresas e instituciones italianas en Barcelona, incluida la Cámara de Comercio; sin embargo, le apoyaba en todas sus iniciativas para no provocar un cisma dentro de la asociación, incluso cuando fue uno de los promotores de la sección catalana de la *Lega Italiana per la Tutela degli Interessi Nazionali*, en mayo de aquel año, después de un largo debate que volvió a implicar y dividir a toda la comunidad italiana local.

Acabado el verano, el ya principal responsable de Maucci & Picasso Edizioni dividía su tiempo entre el trabajo y las largas visitas a mamá Maria y tía Gaia, que desde hacía unos meses sufría una extraña enfermedad que limitaba sus movimientos y le ofuscaba la memoria; los médicos dijeron que se trataba de demencia senil, sin pronunciarse sobre su esperanza de vida, lo que entristecía todavía más a nuestro hombre, todavía no totalmente recuperado de la pérdida de su amado padre. De poco servían los caros medicamentos importados de los más prestigiosos laboratorios franceses: las dos hermanas habían crecido en simbiosis y en simbiosis parecían destinadas a apagarse, viudas de los hombres con los que habían compartido gran parte de su vida, y cansadas de un mundo que les había proporcionado alegrías y penas casi en la misma medida. En aquellos tristes días marcados por la enfermedad todo carecía de importancia para Antonio, Giulia y Emanuele, deseosos de disfrutar hasta el último momento junto a Maria y Gaia.

Estando tan concentrado en la salud de las dos mujeres, Antonio casi ignoraba los acontecimientos políticos italianos del agitado otoño de 1922, en el que un puñado de escuadrones inició un viaje desde toda la península hacia Roma para pedir a Víctor Manuel III la dimisión de Luigi Facta, delfín de Giolitti, y el nombramiento de Mussolini a la cabeza del país. Aquel 28 de octubre, recordó nuestro hombre en el momento de su muerte, estaba tomando un café de cebada en un local del centro en compañía de Amerigo Fadini, cuando llegó a Barcelona la noticia, gracias a los voceadores que anunciaban las ediciones extraordinarias de los diversos periódicos locales, de la que ya llamaban Marcha sobre Roma, seguida apenas dos días después por el encargo al futuro Duce de formar nuevo gobierno. Antonio devoraba uno tras otro los principales periódicos locales, todavía atónito por la rapidez con que los italianos habían dado la espalda al liberalismo de la victoria mutilada, para ponerse en manos de un ex maestro socialista de primaria de Romaña, que prometía el restablecimiento tanto político como moral y cultural; la vida seguía adelante como siempre en la ciudad y en la patria de su padre y, sin embargo, tenía la sensación de que nada sería como antes, una vez surgido esa especie de Año Cero que convertía al fascismo en la ideología dominante y destino de una nación entera.

En las agitadas semanas que siguieron a la llegada de Mussolini al poder, mientras que la mayoría intentaba analizar las propuestas económicas, en Barcelona un pequeño grupo de emprendedores y veteranos de la Primera Guerra Mundial empezó a debatir la creación de un *Fascio* local, para representar la fuerza del fascismo en la península y favorecer su difusión en toda España. Por esto, dada su influencia como hombre de negocios, Antonio recibió más de una propuesta por parte de estos compatriotas vestidos con camisa negra, para erguirse como portavoz de la nueva ideología en Barcelona, peticiones que declinaba con amabilidad por causa, decía, de sus múltiples compromisos de trabajo, intentando evitar problemas: a él no le gustaba el fascismo, ni nunca le habría gustado, con esa exaltación de la fuerza militar y del nacionalismo como solución de todos los problemas.

La lenta, pero constante capitulación de nuestro hombre era sin embargo algo anunciado. De hecho, en la primavera de 1923 aquel grupo de primeros fascistas que en el invierno precedente había celebrado la llegada de Mussolini a Roma y la mano dura en España, logró fundar, si bien de forma todavía informal, el *Fascio* "Tenente Luigi Avversi", con sede en la pequeña sala de la *Società Reduci e Smobilitati del 1915-1918*, en la planta baja de una *Casa degli Italiani* cada vez más chirriante debido a las divisiones entre fascistas y fieles al orden liberal. Mientras tanto, para no ser menos, otro inquilino del pasaje Méndez Vigo, la Cámara de Comercio presidida desde primeros de año por Pietro Lupi, ambicioso comerciante de aceite oriundo de Imperia, llegado desde hacia tiempo a la ciudad, lanzó en aquellos primeros meses del año una campaña a favor del nuevo gobierno, con una larga serie de artículos en el boletín corporativo dirigidos a exaltar su carisma y que Antonio, por pocos meses todavía consejero de la entidad, leía contrariado en silencio, en parte asustado por aquel creciente puñado de fieles preparados para apoyar cualquier jugada del nuevo, improbable salvador de la patria. El ejemplo más fulgurante de aquel nuevo curso fue la sustitución a principios de año del viejo *Bollettino della Cámara de Comercio Italiana para España* con la más partidista *Rivista del Commercio Italo-Spagnolo*, todo con el beneplácito de un consulado que aquellos nuevos, autoproclamados mayoría de la colonia italiana, cada vez escuchaban menos.

La *Casa degli Italiani* era aquel año un auténtico crisol de debates e iniciativas, debido a una lucha cada vez más encarnizada entre seguidores y detractores del nuevo régimen político. El fascismo contribuyó de hecho a renovar la arcaica estructura burocrática de las instituciones italianas en la ciudad, empezando por el Consulado, motivo por el que toda la colonia experimentaba, para bien y para mal, el ardor e ímpetu típicos de quien, nada más llegar al poder, ambiciona transmitir un mensaje ejemplar de las propias intenciones, una especie de advertencia hacia quien todavía no les ve con simpatía. En cualquier caso, las amenazas cada vez más concretas de castigos y depuraciones crearon también en Barcelona una especie de terror hacia aquel pequeño grupo de oportunistas convertido en abrumadora mayoría, que despreciaban decenios de diálogo y respeto entre las diferentes almas de la colonia italiana, tanto en la ciudad como en el resto de España; sólo era el principio de un proceso de fascistización cada vez más duro, que no respetaría a ninguna empresa o institución italiana en la Península Ibérica, incluso las más longevas.

Aquel año, a pesar de los comedidos balances aprobados en los doce meses precedentes, la *Casa degli Italiani* iba a vivir una de las épocas más activas de su historia, con la inauguración, en mayo, de una lápida en honor de los socios vitalicios y beneméritos y otra dedicada a los caídos en la Gran Guerra, algunos de los cuales dejó viudas y huérfanos también en Barcelona. En el mes de julio, tras un acuerdo con la *Società Dante Alighieri*, la asociación promulgaba una escuela única confiada a docentes procedentes de ambos organismos, mientras que en octubre se creaba una *escuela secundaria* de formación superior, es decir, dirigida a preparar en cinco años a sus alumnos para entrar en un Liceo trienal. Pero fue otro el evento por el que miles y miles de compatriotas contuvieran la respiración: la visita, que entonces se creía que para finales de año, de Alfonso XIII y consorte al pasaje Méndez Vigo, de regreso de su primera visita oficial a Italia.

Antes del mes de enero, después de una larga diatriba interior, y tras tantos años, Antonio decidió ya no aceptar ni cargos como socio, ni como tesorero o consejero de una asociación ya en manos del fascismo. Le ayudó en última estancia a tomar la difícil decisión el anuncio de la dimisión de su eterno confidente, Amerigo Fadini, debido al imparable auge de las camisas negras y justificada, no sin una cierta turbación, por imprevistos e ineludibles compromisos de trabajo. Sin embargo, cumplidor hasta el último momento con sus obligaciones de sostenedor de la *Casa degli Italiani* y consejero de la Cámara de Comercio, nuestro hombre apoyaba las iniciativas que, de alguna forma, reforzaban las simpatías de los catalanes hacia aquella comunidad respetada y envidiada en general y ahora apoyada además por un gobierno que veía en los italianos en el extranjero una vanguardia indispensable para la promoción de su imagen fuera de Italia.

Pero también en España el cambio estaba en el aire y el 13 de septiembre, después de sólo dos años de su llegada a la ciudad, el capitán general de Cataluña, Miguel Primo de Rivera, que meses antes había corroborado su lealtad al gobierno elegido mientras asistía a la colocación de la lapida dedicada a los caídos italianos de la Gran Guerra, suspendió las garantías constitucionales y proclamó una dictadura militar en la vigilia del debate parlamentario del así llamado Expediente Picasso, dirigido a aclarar la responsabilidad de los militares que en 1921 llevaron a la desastrosa derrota de Annual. Subsistía, en aquel gesto suyo apoyado por Alfonso XIII y una burguesía cansada de disturbios sociales, toda la frustración de una jerarquía en plena crisis de valores, asediada por las protestas de unos ciudadanos cada vez más conscientes de sus derechos y que en aquellos meses reclamaban a gritos toda una serie de garantías salariales y contractuales. Bien lo sabía Antonio que en aquellos meses había negociado con los sindicatos un salario mínimo de los empleados pensando que así aumentaba el rendimiento y la motivación a cambio de un drástico recorte en puestos de trabajo en sectores que se habían quedado obsoletos con el paso de los tiempos, como la producción de libros y fascículos de tipos móviles, sustituidos cada vez más por la llamada Lynotipe.

Falta decir que el gesto del general fue acogido con gran satisfacción por el gobierno de Mussolini, que enseguida encargó al Consulado de Barcelona y la Embajada de Madrid organizar una visita de estado del soberano y del nuevo ministro en Roma. Era el inicio de un largo y provechoso periodo de dialogo entre los dos dictadores, que duró hasta 1929 con la dimisión forzada del segundo, en el intento de que entrara sangre nueva en una institución monárquica de prestigio irremediablemente en decadencia.

Con solo diecinueve años, Juan Picasso Arena comenzaba con brillantes resultados sus estudios de Derecho y, a pesar de la frialdad del respetado progenitor, protestaba por aquella serie de eventos que, creía, cambarían el curso de la Historia italiana y española, reclamando para sí un lugar en la empresa familiar. La hermana Cristina, acostumbrada a esperar su turno, seguía con la constancia de siempre sus estudios en las renombradas escuelas secundarias privadas de Sarrià y soñaba con convertirse pronto en profesora de italiano, español, latín, historia o geografía, mientras el pequeño Vittorio, a pesar de sus apenas once años, devoraba las aventuras por fascículos de Maucci & Picasso dedicadas a Giuseppe Garibaldi, del que admiraba la camisa roja y el ímpetu que le había llevado a luchar por la libertad en las dos orillas del Atlántico. Carolina y Antonio sonreían ante las fantasiosas proclamas revolucionarias del futuro militante de las brigadas internacionales Matteotti II, sin imaginar que los sucesos de las lejanas Bronte y Teano se repetirían trágicamente también en Barcelona.

En la otra parte de la familia, Emanuele y Crispín seguían con verdadero temor la evolución de un golpe de estado que amenazaba con hacer fracasar las recientes y todavía frágiles conquistas catalanas, sobre todo la de la Mancomunidad; sin forzar la situación, los dos mantenían un vasto intercambio epistolar con los dirigentes de la Lliga Regionalista en Madrid y Barcelona, convencidos de que la censura del régimen de Primo de Rivera podría poner en riesgo la supervivencia misma del partido. Por eso, decidieron dejar que las aguas se calmaran; es más, dada la presencia entre sus electores de numerosos exponentes de la burguesía conservadora barcelonesa, emitieron más de una declaración de lealtad al nuevo gobierno, que además aclamaron como auspiciador de una etapa política basada en el respeto del orden, la autoridad y el catolicismo. Ni las mujeres Giulia y Giustina, autora desde hacía unos meses de una serie de relatos ambientados en la España de la Primera República, ni las inocentes miradas de los hijitos Claudia, Jordi, Álvaro por una parte y Emanuele, Paula y Ricardo por la otra, lograban apartarles de una pasión, la política, que vivían con sincero interés y que, inevitablemente, había provocado más de un desacuerdo con Antonio, contrario a las posiciones de corte más independentista y conservador de la Lliga.

Una vez más, un hecho doloroso reunió después de tanto tiempo a los descendientes de Maucci & Picasso bajo un mismo techo: la desaparición de Maria y Gaia, las hermanas Mezzalama, viudas de los que dieron su nombre a la principal fuente de riqueza familiar. Con ellas acababa una parte de la historia de una dinastía que conoció un bienestar imprevisto, ratificado por los numerosos nietos nacidos en pocos años en una villa considerada de las más fastuosas de la región, y de la que se empezó a hablar en las instituciones italianas de Barcelona, ocupando un lugar de prestigio. Enfermas terminales de aquello que entonces se consideraba como una simple enfermedad desconocida, dado lo mal vista que estaba su divulgación fuera del entorno familiar, en un acto de lucidez Gaia decidió poner fin al sufrimiento de la amada hermana para después quitarse ella misma la vida en un desgarrador acto de valentía. Pero esto era sólo una sospecha de los propietarios del edificio, pareciendo natural la desaparición de sus matriarcas.

Aquel día de octubre en el que media España rendía homenaje a la gesta inmortal de Cristóbal Colón, Villa Mezzalama estaba de pronto y por primera vez vacía, prisionera de un pasado ambicioso y habitada ahora sólo por Antonio, Carolina y sus hijos, los cuales sólo ocupaban una pequeña parte de un edificio cada vez más necesitado de arreglos, estando el ala propiedad de Giulia y Emanuele casi en ruinas, asediada por hierbajos y desplomes cada año más difíciles de reparar. "¡Pero como se ha agrandado la casa!", exclamó un día Vittorio a papá Antonio, sin saber el grado de verdad escondida en aquella breve e inocente observación.

Después de algunas semanas de incertidumbre que mantuvieron sin respiración a más de un ferviente seguidor de Mussolini, a mitad de noviembre se confirmó finalmente la visita de Alfonso XIII y Primo de Rivera a la *Casa degli Italiani* para el próximo 2 de diciembre, de vuelta del viaje de estado a Roma, huéspedes del Duce y del rey Víctor Manuel III. Los dirigentes de la Cámara de Comercio y las otras organizaciones del pasaje Méndez Vigo estaban nerviosos ante la oportunidad única de darse a conocer y ser reconocidos como vanguardia del fascismo en España, en el marco de una excelente relación entre ambas orillas del Mediterráneo, razón por la que publicaron rápidamente una serie de proclamas para reunir a toda la comunidad de negocios italiana, deseosa a su vez de establecer preciosos contactos con los dirigentes de un país ahora totalmente afín, también políticamente, a la madre patria.

Después de dos semanas visitando las ciudades de Roma, Florencia, Bolonia y Nápoles, Alfonso XIII, Victoria Eugenia de Battenberg y Miguel Primo de Rivera llegaron a Barcelona via Mallorca en la mañana del primero de diciembre, justo a tiempo para visitar a las autoridades políticas y militares locales y preparar los encuentros con la colectividad italiana que tendrían lugar al día siguiente. Acompañados durante todo el trayecto por los miembros más influentes de la colonia, los tres rindieron primero homenaje al monumento dedicado a Dante Alighieri en Montjuic para luego visitar la *Casa degli Italiani* donde, para recibirles se encontraba un cálido Antonio, cada vez más ajeno a las iniciativas de los antiguos compañeros, y un emocionado Juan, mientras que el primo Emanuele declinó la invitación por una apretada agenda de compromisos con el partido. Aquel día estaban todos, o casi todos, los italianos residentes en Barcelona para festejar con vítores y banderas la llegada de tres de los huéspedes más importantes de toda la historia, mientras que el embajador, Raniero Paolucci de Calboli apenas lograba contener las lágrimas, de tan emocionado por la presencia de aquel trío tan aclamado en toda España en aquellos días: era el plebiscito popular a un golpe de estado que parecía poner fin a un largo período de inestabilidad política y a una todavía más anunciada decadencia militar internacional, culminada con las derrotas de 1898 y 1921.

Al día siguiente de la visita real, enorme fue el espacio dedicado por "La Vanguardia" y los otros periódicos catalanes a un encuentro que sellaba de alguna manera las óptimas relaciones italo-españolas, allanando el camino a una visita de estado de los reyes italianos y, como muchos querían, del mismo Mussolini. Enorme fue la satisfacción de la *Casa degli Italiani* al ser la protagonista de una de las primeras visitas oficiales de Primo de

Rivera que, como capitán general de Cataluña, conocía y apreciaba aquella asociación que se ocupaba desde hacía años de difundir una imagen positiva de Italia y de sus empresas, entre las que destacaban las automovilísticas que, justo en aquellos años, fabricaban decenas de vehículos destinados a invadir las primeras, rudimentarias, transitables calles locales. Largos y triunfalistas fueron, después, los artículos publicados por los consejeros de turno en la revista corporativa de la Cámara de Comercio elogiando las reformas y los titulares de los ejecutivos italiano y español, hasta que en la última reunión de ese año con los socios, en una fría tarde de diciembre, nuestro hombre dijo basta.

Antonio Picasso Mezzalama durmió profundamente la noche antes de la reunión en el pasaje Méndez Vigo para rendir cuentas, en la que él y una decena de socios y consejeros descontentos con los nuevos timoneles de la *Casa degli Italiani* y de la Cámara de Comercio presentaron su dimisión de las dos asociaciones ya en manos de los camisas negras locales. Fue, ironías del destino, el día en el que los cristianos conmemoran la matanza de los inocentes y de decenas de mártires de un Herodes que ahora se parecía a un primer ministro de ásperos modales y oratoria cada vez más autoritaria, preludio de una compleja lista de delitos políticos, como el asesinato del diputado socialista Giacomo Matteotti, que provocarían en breve una enorme indignación popular. Así se sentía Antonio aquel día, oveja descarriada en un rebaño lleno de figuras mediocres que, en pocos meses, habían alcanzado puestos importantes gracias a su lealtad a las violentas y despiadadas tesis del fascismo, invitado de alguna forma a dimitir para evitar embarazosos encuentros cara a cara con individuos dispuestos a denunciar a cualquiera que adoptara una postura extraña a los principios de lo que, cada vez más, asumía el perfil de una dictadura. Aquella noche, Antonio sollozó en silencio al volver a casa, observado a distancia por un hijo, Juan, que a pesar del profundo respeto que sentía por aquel padre grande y generoso, no podía esconder su entusiasmo por los ideales de fuerza y juventud base de la ideología mussoliniana. En los pensamientos de nuestro hombre, estaban toda la rabia y frustración al verse fuera de un organismo, la Cámara de Comercio, por el que también su padre ahora habría sufrido, teniendo en cuenta el tiempo y las energías gastadas en su constitución.

Ya sin Antonio y otros socios y consejeros críticos entre sus filas, las asociaciones del pasaje Méndez Vigo inauguraron el nuevo año con la preocupación casi obsesiva de organizar de la mejor forma la visita oficial de Víctor Manuel III y su consorte que, con toda probabilidad se produciría en junio, a menos de un año de la larga permanencia de los reyes españoles en tierra italiana. Mientras Antonio y Juan, incorporado éste desde hacía poco a Maucci & Picasso Edizioni, se concentraban casi exclusivamente es las estrategias del grupo, la mayor parte de los emprendedores italianos residentes en Barcelona ofrecían en aquellos días su contribución a las ceremonias que se celebrarían en pocos meses, convencidos del prestigio que les habría garantizado la visita del Duce en persona, que justamente ahora daba discursos cada vez más encendidos a los italianos en el extranjero: un engranaje importante para el consentimiento fascista a través de los *Fascios* de Combate que fundaban en sus países de acogida.

En aquellos primeros meses en la empresa, Juan era frecuentemente enviado a Madrid para ir haciendo callo y allí se encontraba con colaboradores, patrocinadores y suministradores del grupo, además de visitar los lugares más emblemáticos de la ciudad. El futuro refundador de la *Cámara de Comercio Italiana para España* amaba aquellos viajes repentinos, de apenas tres o cuatro días, a un lugar que enseguida le cautivó por su vitalidad y belleza, catedral en el desierto de una meseta árida y seca, bañada por pocas pero violentas tormentas otoñales y primaverales que hacían florecer los secos campos de cereales y huertos de alrededor. Allí fue donde el joven aprendió el sutil arte de la negociación con ricos empresarios y nobles decadentes deseosos de invertir sus ahorros en una empresa que, a pesar de los años, no mostraba ninguna señal de problemas y seguía sacando libros como si fueran periódicos, tan ligeros y de pequeño tamaño. Cada vez que dejaba la Estación del Mediodía para volver a Barcelona, sentía que abandonaba una ciudad fraternal, rica en oportunidades, corazón de la política y economía nacional; volvería a aquella mágica ciudad, es cierto, aunque no imaginaba que del dicho al hecho, ocurrirían cosas como la desaparición de más de un familiar y la barbarie de una guerra civil que entonces era prácticamente inimaginable.

Después de unos meses de preparativos, el 6 de junio de 1924, Víctor Manuel III de Saboya y Elena de Montenegro desembarcaron en Valencia procedentes de La Spezia a bordo del acorazado *Dante Alighieri* para dirigirse después rápidamente a Madrid, huéspedes de los reyes de España. En los días sucesivos visitaron Aranjuez, San Lorenzo del Escorial y Toledo, para llegar después a una colonia de Barcelona que esperaba ansiosamente a sus soberanos, aunque decepcionada por la ausencia de Mussolini causada por una fuerte crisis parlamentaria que culminó, justo el 10 de junio, con el secuestro y homicidio de Matteotti. Recién llegados a la ciudad, los dos desfilaron por el paseo de Gracia abarrotado de compatriotas que les vitoreaban, para visitar el monumento de Dante además de la Colina del Tibidabo. Al día siguiente, el 13 de junio, visitaron las fábricas de Pirelli en Vilanova i la Geltrù, donde fueron recibidos por el presidente Alberto Pirelli en persona, para terminar en la *Casa degli Italiani*, en compañía de su único heredero varón, el futuro Humberto II, antes de volver, justo por la tarde, hacia Roma via La Spezia.

Grande fue en aquellos momentos el entusiasmo de una colectividad que veía tan claramente reconocido su peso en una ciudad y un país que, a pocos años de la esperada Exposición de las Industrias Electricas, vivían un desarrollo sin precedentes, considerado obra de la nueva dirección militar de Primo de Rivera. Precursor de aquel grupo de emprendedores, dirigentes, empleados y simples súbditos del reino era justamente Pirelli, que ese año empezó a fabricar neumáticos en la nueva fábrica de Manresa que perteneció a la empresa Nacional, absorbida por el grupo milanés, y preparaba un desembolso de fondos a favor del fascismo que pronto daría sus frutos, con numerosas comisiones y puestos de poder en la colonia italiana local. Era el triunfo anunciado del gran capital industrial que ponía sus mejores recursos a disposición de una ideología ya claramente ganadora, dominadora absoluta de la escena política italiana de los años futuros.

Tras las felicitaciones oficiales por la visita de la familia real, hacia finales de año el conflicto entre las diferentes almas políticas de la *Casa degli Italiani* estalló más fuerte que nunca, con la dimisión irrevocable del presidentísimo Fadini, justificada en un primer momento sin gran detalle por motivos de trabajo, una excusa para ocultar la intolerancia ante los nuevos notables de la colonia italiana de Barcelona. Junto a Fadini, dejaron la Casa los últimos, indomables consejeros todavía escépticos ante las doctrinas fascistas, exponentes de una generación que había levantado un organismo tanto tiempo esperado, para verlo después ocupado en pocos años por quien entendió antes que ellos que la fuerza y los dogmas pueden obtener mejores y más rápidos resultados que el dialogo y la paciencia. Ese fue el año en que Juan entró por primera vez a formar parte de los socios del organismo, mientras Antonio, contrario a las directivas de los inquilinos del pasaje Méndez Vigo, ya sólo estaba en contacto con Fadini y un puñado de otros socios y consejeros rebeldes, destinados como él a una derrota anunciada.

Con Fadini, sustituido por una comisión dirigida por Carlo Carandini, desde enero de nuevo presidente de la Cámara de Comercio por un bienio, parecía que la *Casa degli Italiani* no se resentía por la hemorragia de socios antifascistas. Es más, el gran incremento de la oferta formativa para los alumnos de las escuelas de primaria, secundaria y nocturnas, y el aumento de las contribuciones ministeriales y de los capitanes de barcos italianos que atracaban en la ciudad, saneó en aquellos meses sus balances, resentidos durante muchos años por ambiciosas inversiones, como la reforma integral de la estructura del edificio del pasaje Méndez Vigo 8. Además, a partir de ese momento se convirtió en costumbre que las personalidades italianas que llegaban a Barcelona visitaran la sede de los principales organismos italicos de la ciudad, una ceremonia coronada por la firma en el libro de visitas que poco a poco, contó con las rúbricas, entre otros, del dramaturgo Luigi Pirandello a finales de 1924, el aviador Francesco de Pinedo en la primavera de 1927 o el ideólogo del fascismo Filippo Tommaso Marinetti a finales de febrero de 1928, signo de la consagración definitiva de la Casa como punto de referencia para los compatriotas de paso por Barcelona.

Mientras la España de Primo de Rivera iba recuperando la estabilidad interna y el prestigio militar perdidos, su sucesor como capitán general de Cataluña, Emilio Barrera Luyando, promulgaba en aquellas primeras semanas del año el decreto que el siguiente 15 de marzo, después de apenas un decenio de vida, significó el fin efectivo de la Mancomunidad, fruto de años de dura lucha de las fuerzas nacionalistas locales y modelo para las crecientes formaciones independentistas de otras regiones, como Euskadi y Galicia. La decisión fue un jarro de agua fría para toda la clase política catalana empezando por la Lliga Regionalista, que veía en la supresión de su principal conquista un ataque frontal a las aspiraciones de la región, además de una seria amenaza a su hegemonía política y cultural local, fruto del apoyo de una buena parte de la burguesía conservadora de Barcelona. En las largas reuniones del partido después de la entrada en vigor del decreto, Emanuele y Crispín meditaban sobre las razones de una derrota anunciada, a las que ni la Lliga, ni las otras formaciones fueron capaces de oponer la mínima resistencia; amenazaban, de palabra, con recurrir a las armas para recuperar las prerrogativas perdidas y, al mismo tiempo, estudiaban las estrategias más diversas para el futuro inmediato, desde la convocatoria de una asamblea popular a la de un *referéndum*, mientras que resurgían viejos rencores entre las almas más republicanas e independentistas del partido y las más católicas, monárquicas y bien situadas, que esperaban salir indemnes de la crisis con el dialogo parlamentario con el régimen de Primo de Rivera.

De hecho, al margen de la incursión del ex-capitán general de Cataluña, desde hacia varios años para el partido de Crispín y Emanuele las fracturas de ese tipo no eran ninguna novedad, si bien es verdad que la reanudación de las insurrecciones obreras y el nacimiento, en febrero de 1919, de la Unión Monárquica Nacional, provocó una sangría de votos en la izquierda y la derecha, acentuada en junio de 1922 con la fundación de Acción Catalana y culminada años después con las contradicciones y la impasibilidad ante el golpe de estado de Primo de Rivera. Los mismos Emanuele y Crispín tenían a veces puntos de vista diferentes por no decir opuestos, Emanuele era más propenso a aceptar la censura y represión del régimen a cambio de ayudas para la industria catalana, mientras que Crispín no escatimaba elogios a las fuerzas independistas de entonces, a su juicio más incisivas y mejor organizadas con respecto a una Lliga que juzgaba con desprecio como aburguesada. Era el inicio de una división que pronto separaría para siempre sus vidas, víctimas de uno de los más trágicos y fratricidas caprichos de la historia del siglo XX.

V

Pocos meses después de la dimisión irrevocable de Fadini de la presidencia de la *Casa degli Italiani*, que mientras tanto había elegido como su sucesor a otro antiguo consejero, Giuseppe Rapelli, Antonio tuvo la oportunidad de conocer casi por casualidad al inminente nuevo director de la escuela secundaria italiana, Ettore De Zuani, durante un encuentro con empresarios, asesores y profesionales del mundo editorial que tuvo lugar en las oficinas centrales de Maucci & Picasso Edizioni, en el céntrico carrer de Mallorca. Aquel veronés treintañero de gran estatura y fuerte carácter, que se disponía a convertirse en corresponsal para España de la *Gazzetta del Popolo di Torino*, le resultaba muy familiar, ya que había colaborado recientemente con él en más de una ocasión mientras trabajaba en la casa editorial milanesa Treves: su encuentro fue el inicio de una provechosa colaboración e inspiró el lanzamiento de una colección infantil que abrió nuevas puertas a Maucci & Picasso en el cada vez más atestado mercado editorial español. Antonio ignoraba entonces que el nombramiento de aquel brillante docente de italiano, latín, griego, historia y geografía se mantuvo durante mucho tiempo en suspenso por parte de la dirección de la Casa, ya en manos de los militantes del Fascio y de los consejeros de camisa negra de la Cámara de Comercio, esperando comprobar su adhesión a los principios fascistas; unos años después, los dos intercambiaron largas cartas clandestinas sobre las miserias y abusos de numerosos miembros importantes de la colonia italiana del momento, en una correspondencia que hoy se encuentra quien sabe dónde, bajo las ruinas de una antigua mansión familiar de estilo modernista de finales del siglo XIX.

Las disputas internas en la *Casa degli Italiani* sentaron las bases para un largo periodo de inestabilidad, durante el cual el Estatuto societario fue modificado cuatro veces y se nombraron cuatro consejos, sin olvidar a los dos comisionados. A pesar de esto, los inquilinos del pasaje Méndez Vigo, la Cámara de Comercio sobre todo, adquirían cada vez más visibilidad y prestigio en su rol de precursores de la nueva italianidad, la de un régimen totalmente afín al de Primo de Rivera, marcados ambos por el corporativismo socio-político y dirigismo económico, con una referencia hacia el creciente rango de cuellos blancos, un elemento imprescindible para el mantenimiento del consenso general. Tenía razón Antonio cuando, no sin amargura, recordaba que la llegada de los dos regímenes, de los que no osaba hablar mal en público, había favorecido en un cierto sentido las posiciones ya ventajosas de empresas como la suya, por su propensión a la defensa de la mediana y gran industria nacional; y sin embargo, no podía no sentir rencor frente a una censura política y moral que le obligaba a seleccionar cuidadosamente los catálogos a publicar cada año, so pena de que fuera confiscada una buena parte del patrimonio y bajo el riesgo de que le expropiaran la empresa sin demasiados miramientos, en nombre no sabía bien de qué cruzada.

De todas formas, no hay bien que por mal no venga. En aquellos duros meses de ajustes de la todavía popular dictadura de Primo de Rivera, a principios de marzo, la Cámara Oficial del Libro de Barcelona aprobó la propuesta del escritor valenciano Vicente Clavel Andrés, ligado desde hacía tiempo a Maucci &

Picasso, de celebrar el 7 de octubre de cada año, fecha en la que entonces se creíaque había nacido Miguel de Cervantes Saavedra, una Feria del Libro Español para dar relieve a una literatura entre las más variadas del panorama europeo. Pocos meses después, el 6 de febrero de 1926, Alfonso XIII firmó el decreto que ponía en marcha el procedimiento oficial, celebrado tanto por los editores como por los lectores, que podían acceder durante unos días a una vastísima gama de volúmenes a precios reducidos. Desde 1930, la feria se trasladó al 23 de abril y, coincidiendo con la festividad de San Jordi, adquiriría una importancia especial en Cataluña, una tierra en la que el nivel de escolarización y el número de licenciados eran muy superiores al resto de España.

Los que más se beneficiaron del relativo buen funcionamiento de los colegios y universidades de la región, además de los libros, periódicos y revistas, fueron sin duda los docentes que, en aquellos años vieron incrementarse las ofertas de trabajo y sus propios salarios, y no era raro que algunos de ellos, muchas veces antes de la treintena, se dejaran ver por las calles del centro de Barcelona en grandes coches de marca italiana salidos de las fábricas de Manresa o Vilanova i la Geltrù. Después de meses de dura preparación, entró a formar parte del cuerpo docente de la escuela primaria privada de Sarrià, Cristina, la hija de Antonio que finalmente encontró su camino en un sector laboral en el que las mujeres empezaban poco a poco a reivindicar un lugar propio, embrión de una euforia progresista que alcanzaría en pocos años unos logros impensables con la incorporación de mujeres en puestos importantes en juntas directivas, pequeñas empresas y ministerios gubernamentales.

Al contrario que el hermano mayor, la joven no escondía su simpatía por las ideas laicas y reformistas de gran parte del socialismo y de la izquierda independentista catalana, fruto en parte de sus continuos contactos con docentes que, desde hacía años, ponían en práctica las teorías pedagógicas del llamado Método Montessori y que asistían a reuniones clandestinas de la futura Esquerra Republicana de Catalunya. Frecuentaba además con algunas amigas los locales más conocidos de Sarrià, cosa bastante rara en una época en la que la mujer era considerada como mucho un ama de casa, y organizaba con las compañeras turnos extraescolares para los alumnos más desfavorecidos, hijos de proletarios que no les podían ofrecer un nivel de vida aceptable. Por su parte, a pesar de la diferencia de edad con la hermana, Vittorio solía echarla una mano cuando se preocupaba de la salud y condiciones de vida de los más débiles, convencido desde sus precoces lecturas de escritores como Tolstoj, Marx o Bakunin de que la unión de empleados, obreros y campesinos sin tierra contribuiría un día a construir un mundo mejor. "¿Papá, que es mejor, el comunismo o el anarquismo?", solía bromear con Antonio, que siempre le respondía con una sonrisa forzada, intentando cambiar de conversación rápidamente y distraerle de aquella que retenía como estéril y superada por un capitalismo que ofrecía justo en aquellos años la mejor versión de sí mismo, importando desde los Estados Unidos un optimismo y unas oleadas de bienestar y consumismo antes nunca vistos.

Así, mientras que Maucci & Picasso y otras empresas de cierto calibre incrementaban desmesuradamente sus beneficios y abrían nuevos puntos de venta por todas partes, fruto de una euforia que ya invadía todos los ámbitos de la escena pública, el Gobierno de Primo de Rivera y las principales autoridades locales hicieron oficial, después de años de debate y retrasos, la organización de la esperada Exposición Universal de Barcelona, que tuvo lugar en la segunda mitad de 1929 y estuvo dedicada al arte, la industria y al naciente mundo del deporte. Como treinta años antes, los barceloneses querían mostrar al mundo los progresos de una ciudad capaz, desde hacia tiempo, de compararse con las capitales europeas más modernas, empezando justamente por Madrid, esclava en aquella época de lucha política entre seguidores y detractores de la dirección militar en el poder. Formando parte desde hacia tiempo de una comisión de emprendedores y expositores que tenía el dificil papel de vigilar la organización del evento, Antonio apreciaba un consenso entre las diferentes disposiciones que mejoró mucho el proyecto inicial, si bien no escondía un sentimiento de culpa por su privilegiada situación económica, lo que confiaba a su hermana Francesca en sus fugaces encuentros en la Iglesia de Sant Vicenç, saliendo siempre con una especie de mareo indescifrable, ¡él que procedía de una estirpe tan laica! Aquella hermana que desde hacia tiempo visitaba con asiduidad, le transmitía una calma y un equilibrio que la frenética actividad de todos los días le devoraba a pasos agigantados, haciéndole pensar más de una vez en retirarse de la escena empresarial, o por lo menos, de sus primeras filas; por ello no era extraño que nuestro hombre encargase a un entusiasta Juan los viajes y citas que para él se habían convertido en compromisos asfixiantes, ligados a una formalidad a su juicio siempre menos acordes con los tiempos.

Hacia finales de ese año, a pesar de la frialdad del padre hacia una institución completamente en manos del *Fascio* local, Juan había logrado que le eligieran consejero de la *Casa degli Italiani*, en la que con sólo veintitrés años coordinaba el área del voluntariado juvenil, premio de los notables de la asociación a una fe fascista arraigada durante tiempo. El ente, que desde enero de 1927 acogia a la sociedad religiosa *Fede e Patria*, fundada diez años antes por los misionarios salesianos guiados por Giuseppe Laurenti y renombrada en breve como *Opera Religiosa della Comunità Italiana di Barcellona e Sobborghi,* había renovado otra vez, un par de meses antes, todos sus cargos, con el objetivo de acabar con las fisuras que durante tiempo paralizaron la actividad, fruto de las divergencias ideológicas no sólo entre seguidores y detractores del fascismo, sino entre sus mismos militantes, divididos por la puesta en práctica de algunos de los dictámenes más controvertidos del Duce.

La *Casa degli Italiani* era un continuo entrar y salir de sujetos de oscuro pasado que habían encontrado en el fascismo una razón de redención económica y social. Por ejemplo, el *Fascio* de Combate "Tenente Luigi Avversi", desde la comunicación al cónsul Ferdinando Mazzini y al gobernador civil de Barcelona de sus propósitos y sucesiva reunión constituyente, entre el 9 de septiembre y el 19 de diciembre de 1925, puso en marcha una radical campaña ideológica a favor de los gobiernos de Mussolini y Primo de Rivera financiada por empresarios de diferente envergadura que invertían, por decirlo de alguna manera, en un organismo en alza segura. La renovación y depuración de los elementos menos radicales del *Fascio*, en noviembre de 1926, junto a la sustitución del tímido Mazzini por un militar mussoliniano de prestigio, como el coronel Guido Romanelli, a principios de 1927, habría allanado el camino al despegue definitivo de una asociación que, en mayo de 1928, sustituyó a la organización misma que la vio nacer, como recordaron durante décadas los asistentes a aquella histórica asamblea de socios y consejeros de la asociación que culminó con un sonoro, fraternal y decidido: "¡Por nosotros!".

Quizás por no ser menos, la Cámara de Comercio presidida por Carlo Carandini y su segundo, Cesare Gullino, confirmó a principios de año a nueve consejeros muy respetables para intentar consolidar un prestigio cada vez más reconocido a nivel nacional: del exportador de aceite Pietro Lupi al editor Antonio López Llausas, único notable español junto con el abogado Rafael Gay de Montellá, pasando por el administrador del Banco di Roma Arturo Spagnolo, el director de Anonima Accidentes Giovanni Folchi, el director de Cinzano & Associati Giuseppe Rapelli, el agente de Transatlantica Italiana Arturo De Luciano, el comerciante de cristalerías Carlo De Filippo o el director de Metalgraf

Española, Arturo De Paolini, no faltaba ninguno de los hombres que la habían engrandecido en los meses precedentes. Gracias a un fuerte aumento de las contribuciones ministeriales, por las páginas de una revista corporativa vendida ahora a una peseta y media, con la posibilidad de un abono anual a quince pesetas, llegaba a los socios la noticia de una campaña a favor de las exportaciones italianas que quería promocionar todas las excelencias, sin repudiar por esto a la autarquía, considerada por Mussolini como un mal menor ante la creciente hostilidad y boicot al régimen por parte de los países liberales.

Si bien no tan politizadas, las otras instituciones establecidas poco a poco en el pasaje Méndez Vigo, desde la *Associazione Nazionale Combattenti* a las *Organizzazioni Giovanili Italiane all'Estero*, pasando por el *Fascio* femenino, la *Opera Maternità e Infanzia*, así como las hospedadas en la histórica sede consular del carrer de Mallorca 270, como la *Lega Navale Italiana, la Unione Nazionale Ufficiali in Congedo d'Italia* o la *Opera Nazionale Dopolavoro*, contribuían a reforzar la ideología dominante y a identificar a cualquier italiano adverso o incluso solo indiferente al fascismo, para transformar la colonia en un ejemplo del mussolinismo en el extranjero. Los únicos oasis de paz que quedaron fueron el nuevo Touring Club Italiano situado en la cercana ronda de la Universitat y la delegación local de la Cruz Roja Italiana, en el céntrico carrer de Descartes que, a su pesar, asistió en unos años a una de las mayores carnicerías que se recuerdan en España, prestando asistencia desesperadamente a heridos de cualquier militancia y procedencia.

Aquel año tan repleto de ajustes y rendimientos de cuentas societarias acabó para la *Casa degli Italiani* con el nombramiento de un nuevo consejo capaz de poner fin a aquellas diatribas que habían paralizado durante mucho tiempo la actividad. Ligada más que nunca a la Cámara de Comercio, la institución se confió a dos de sus hombres fuertes, De Paolini y Lupi, aparte del consejero delegado de Pirelli, Gaetano Barucci, recién elegido presidente de la Cámara en sustitución de Carandini, y de su futuro sucesor Gaetano La Villa, director general de la sociedad de neumáticos milanesa. Por su parte, Amerigo Fadini, fue nombrado a su regreso consejero efectivo y se preparaba a recuperar la presidencia de la *Casa* al año siguiente, en lo que a la mayoría le pareció una especie de conversión forzada como la de San Pablo.

Muchos años después, Juan Picasso Arena recordó haber asistido entusiasmado a todas las reuniones de una asociación que aquel año había aumentado fuertemente el número de socios e inaugurado una escuela secundaria de orientación comercial y un instituto nocturno de lengua italiana en el barrio de Sants, además de haber hospedado al legendario aviador Francesco de Pinedo, que el 13 de junio hizo escala en la ciudad de vuelta de las Américas a bordo del hidroavión Santa Maria II. Largas y enfáticas fueron las crónicas dedicadas por los periódicos a un hombre que el Duce consideraba uno de los mejores embajadores del régimen en el extranjero, mito de los cielos que difundía, de un continente al otro, los mejores valores, se pensaba, de la italianidad. Aquel personaje menudo, que despreciaba los primeros aviones rudimentarios, fue acogido como un héroe por la colonia italiana en todos sus desplazamientos y actos a los que acudió, y regresó en el mes de junio del año siguiente para un segundo baño de masas en aquel santuario de fe italiana asomado sobre el Mediterráneo en compañía de otros dos héroes de la época como Italo Balbo y Luigi Amedeo de Saboya, duque de los Abruzos e hijo de aquel Amadeo I que reinó en España medio siglo antes y que nació en Madrid en 1873.

A finales de 1927, Miguel Primo de Rivera anunciaba orgulloso a la nación la caída de Mohamed Abd el Krim y la reconquista del Rif, una tierra que tantos problemas había dado a sus predecesores;

las crónicas periodísticas del desembarco de Alhucemas y de la marcha victoriosa del ejército sobre el actual Marruecos propiciaron un rápido aumento de la popularidad de un régimen que, desde hacia un tiempo, sufría los efectos de la ralentización económica internacional y, más específicamente, de un proteccionismo, una autarquía y un gasto público que habían alcanzado niveles muy elevados. Y, sin embargo, el primer ministro era consciente desde hacia tiempo de que la victoria militar no había mitigado las dificultades de una economía cada vez más estancada y de un descontento social que no se dejaba atemorizar por la represión del régimen, razón por la cual la cita con la tan esperada Exposición Universal de 1929, y toda una serie de fechas internas, se convirtió en una especie de encrucijada para las aspiraciones del dictador y del directorio civil nombrado en 1925. España entera esperaba ansiosamente un evento capaz como pocos de monopolizar y radicalizar el debate político, sin saber que lo peor, es decir el Martes Negro, cuando ocurrió el hundimiento de la Bolsa de Nueva York causando la Gran Depresión, todavía estaba por llegar.

Como hacía normalmente, Antonio dedicaba parte del trabajo semanal a preparar bien la exposición con algunos de los emprendedores más conocidos de la ciudad; por ello, ahora sus viajes a Madrid para buscar apoyos políticos y financieros que harían del esperado evento un momento inolvidable para la historia de la economía internacional, eran cada vez más frecuentes. Como hacía su hijo Juan, entre reunión y reunión nuestro hombre solía pararse para admirar entusiasmado las más insignificantes callejuelas del corazón de una metropoli por la que, hasta ahora, no había sentido más que indiferencia, cercana y lejana al mismo tiempo de la ciudad en la que había nacido y crecido, pero sobre todo, punto de referencia obligado y no elegido para los negocios del grupo que presidía. Antonio no imaginaba que, una guerra y media después, él mismo comenzaría desde cero y amaría como una segunda patria aquello que desde su juventud le había parecido un lio de calles y travesías sin fin, y un laberinto de edificios y barrios surgidos como setas en medio de un desierto que dejaba pocas posibilidades de escapar a sus habitantes.

Fue durante uno de estos viajes cuando Antonio conoció, de forma totalmente casual, a un italiano treintañero de elegantes modales y mirada afable, llamado Egidio Massone, director desde hacía poco de una fábrica de productos químicos para usos industriales con sede en Aranjuez, al sur de Madrid. El pérfido Egidio, cuyo verdadero nombre era en realidad Ernesto Marchiandi, delegado del Partido Nacional Fascista para la península ibérica desde 1924 a 1941, escondía bajo su tranquila apariencia de joven y prometedor profesional, el duro presente de un ferviente funcionario de partido y el trágico destino de quien, con roles invertidos, paga con su vida, en las represalias que siguen a casi todos los cambios de régimen, los excesos cometidos durante años al servicio de la ideología antes dominante y después borrada a toda prisa de la memoria colectiva de un país.

Nacido en 1896 en Bolzaneto, hoy barrio de Génova, Marchiandi fue uno de los primeros adeptos al fascismo aquel 23 de marzo de 1919 cuando Mussolini creó en la piazza San Sepolcro el *Fascio* de Combate de Milán. Conocido desde hacía tiempo del Duce, el joven ingeniero llegó a Aranjuez en 1924 con el encargo de representar a la nueva organización en España y Portugal, convirtiéndose rápidamente en una especie de segundo embajador en Madrid y Lisboa y consejero de Primo de Rivera y su ministro de Trabajo, aquel Eduardo Aunós que, unos años antes fue secretario nada menos que de Francesc Cambò en el Ministerio del Desarrollo y militante de relieve de la Lliga Regionalista, cara muy familiar a Emanuele, Crispín y su padre Álvaro que, tras la muerte de su mujer Sofía, se retiró a las tierras que el hermano Pere tenía en Tarragona. "¡Que pequeño es el mundo!", habría pensado Antonio si hubiera sabido que aquel coterráneo de su padre conocía bien a la jerarquía del catalanismo conservador, incluidos aquellos tres familiares que habían, al menos en parte, buscado fortuna en Madrid, además de un gran número de italianos de la colonia de Barcelona y alrededores, con los elementos considerados más adversos al régimen.

Amigo íntimo del hijo del dictador, José Antonio Primo de Rivera, y de un joven abogado de Cartagena llamado Ramón Serrano Súñer, futuro cuñado de Francisco Franco, Marchiandi contribuyó de forma notable a la aprobación del Código del Trabajo de 1926, inspirado en el corporativismo de Mussolini y las medidas autárquicas adoptadas por el Duce justo a partir de aquellos años, mientras vivía un periodo de esplendor en España, cortejado por las fuerzas vivas dada su cercanía con el jefe del fascismo italiano. Nadie diría que aquel hombre, a primera vista extrovertido e inofensivo, habría de acarrear tantos disgustos a un padre preocupado sólo en realizar bien su trabajo de editor, quien había denunciado durante diecisiete años cualquier movimiento italiano sospechoso en España, antes de abandonar el país cuando Francia fue ocupada en 1941, terminaría sus días en 1945 en un hospital de Génova, asesinado por partisanos comunistas un año después de ser nombrado comisario de Trabajo en la efímera Republica Social Italiana de Salò.

En la primera mitad de 1928, Barcelona era una mina a los ojos de los viajeros y emprendedores que llegaban de toda Europa, atraídos por las bellezas culturales y oportunidades económicas que ofrecía; cada vez había más italianos de cualquier procedencia y edad, que compartían su militancia fascista y que, debido a las óptimas relaciones entre los ejecutivos de Mussolini y Primo de Rivera, conseguían resolver rápidamente los largos procedimientos burocráticos necesarios hasta el momento para abrir o trasladar empresas de todo tipo, entre otras ventajas. Muchos eran también los hombres de negocios que, atraídos por la fama conquistada durante años, homenajeaban a la *Casa degli Italiani* durante sus visitas a la ciudad, por muy fugaces que fueran, como muestra de agradecimiento por una ayuda o recomendación recibida de algún potentado de Roma, Barcelona o Madrid.

Aquel año tan lleno de esperanzas, iniciado con la institución de la *Befana fascista* en todo el reino y el paso del Gran Consejo del Fascismo de cabeza de partido a órgano del estado italiano, se concluiría con el saneamiento de las zonas pantanosas Paludi Pontine y la aprobación de una ley electoral que preveía la aceptación o rechazo en bloque de una lista única del Gran Consejo, mientras se ultimaban los preparativos para la firma de los Pactos Lateranenses, que vieron la luz el 11 de febrero del año siguiente. Por su parte, el 20 de febrero, la *Casa degli Italiani* celebró la llegada del poeta Filippo Tommaso Marinetti, que por la tarde ofreció una conferencia en el teatro Novedades, y recibió, a principios de marzo, una medalla de oro de Víctor Manuel III por los méritos patrióticos y culturales, además de inaugurar, a finales de octubre, las obras de ampliación del tercer piso de un edificio que pronto acogería nuevas asociaciones en sintonía con la doctrina imperante; y sin embargo, un poco por sorpresa, la decisión quizás más significativa de aquel año fue adoptada en una tórrida tarde de mayo, a la sombra de un sol que abrasaba los poquísimos campos cultivados en los alrededores de la ciudad que habían sobrevivido a la furia constructora de las anteriores décadas.

El 28 de mayo todos los notables de la *Casa degli Italiani* se congregaron en la sala de reuniones de la planta baja, bastante antes de la hora establecida, para resolver un problema de fondo arrastrado desde hacía casi un lustro: la incompatibilidad entre Casa y Fascio, es decir, entre una incubadora que había criado y protegido a organismos como la *Società Italiana di Beneficenza e Scuole*, la *Camera di Commercio per la Spagna* o la *Società Dante*

Alighieri, y la asociación italiana por antonomasia más politizada de aquellos años en la ciudad. Aquella tarde, un impaciente Juan asistió impasible al anuncio, hecho por un Fadini un poco cohibido por su todavía no total lealtad al fascismo y una imperceptible contrariedad por lo que estaba leyendo, del cambio en las relaciones entre las dos asociaciones; como una madre que al envejecer se ve obligada cada vez más a apoyarse en la prole que años antes había parido y amamantado, la Casa ahora era parte integrante del Fascio, reflejando totalmente la ideología y el programa educativo para la colonia italiana de la época. El Ministerio de Asuntos Exteriores, capitaneado por Mussolini en persona, aumentó en poco tiempo los fondos disponibles para las dos asociaciones en señal de agradecimiento por el nombramiento del *Fascio* como órgano guía de los italianos en Barcelona, un gesto que fue aclamado por muchos compatriotas en España como una nueva demostración de cercanía por parte del jefe del fascismo.

Aquel año tan saturado de cambios de escenario para los italianos en las faldas del Montjuic, vio a la Camára de Comercio, ya totalmente independiente desde el punto de vista económico, dejar la primera, histórica sede del pasaje Méndez Vigo para establecerse en unas oficinas más amplias en la segunda planta de un edificio de via Laietana 47, a unas decenas de metros de las murallas romanas de la antigua Barcino. A las órdenes, todavía por algunos meses, de Gaetano Barucci y de su número dos Antonio Calcaterra, director desde hacía años de Metalgraf Española. En primavera la Cámara había renovado en parte un consejo de administración que, además de los confirmados Rafael Gay de Montellà, Arturo Spagnolo o Giovanni Folchi, contaba ahora con otras personas importantes de la italianidad en España, como Ugo Calcagno, director de la sociedad aseguradora Italia, los ricos representantes Leone Said Medina y Giulio Carandini, pariente de Emilio y Carlo, el funcionario de la compañía de navegación Italia-América Umberto Oro y el administrador de Fibra Comercial de España, Cesare Pavesio.

Gracias al aumento de los fondos ministeriales a su disposición, la Cámara había ampliado desde hacía un tiempo los recursos destinados a un boletín que, a pesar de no contar con prestigiosas firmas, tenía cada vez más éxito dentro de la comunidad italiana por sus meticulosos balances y tablas sobre los intercambios comerciales entre Italia, España y el resto del mundo. El caso es que, a finales de año, por una de esas coincidencias tan ansiadas como desventuradas que nos ocurren a todos, Antonio que, desde hacía varios años no seguía esa publicación, se decidió a ojear un ejemplar reciente que le había regalado un viejo conocido y, cuál fue su sorpresa cuando vio el anuncio a doble página y caracteres cubitales ¡de las virtudes de Maucci & Picasso Edizioni! Algún empleado había decidido sin su permiso hacer publicidad de la casa editorial, como decía el anuncio, dotada de un edificio de su propiedad con una superficie de más de tres mil setecientos metros cuadrados, con siete millones de tomos de diferentes tipos y encuadernaciones en sus almacenes, y una producción media de más de veinticinco mil libros a la semana, correspondientes a unos trescientos sesenta y cuatro mil kilos de papel, de diferentes calidades y formato, etc. Aquel anuncio, en primer plano, en el órgano de prensa oficial del fascismo italiano en España le hirió en lo más profundo de su corazón, por lo indigno que era del ejemplo de su padre Giovanni y del tío Emanuele, respetuosos en vida como pocos del debate y el respeto de ideas políticas incluso opuestas; no tardó mucho en descubrir que, desde hacía unos meses, su hijo Juan y el hermano Emanuele habían adoptado una estrategia mediática según la cual, si bien la empresa familiar no estaba asociada de forma oficial con la Cámara, de hecho donaba varios centenares de liras al año a la asociación más en auge de la colonia italiana de Barcelona.

Sin prestar atención a la afrenta que representaba para la empresa familiar el anunciarse en las páginas de la *Rivista del commercio italo-spagnolo* hasta la primera, gran crisis del grupo, Antonio decidió dedicarse en aquellos meses en cuerpo y alma a la organización de la gran Exposición del año siguiente, que reuniría a las figuras más importantes del empresariado italiano en todo el continente y daría gran visibilidad a una Maucci & Picasso que apostaba ahora por expandirse en la Mitteleuropa y conquistar el naciente mercado publicitario radiofónico y cinematográfico local. Las largas noches insomnes pasadas escribiendo cartas de invitación y propuestas destinadas a los más ricos inversores del país, se vieron recompensadas a principios del año siguiente con el nombramiento de Antonio como alto comisario del evento, un reconocimiento a su constante preocupación por el éxito de la exposición, si bien más de un camisa negra hubiera buscado en vano su fracaso, convencido de que aquel heredero de una de las mejores casas editoriales de su tiempo no profesaba adecuadamente la fe política entonces imperante. La misma Cámara de Comercio, presidida desde enero por el responsable de Pirelli en España, Gaetano La Villa y su vice, el importador Adolfo Piazzi, propuso en vano un nombramiento alternativo, proponiendo sus ocho consejeros al nuevo director de la sociedad aseguradora Italia, Mario Acquarone. Éste apelaba en las páginas de la publicación mensual corporativa a una Italia poblada y fuerte y, de hecho, aseguraba que una tonelada de mercancía italiana exportada representaba a un compatriota que, en vez de emigrar, encontraría un trabajo y un salario en la patria, como recordaba años después un anciano Antonio.

La Exposición Universal de Barcelona abrió sus puertas el 20 de mayo de 1929 bajo una incesante lluvia que parecía confirmar los peores auspicios de quienes en aquellos meses habían criticado los costes y la megalomanía de un evento que ocupaba ciento dieciocho hectáreas de terreno en las faldas de Montjuic y que había costado más de ciento treinta millones de pesetas de la época. A pesar de esto, la multitud que acudió a la inauguración, aclamó entusiasmada los discursos de Alfonso XIII y Miguel Primo de Rivera, aquel dictador que, en pocos años y a su manera, había intentado cambiar el curso de un país, que no obstante estaba, se decía, destinado a un imparable declive político y espiritual; es más, en aquellos largos momentos de júbilo los dos fueron ovacionados como salvadores de una patria protegida y agradecida, sin que nadie pudiera imaginar el dramático desenlace político español de dos años después.

Deseosa de promocionar el nuevo curso preparatorio Montessori para alumnos de tres a seis años y la tan esperada *Casa dei Bambini* (Casa de los niños), un año en el que se concluyó una larga colaboración con la *Società Dante Alighieri*, la *Casa degli Italiani* deliberó en aquellos días, de acuerdo con el Consulado de Barcelona, la presencia diaria de socios y consejeros en las reuniones de emprendedores y profesionales en un pabellón italiano que, desde el principio, fue visitado por centenares de hombres de negocios y curiosos cada día, mucho más allá de las halagüeñas esperanzas. El mismo Juan, que tomó parte en la entrega de una medalla de plata a su padre como reconocimiento a una labor de años al servicio de los lectores de todas las edades y condición social, dirigió más de una vez emocionado, a pesar de su todavía poca experiencia, varios encuentros sobre las necesidades de los jóvenes de la colonia italiana en la ciudad y los beneficios de la educación fascista, aplaudidos por notables y simples ciudadanos convencidos al unísono de lo necesario y providencial del Duce y sus ideas. Entre estos se encontraban Crispín y sobre todo Emanuele, que seguían con interés el desarrollo de una situación política local y nacional cada vez más indescifrable, enmarañada entre los extremos opuestos y poniendo en evidencia la falsa estabilidad y el consenso de cara a la galería del régimen de Primo de Rivera, cuyas horas en el poder (aunque esto pocos lo sabían), estaban contadas.

Aquel año lleno de actos, fue para Antonio el punto culminante de una vida y una carrera marcadas por un éxito precoz, mérito no sólo de la posición de papá Giovanni, sino también de un carácter, un talento y una constancia fuera de lo común, que le permitieron superar las situaciones más complicadas, aunque éstos poco habrían podido hacer frente al cataclismo que iba a estallar en la empresa familiar. Durante la exposición, nuestro hombre conoció, casi siempre de forma casual, a un gran número de personalidades reunidas aún sólo por pocos días en una de las principales citas europeas del año: desde Fernando de Saboya, príncipe de Udine y primo de Víctor Manuel III, al compositor Pietro Mascagni, pasando por la hija del Duce, Edda Mussolini, el pintor Mario Sironi, el inventor Guglielmo Marconi o el ministro de Corporaciones, Giuseppe Bottai, todos los ilustres visitantes italianos que llegaron aquel año a la ciudad visitaron después la *Casa degli Italiani* y firmaron en el libro de visitas, no sin antes hacer amplios y sentidos homenajes a las autoridades más importantes desde hacía veinte años.

Antonio meditaba en aquellos frenéticos días sobre la fragilidad y fugacidad de la vida humana, incluida la de un meticuloso editor de libros y fascículos que, a pesar de los indiscutibles éxitos laborales, ya había pasado de los cincuenta años con un humor cada día peor, fruto quizás de su escepticismo sobre la naturaleza humana, pues tantos eran los gobiernos injustos y las formas de opresión con los que se había encontrado en aquel medio siglo de vida. Se consolaba nuestro hombre con sus reconocidos éxitos laborales y el amor de sus seres queridos, entre ellos su mujer, Carolina, que jamás le había reprochado sus largas ausencias de casa, ella, que cuidó hasta el final de mamá Maria y tía Gaia y había dado a luz aquellos cuatro hijos tan adorables, que se quedaron en tres después de la precoz desaparición de Carla. Soñaba con vivir de nuevo una existencia que, a los ojos de la mayoría, le había dado una satisfacción tras de otra, mientras pensaba, con la mirada clavada en el cielo, en aquellos padres que tanto amor y tantas virtudes le transmitieron, la primera de todas la de desconfiar de cualquier dogma o poder arbitrario, independientemente de la causa por la que luchara. Quizás su vida no fuera tan tranquila, sin embargo se sentía feliz y realizado, convencido de que su carrera de emprendedor y padre de familia le tenía reservados nuevos retos justo en el momento menos esperado, cosa que así ocurrió para bien y para mal.

El primer de estos avisos, para Antonio y una nación entera que hacía poco había conseguido recuperarse de una pésima coyuntura económica, fue el *crack* de la Bolsa de Nueva York y el inicio de la Gran Depresión en octubre de 1929, una novedad que cogió por sorpresa a decenas de miles de emprendedores llegado a Barcelona, muchos de los cuales confiaron parte de sus ahorros a las compañías desaparecidas en pocas horas durante aquel Martes Negro. La crisis frenó en parte las ambiciones de un evento que, al cerrar sus puertas el 15 de enero de 1930, registró menos ingresos y visitantes de lo previsto, dadas las enormes inversiones que requirió. Y, sin embargo, muchos elogiaron los efectos positivos para la imagen de Barcelona, una ciudad que, como treinta años antes, dio a conocer al mundo sus atractivos industriales y comerciales. Es decir, parecía que la crisis había provocado menos daños de lo que se temía, teniendo en cuenta el descontento social que había amenazado más de una vez con deslucir las ceremonias oficiales mediante manifestaciones y atentados con bombas. Pese a ello, el cambio en la dirección del país estaba a la vuelta de la esquina y no bastaban los panegíricos ni las alabanzas al régimen para salvar una situación social ya peligrosa.

Acabada la exposición, después de un largo tira y afloja entre las varias almas del gobierno civil de Primo de Rivera, y una vez constatada la incapacidad de un primer ministro, ya enfermo terminal de diabetes, de enderezar la coyuntura económica, éste presentó su dimisión a Alfonso XIII para retirarse de la vida pública cerca de Paris, donde murió apenas un par de meses después.

Era la crónica de una muerte, quizás no demasiado anunciada, de un régimen que enseguida se ganó las simpatías de gran parte de la opinión pública y, a pesar de una serie de reveses económicos y un tímido resurgimiento de las protestas socialistas, anarquistas y sindicalistas en todo el territorio, se mantuvo firme en el timón del país con el apoyo total de Alfonso XIII. El monarca, de nuevo centro de las discusiones de los republicanos de cualquier tipo, fue mantenido como rehén en una transición española hacia la modernidad todavía no lograda. Aquellos fueron los meses en los que se redactó el llamado Pacto de San Sebastián que, en agosto de 1930, definió la estrategia política de los opositores al soberano, que deseaban la declaración de una Segunda República.

En los tensos días del traspaso de poderes entre Primo de Rivera y Dámaso Berenguer, el precursor de lo que los periódicos empezaron a llamar *dictablanda,* Antonio, Juan y Emanuele intercambiaban su preocupación sobre los repentinos cambios de escenario de la política española, ahora más que nunca en vilo entre el autoritarismo leal a Alfonso XIII y el republicanismo revolucionario, una división que impedía cualquier intento de mediación y alejaba al país de aquel liberalismo de estilo europeo que la mayor parte de los operadores económicos invocaba con una pizca de envidia. En aquel tiempo, los sermones de éste o aquel emprendedor a favor de un pacto entre seguidores y detractores de la mano dura fueron tan incesantes como vanos: las dos facciones tenían conceptos opuestos sobre lo público, una afín a Mussolini o a un astro naciente de la política alemana llamado Adolf Hitler, la otra basada en las doctrinas de Marx y Lenin y en el modelo de Estado de la Unión Soviética. "¡Al final votaremos a cara o cruz!", amenazaba Antonio en las largas cenas que organizaba con el hijo Juan y el primo Emanuele, y que puntualmente acababan con un brindis por una empresa familiar que no sólo había sobrevivido a coyunturas políticas y económicas desfavorables, sino que también había aprovechado lo mejor posible todas las ocasiones, empezando justo por las Exposiciones Universales de 1888 y 1929.

Mientras tanto, a pocas manzanas de la sede central de Maucci & Picasso Edizioni, la *Casa degli Italiani* vivía una insólita tranquilidad, una especie de natural vuelta a la cotidianidad después de meses de organizar encuentros con hombres de negocios y autoridades locales o recepciones de altos cargos italianos en misión en España. Una de las figuras más importantes que aquel año visitaron la asociación fue Maria Montessori, que además había vivido en la ciudad unos años antes, cuando se decía que su método era prerrogativa de un puñado de estrafalarios docentes colaboradores suyos.

Gracias a ella, que además estuvo presente en el acto, se inauguró el 14 de octubre la *Casa dei Bambini*, una escuela para niños de tres a seis años que, en los meses siguientes tanto elogió la prensa local. De hecho, aquel año, la *Dante Alighieri* aumentó sus clases nocturnas por el gran incremento de los estudiantes del primer curso, prueba del interés de numerosos barceloneses hacia la lengua y la cultura italiana. Juan Picasso Arena lo sabía bien ya que puntualmente distribuía material editado por Maucci & Picasso y algunas copias gratuitas del boletín de la Cámara de Comercio, intentando al mismo tiempo, dar a conocer la empresa familiar y difundir entre aquel nutrido grupo de jóvenes las tesis del corporativismo fascista.

Fue justo durante una de sus frecuentes incursiones en las aulas de las clases nocturnas de la *Dante Alighieri*, cuando el mayor de los Picasso Arena conoció a Clara, una joven barcelonesa de origen aragonés matriculada, decía, más por interés cultural que por aspiraciones laborales; tanto era así que no demostraba demasiada prisa en intentar aprender aquella pronunciación tan diferente de su lengua materna, aunque el estereotipo popular diga que el italiano y el castellano son dos idiomas casi idénticos.

Juan se emocionaba cada vez que la joven le pedía que le corrigiera al escribir y al hablar. Se lo pedía a él, que había tenido la suerte de aprender de pequeño las dos lenguas, dedicando algo de tiempo y recursos a aprender lo básico de inglés y sobre todo de francés, imprescindible para potentados y diplomáticos de la época. Al poco, sustituyeron aquellos repasos sentados en una mesa por largos paseos, mezclándose en una Barcelona asediada por los primeros flujos turísticos europeos masivos y por militantes que asistían a manifestaciones políticas de todo tipo en pleno centro de la ciudad. Su amistad se convirtió en una relación que no tardó mucho en hacerse oficial, y así Juan presentó a Clara a Antonio y Carolina, que vieron en aquella muchacha un verdadero regalo del cielo, capaz como parecía de limar las asperezas de un joven deslumbrado por ideales políticos que no honraban ni a sus padres ni abuelos y que la familia toleraba en silencio, siendo por otra parte el fascismo la única ideología oficialmente admitida tanto en Italia como en España, dictaduras que se preparaban para emprender destinos opuestos.

En las primeras semanas de 1931, la *Casa degli Italiani* estuvo de nuevo desbordada por telegramas y reuniones urgentes para organizar la visita del aviador y ministro de Aeronáutica, Italo Balbo, que llegaría a la ciudad el 18 de febrero a bordo del transatlántico *Conte Rosso*, de regreso de Rio de Janeiro. Aquel hombre, alto y autoritario, ídolo cada vez más popular gracias a sus vuelos de un lado al otro del Atlántico y, se decía entonces, único rival potencial de Mussolini dentro del gobierno, honraría con su presencia a una colonia que, ya dos años antes, se inclinó ante su avance solemne, mito *danunciano* que alimentaba las veleidades bélicas de más de un partidario del régimen. Su estancia fue breve pero intensa, marcada por recepciones, apretones de mano, agradecimientos y fotografías oficiales para inmortalizar cada movimiento del quadrumviro de la Marcha sobre Roma en la Barcelona de un frío día de invierno de los primeros años treinta.

Aquel día, a centenares de kilómetros de distancia, en Madrid se decidía la suerte de la monarquía de Alfonso XIII, cada vez más acorralado tanto por el malestar de los obreros y agricultores como por las disputas internas de los jerarcas. Después de apenas un año a la cabeza del ejecutivo, el general Berenguer presentó su dimisión y obligó al monarca a sustituirle con el almirante Juan Bautista Aznar Cabañas, a la cabeza de un gobierno que incluía nombres de prestigio afines a doctrinas liberales y conservadoras. Aznar propuso un intenso calendario electoral, primero el 12 de abril con elecciones municipales, en mayo las provinciales, para acabar en junio con la renovación de un parlamento encargado de redactar una Constitución capaz de sustituir la ya obsoleta de 1876: desde ese momento resultó evidente que el 12 de abril no sería un día cualquiera, y toda Cataluña fue invadida por banderas anarquistas y republicanas que manifestaban la total oposición de gran parte del electorado ciudadano a las propuestas políticas del gobierno de Madrid.

La misma familia de Antonio se presentaba a las elecciones del mes siguiente muy dividida entre los que, como él, apoyaban un liberalismo tradicional no comprometido ni con el comunismo ni con el autoritarismo, y los que, como Juan reclamaban una moderada renovación de una dictadura que, sostenía, devolvió a España el prestigio internacional empañado después de las derrotas coloniales de finales del siglo XIX. Por su parte, Emanuele seguía confiando en las doctrinas catalanistas conservadoras de la Lliga

Regionalista de Cambò, mientras que Crispín se afiliaba en secreto a la novísima Esquerra Republicana de Catalunya de Francesc Maciá, convencido de que aquel partido de fuerte carácter laico y progresista, representaba lo mejor del independentismo catalán, cogiendo el testigo de la misma Lliga Republicana, desde hacía años cada vez más olvidada por aquellos emprendedores que en el pasado la convirtieron en un importante punto de referencia. Ante aquel dilema político, las parejas de los cuatro resoplaban, esperando que se solucionara sin grandes esfuerzos y lo más rápidamente posible, pero sobre todo, sin alterar una armonía familiar duramente puesta a prueba durante los años anteriores por el control de su máxima fuente de ingresos.

A raíz de estos contrastes, las elecciones del 12 de abril se convirtieron en una especie de plebiscito para Alfonso XIII y, en cuanto fue evidente que los candidatos republicanos y socialistas habían ganado en las principales ciudades del Reino, desde la pequeña Eibar, en Euskadi, hasta Madrid, incesantes fueron las proclamas antimonárquicas de aquellos nuevos consejeros municipales socialistas que en dos días indujeron al rey a abandonar a toda prisa el país. El 14 de abril pasó a la mitología revolucionaria como ese día tan esperado en el que miles de trabajadores explotados y mal pagados pudieron por fin hablar sobre un régimen que, durante demasiado tiempo, les había exprimido con normas o impuestos absurdos, o bien había enviado a sus hijos a una muerte cierta en el desierto de Marruecos, luchando por un irreal segundo imperio colonial español.

En el caso catalán, las elecciones de 1931 marcaron la caída definitiva de la Lliga, incapaz desde hacía años de entender el creciente malestar de las masas populares y el ascenso de Esquerra Republicana de Calatunya, una formación legalizada sólo unas pocas semanas antes de las elecciones que, no sólo triplicó los votos del partido rival, sino que en los comicios constituyentes del 28 de junio obtuvo, sólo en la ciudad de Barcelona, catorce escaños de dieciocho, con un total de veintinueve diputados en Madrid sobre cuatrocientos setenta. Elegida por sufragio universal unicamente masculino, la Cámara constituida aquel tórrido domingo de principios de verano e inaugurada el 14 de julio, en el simbólico aniversario de la toma de la Bastilla francesa, fijó su nuevo, si bien efímero rumbo hacia un estado más justo, que España había iniciado en primavera y que se vería truncado en otra tarde veraniega, un 18 de julio, con el *Alzamiento* de una parte del país que no se resignaba ante las afrentas contra lo que consideraban los pilares del país: la monarquía y el orden ciudadano.

Presidida por un Francesc Maciá deseoso de conseguir lo antes posible la independencia catalana, la renovada Generalitat, que contaba entre sus miembros con un Crispín cada vez más ligado a la causa republicana, preparaba en silencio un ambicioso proyecto de Estatuto que el gobierno provisional de Niceto Alcalá Zamora, sustituido en octubre por Manuel Azaña, requería armónico y equilibrado. Mientras tanto, en las calles de Barcelona eran frecuentes las asambleas y manifestaciones a favor de una democracia popular radical, en las que Antonio, Juan y Emanuele se cuidaban mucho de participar, bien por sus ideas políticas, bien por una especie de reserva familiar congénita que los alejaba de las primerísimas filas del juego político y empresarial. La ley suprema catalana se aprobó en el Parlamento de Madrid en 1932 abriendo las puertas a los Estatutos de Euskadi y Galicia, aprobado este último años después en el exilio. En toda España se reclamaba una autonomía de ciudades y comunidades sometidas durante mucho tiempo al yugo monárquico y al favoritismo de los notables, barridos por aquella bocanada de aire fresco que había llevado además al parlamento a dos mujeres: Clara Campoamor y Victoria Kent, aprobando sólo dos años después, en 1933, el sufragio femenino. El espíritu revolucionario y libertario de aquellos meses, inspirado en las primeras victorias de los bolcheviques soviéticos, encontró su primera y tangible consagración en la Constitución del 9 de diciembre, que hizo de Niceto Alcalá Zamora el primer presidente de la Segunda República y asignó formalmente a Manuel Azaña la dirección del gobierno que ya encabezaba desde hacía unas seis semanas en sustitución del mismo Alcalá Zamora.

La *Casa degli Italiani* seguía con interés la evolución del panorama político español y, si bien no manifestara demasiada simpatía hacia las ideas políticas republicanas y de izquierdas llegadas al poder, mantenía su apoyo a los nuevos gobernantes, colaborando por ejemplo con la Generalitat en la institución de una cátedra de Lengua y Literatura Italiana en la Universidad de Barcelona. La noticia fue recibida con gran alegría por un consejo directivo presidido por última vez por un Fadini atormentado por las luchas internas con los seguidores más fervientes de Mussolini, que captarían, uno tras otro, a exponentes de primera fila de la Cámara de Comercio como Pietro Lupi y los primos Carlo y Emilio Carandini, como prueba de la gran influencia que ésta tenía en la *Casa* que no muchos años antes la vio nacer e independizarse económicamente. Desde lo alto de la espléndida sede de via Laietana, los once consejeros de la Cámara mantenían una extraña pasividad ante las diversas manifestaciones ciudadanas y sus repercusiones económicas, como si confiaran en la llegada de un *veltro* que, antes o después, cortara de raíz aquel efímero brote revolucionario, como efectivamente ocurrió antes de cinco años.

Acostumbrada a convivir con gobiernos de todo tipo y legitimidad, después de un inicial titubeo, Maucci & Picasso abrió sus puertas a las nuevas ideas y editó, uno tras otro, volúmenes y colecciones para todos los bolsillos acordes con la ideología de la época, desde la primera traducción oficial en español de "Adiós a las armas" de Ernest Hemingway, a la "Biblioteca Republicana", con obras de ensalzamiento de la revolución y la lucha colectiva en nombre de los supremos ideales de paz y fraternidad entre los pueblos y de la democracia proletaria. Aquel fue el principio del fin para una empresa que, con estas decisiones, atraía las iras de toda una Barcelona reaccionaria y leal a la más rígida disciplina militar, que preparaba una revancha de las más sanguinarias que recuerdan los anales catalanes; y sin embargo, tal era el entusiasmo de Antonio en aquellos meses que, en enero de 1932, después de varios años ajeno a cualquier iniciativa de marca italiana en la ciudad, aceptó la invitación personal de Amerigo Fadini para participar como invitado de honor en el baile de primero de año de las Escuelas Italianas, al que asistió el mismo Francesc Maciá. La asociación aprovechó para anunciar la aplicación del método Montessori en las clases de primero de primaria y, sobre todo, la creación de cursos para acceder al bachillerato español, requisito esencial para entrar en la universidad al acabar los estudios. No menos ambiciosa fue la decisión, anunciada para el año siguiente, de comprar el edificio frente a la *Casa*, en el pasaje Méndez Vigo 5, señal de una gran solidez económica gracias sobre todo a las generosas ayudas del Ministerio de Asuntos Exteriores italiano.

En aquellos días, la familia Picasso-Arena-Maucci-Enseñat-Bertone vivía más dividida que nunca el desarrollo de una escena política en continua evolución, con los propios republicanos enfrentados en dos bandos, uno más radical y vinculado a sindicatos y grupos anarquistas, y el otro destinado a confluir en la CEDA, la Confederación Española de Derechas Autónomas. Huérfano político de un Cambó a la deriva y cada vez más ajeno a la política del país, Emanuele empezó a asistir a reuniones informales con antiguos dirigentes de la Lliga Regionalista que, en poco tiempo, se convertirían en figuras relevantes de la CEDA, especialmente Alejandro Lerroux que, después de las elecciones de noviembre de 1933, heredó la presidencia del gobierno de Azaña. La nueva formación, compuesta por personalidades de fuerte orientación católica, quería sobre todo frenar los excesos de una izquierda cada vez más anticlerical y que, sólo un año antes, en mayo de 1931, fue acusada de provocar los incendios de numerosas iglesias y conventos en toda España. Asustada por los excesos en Barcelona, la misma Francesca decidió abandonar junto a varias hermanas su histórico convento de Sarrià por el más tranquilo, pensaban, Monasterio de San Pelayo, en pleno centro de Oviedo. "Volveremos a vernos en cuanto esta ciudad vuelva a ser segura también para nosotras monjas", dijo Francesca al hermano intentando tranquilizarle; ninguno de los dos sabía que aquel sería su último abrazo antes de la trágica desaparición de ella, quemada viva en el incendio provocado por un grupo de socialistas asturianos durante las persecuciones clericales de octubre de 1934, que dejaron un saldo de más de una treintena de clérigos muertos de todas las órdenes y edades.

Preocupado por la suerte de la economía nacional, en la víspera de las elecciones de 1933, en la que por primera vez participaban las mujeres, Antonio quiso dar una oportunidad a aquella federación conservadora que ya desde septiembre había arrebatado el gobierno a los republicanos de izquierda y parecía portadora de un liberalismo sano, a la altura de las modernas democracias europeas, si bien totalmente ajena a los sectores más conservadores del régimen de Primo de Rivera. Carolina pensaba igual que él, realmente asombrada por aquel derecho al voto del que hacía uso por primera vez en su vida y que de alguna forma no terminaba de entender, dejando al marido la decisión final sobre a cuál de las numerosas candidaturas votar. Mientras, el primogénito Juan optaba por no dar su contribución a ningún partido, contrario a un plebiscito a favor de la República que consideraba ilegal e ilegítimo. Fuerte fue el apoyo a la causa obrera de Cristina y Vittorio, mayor de edad desde hacía pocas semanas, que votaron decididos a la solución más lógica para ellos, Esquerra Republicana de

Catalunya, dando a Crispín, de luto por la reciente desaparición del padre Álvaro y del tío Pere, la posibilidad de aspirar a un escaño en la Cámara de los Diputados. La mujer, Giulia y, a pesar de las iras de Emanuele, la cuñada Giustina, le prometieron su voto, igual que la primogénita Claudia, única de sus descendientes que podía acudir a las urnas, siendo los otros hijos todavía menores de edad.

Mientras, la colonia italiana de Barcelona cosechaba un éxito tras otro y, gracias sobre todo a la gestión del nuevo cónsul Alessandro di Probizer, que sustituyó en enero a Guido Romanelli, se preparaba para inaugurar un nuevo instrumento de la propaganda cultural del régimen de Mussolini, el Istituto Italiano di Cultura que, desde principios de octubre, absorbió a la escuela secundaria y los cursos de preparación a los estudios españoles organizados por la *Casa degli Italiani*, que volvía así a ocuparse unicamente de la escuela infantil y primaria. A pesar de la oferta de instalarse en los nuevos locales del pasaje Méndez Vigo 5, la recién constituida asociación, decidió ubicarse en una céntrica oficina del prestigioso paseo de Gracia junto con la sociedad *Dante Alighieri*, como ya había hecho la Cámara de Comercio Italiana para España, que acogió con gran entusiasmo el nacimiento de aquella nueva pieza de italianidad fascista fuera de las fronteras nacionales.

La victoria electoral de la CEDA de Lerroux, debida a la fragmentación de la izquierda en varias corrientes, hizo que respiraran aliviados todos aquellos que temían el estallido de desórdenes entre las numerosas y opuestas fuerzas políticas; a pesar del lento e inexorable declive, la Lliga Regionalista obtuvo veinticuatro diputados en el Parlamento, mientras que Esquerra Republicana de Catalunya bajaba a dieciséis, entre los cuales el mismo Crispín, obligado así a ir y venir entre Barcelona y la capital española durante más de dos años para seguir el trabajo del poder legislativo.

En virtud también de la división de la nueva Cámara, la Lliga entró a formar parte del ejecutivo de centro-derecha de Lerroux, imponiendo en la agenda de Gobierno una idea suya sobre las necesidades de Cataluña que nada tenía que ver con la de Esquerra, más propensa a adoptar medidas radicales a favor de los estratos más humildes de la sociedad.

Cumplidos ya los cincuenta años, más de la mitad de los cuales transcurridos en la primera línea de la principal fuente de ingresos familiares, Antonio Picasso Mezzalama empezó a hacer un balance de una existencia que, pensaba, le había proporcionado más alegrías que penas. Como incurable optimista que era, apreciaba todo lo bueno que la vida le había dado, empezando por la posibilidad de crecer sin la urgencia de encontrar un modo de ganarse la vida, como viajar a lo largo y ancho de países muy diferentes al suyo, conociendo otras culturas. Le apenaban las malas relaciones con muchos de sus amigos y conocidos de un tiempo, empezando por los socios y consejeros de la *Casa degli Italiani* o de la Cámara de Comercio y sobre todo los lutos familiares, desde la muerte de papá Giovanni y su tercera hija Carla a la más reciente, la de su hermana Francesca, víctima de la violencia anticlerical de un puñado de militantes socialistas y anarquistas asturianos. Aquel luto lo sumergió en una profunda y oscura amargura, de la que salió poco a poco con la ayuda de amigos y familia, sin saber que una guerra fratricida se encargaría de romper aquel brote de unidad familiar recuperada con tanto trabajo en los ultimísimos meses de la Cataluña republicana de Lluis Companys que, a principios de 1934, había sustituido a Francesc Maciá, el carismático guía de Esquerra Republicana de Catalunya, fallecido pocas semanas antes por las complicaciones de una operación de apendicitis.

Aquel mismo año, un treintañero Juan Picasso Arena contraía matrimonio con Clara Puig i Piquè, en una ceremonia en la que participaron varios miembros de la colonia italiana en España. Los recién casados querían comprar un piso en el centro de Barcelona, a dos pasos de la casa de Emanuele y Giustina, donde nunca llegarían a vivir, cosa que entonces ignoraban en aquellos dichosos días de primavera de viaje de novios por el Sur de Francia, a bordo del regalo de papá Antonio: un Fiat 508 Balilla, precursor del 500 Topolino que marcó la consagración del grupo turinés en el mercado mundial. Los dos eran felices: él ayudando cada vez más a su padre en la dirección de Maucci & Picasso y, desde hacía unos meses, consejero de relieve de la *Casa degli Italiani* del amigo Carlo Carandini; ella, joven abogada con importantes amistades en ambos lados del agitado mar político catalán, tanto que, a finales de año, formó parte de la defensa de Lluís Companys y su gobierno, acusados de traición al país por aquella desafortunada declaración de independencia de Cataluña del 6 de octubre, que acabó con la condena de Companys a casi treinta años de cárcel, amnistiado más tarde, en 1936, por el nuevo gobierno del Frente Popular.

Mientras que, en Barcelona, Emanuele observaba con creciente indiferencia las divisiones internas del gobierno de Lerroux y sus sucesores, cuatro en poco más de dos años, en Madrid un entusiasmado Crispín seguía de cerca el trabajo de Esquerra y fue nombrado representante del partido en las negociaciones que llevaron a la victoria electoral de la llamada Unión Republicana que, al poco tiempo, la opinión pública y los periódicos rebautizaron como Frente Popular. A pesar de las acusaciones de traición de antiguos compañeros como Francesc Cambó, que regresó al Parlamento justo en 1933, y los silbidos que se producían en cada intervención suya, procedentes de los exponentes más jóvenes de la Lliga Regionalista, Crispín no se dejaba amedrentar por nada ni por nadie, es más, defendía aquel repentino cambio de bando frente a los que, como el mismo Cambó, le recordaban la absoluta lealtad de papá Álvaro a un partido que había contribuido a fundar y engrandecer incluso fuera de Cataluña.

En aquellos primeros meses de 1935, la colonia italiana de Barcelona era todo agitación por los discursos y artículos a favor del Duce en el momento más álgido de sus veinte años a la cabeza del país: la anhelada invasión de Etiopía que, junto con Liberia, Sudáfrica y Egipto era uno de los estados africanos independientes y soberanos admitidos en la Sociedad de las Naciones. Era este un intento de crear un imperio colonial y vengar la derrota sufrida justamente en el Cuerno de África en 1896, que acabó con las aspiraciones colonialistas de una nación entera. Portavoz de estas aspiraciones era, como siempre, la Cámara de Comercio, que en su boletín bendecía el inminente ataque con tonos enfáticos, para confirmar la lealtad a un régimen que, según ellos, conducía a Italia a un primer puesto en la escena mundial. Desde el presidente y director general de Pirelli en España, Mario Acquarone, hasta los consejeros más prestigiosos de aquel año, como el director de Fiat en España, Giuseppe Spartaco Boldori; el de Metalgraf, Antonio Calcaterra; los industriales Giulio Carandini y Armando Ganzerli o el administrador de Anónima Accidentes, Giovanni Folchi; los doce consejeros de la asociación de via Laietana, además de los representantes Carlo De Filippo, Eugenio Grollero y Amleto Luise; el abogado Rafael Gay de Montellá, el director de Italcable, Renato Scotto y los industriales Maurizio Moro y Carlo Pavesio, apoyaban las decisiones del Duce y esperaban impacientes la declaración de guerra a Etiopía, que llegó puntualmente el 3 de octubre bajo el mando del mariscal Emilio De Bono, justo quien, ironías del destino, cuatro años después asistió a la reapertura de la Cámara en Madrid.

A unas manzanas de distancia, la *Casa degli Italiani* aprobó el 21 de junio un nuevo estatuto que, como recordaría tiempo después más de uno de los sesenta y ocho socios que asistieron a aquella asamblea extraordinaria, incluido Juan, unificaba las funciones de presidente de la asociación y secretario del *Fascio* de Barcelona, dando por finalizado el lento trabajo de sumisión de la *Casa* al *Fascio*, iniciado años antes por obra de las primeras camisas negras aparecidas en la ciudad. Aquel año, la gestión de las Escuelas Italianas se encargó a un importante ideólogo del fascismo, Stefano Cellerino, que ya había estado en la dirección del Istituto Italiano di Cultura y que, al poco tiempo, organizó en Barcelona la así llamada Jornada de la Fe, un acto espontáneo con el que el 18 de diciembre de 1935, los italianos de militancia fascista entregaron sus anillos de boda de oro al régimen, para contribuir con los costes de la guerra en Etiopía y superar las sanciones internacionales impuestas a Italia por la Sociedad de las Naciones. Al acto asistieron unas trescientas personas, incluido Juan, que regaló a la patria el anillo de boda que le dio Clara, que aquel día lloró sin consuelo por la pérdida del símbolo más preciado de su unión, mientras que más tranquila fue la postura de Emanuele y Giustina, simples observadores de un espectáculo al que no podían dejar de asistir dado su peso en la colonia italiana, pero que sin embargo, criticaban en silencio.

1936, el año inolvidable de las Olimpiadas de Berlín, en las que el estadounidense Jesse Owens ganó cuatro medallas de oro ante los ojos de un incrédulo Adolf Hitler, entrañaba una amenazaba para los dos países, España e Italia, asediados por crecientes aires de guerra que, si por un lado reforzaban los deseos de revancha de un puñado de nacionalistas, por el otro amenazaban a una mayoría silenciosa que sólo anhelaba vivir en paz, lejos de los abusos y excesos de las diferentes facciones políticas, legales o clandestinas, en continua lucha entre ellas. Así, mientras que las tropas italianas se acercaban victoriosas a la capital etíope, Addis Abeba, aclamadas cada semana por multitudes de compatriotas, las elecciones para la renovación del Parlamento español estaban a la vuelta de la esquina y preconizaban el regreso al poder de las fuerzas progresistas, unidas esta vez bajo el estandarte del Frente Popular de Manuel Azaña.

Todo ocurrió el 16 de febrero. Aquel día, mientras llovía a cántaros en casi todo el país, decenas de miles de electores optaron en bloque por las candidaturas de una coalición que, después de meses de fisuras internas, se presentaba unida y renovada a una cita con la historia que muchos vaticinaban, con razón, que quizás no volvería a repetirse nunca más en un país con perennes luchas entre conservadores, renovadores y reformistas iluminados. Las fuerzas de la izquierda, guiadas por un renovado Partido Socialista, obtuvieron poco más de la mitad de los cuatrocientos setenta y tres escaños en juego, volviendo al poder dos años y medio después de la irrupción de la CEDA, hecho que latifundistas, militares y hombres sin escrúpulos interpretaron como un ataque contra sus intereses y que pronto obtuvo respuesta con la sublevación militar en todo el país entre el 17 y 21 de julio bajo el mando del general Emilio Mola y de un puñado de leales, incluido un joven oficial gallego llamado Francisco Franco Bahamonde.

Aquellas elecciones reportaron a Esquerra Republicana de Catalunya un total de veintiún diputados frente a los doce de la Lliga Regionalista, en una especie de segundo adelanto sobre el partido cada vez más cercano al mundo empresarial catalán. Después de tres largos años de ir y venir entre Barcelona y Madrid y, a pesar de las ofertas de varios compañeros entusiasmados con su trabajo, Crispín decidió volver a casa para ocuparse personalmente desde Barcelona de las relaciones entre el partido y los sindicatos, signo de las persistentes dificultades para convencer a un electorado obrero todavía fuertemente ligado al pensamiento anarquista. Enorme fue la alegría de su mujer Giulia y su hija mayor Claudia al volver a abrazarle a su regreso de Madrid, mientras que los gemelos Jordi y Álvaro, que ese año votaron por primera y única vez en su vida, se lamentaban de no haber podido votar por aquel padre tan admirado en la ciudad por su incesante compromiso a favor de las clases trabajadoras, con el fin supremo de la independencia catalana del resto de España. Para abrazar a Crispín a su llegada a la Estación de Francia, acudió también su cuñado Emanuele que, a pesar de las discrepancias políticas de los últimos años, defendía públicamente su trabajo y, es más, quizás habría apoyado a su partido sólo si éste se hubiera vuelto a presentar al Parlamento. Como él, también su mujer Giustina votó a favor de la Lliga Regionalista, mientras que Emanuele, indeciso, a pesar de las reprimendas paternas, dio su primer voto de ciudadano mayor de edad a la CEDA, como ya hizo éste apenas tres años antes, y como quizás habrían hecho los otros dos hijos, Paula y Ricardo, si hubieran cumplido veintiún años antes del estallido de una larga y dolorosa guerra civil.

La *Casa degli Italiani*, que en enero inauguró el nuevo curso con una suntuosa recepción en honor del embajador en Madrid, Orazio Pedrazzi, llegado a la ciudad para la inauguración del año académico del Istituto Italiano di Cultura, esperó a la publicación de los resultados electorales para convocar una reunión extraordinaria de socios y consejeros para debatir sobre las nuevas relaciones entre la España, cada vez más republicana y comunista del primer ministro Manuel Azaña y un país, Italia, ya encaminado hacia un corporativismo fascista que no tenía nada que ver con aquellos ideales de paz y fraternidad entre los pueblos. Inaugurada por el cónsul saliente, aquel Alessandro di Probizer que a primeros de marzo dejó su puesto a Carlo Bossi, la asamblea vio participar a todos los notables de una asociación indiferente desde hacía tiempo con el régimen republicano y que veía con buenos ojos la intervención de los militares para restaurar el orden y la jerarquía en el país. Un Juan especialmente iracundo, llegó a invocar la ayuda de Mussolini en persona en calidad de ministro de Asuntos

Exteriores, hecho que fue corroborado y referido por la mayor parte de los socios en una especie de protesta escrita publicada a los pocos días en los principales periódicos locales y nacionales.

En primavera, la Cámara de Comercio, ya sólo con once consejeros después de la renuncia de Renato Scotto y la sustitución de los consejeros Pavesio, Grollero y Gay de Montellá por el director de la casa automovilística Lancia en España, Marco Ramellini, y los comerciantes Paolo Ruffini y Piero Gatti, todos ellos infatigables defensores del fascismo, elogió desde las páginas de su boletín mensual el avance militar en Etiopía de los generales De Bono y Badoglio, con toda una serie de proclamas que nada tenían que ver con las informaciones económicas del resto de la revista, pero que contribuían a mantener el optimismo de los socios y lectores en general, sobre los éxitos de una campaña que, efectivamente, recogió sus frutos con la entrada de las tropas italianas en Addis Abeba, el 5 de mayo de 1936. Emblemáticos fueron los dos últimos números de la revista, en los que los consejeros al unísono optaron por la publicación íntegra de los discursos del Duce llamados de la *Civilización y del Imperio*, una decisión aclamada por los militares y consejeros del *Fascio* y de la *Casa degli Italiani*, en poder, como gran parte de Italia, de una especie de sentimiento colectivo de revancha.

Mientras tanto, raudos pasaban aquellos meses de primavera en una Barcelona cada vez más plomiza, como si adivinara lo que le esperaba; y no bastaron las celebraciones por la elección, el de 10 mayo, del primer ministro Azaña como nuevo presidente de la República en sustitución de Alcalá Zamora, para aplacar las iras de un sector de la población decidido a invertir con las armas el resultado de las urnas y las esperanzas de millones de trabajadores y trabajadoras que, con el régimen republicano, encontraron en aquellos años su lugar bajo el sol. Prueba de esto fueron los siete presidentes del gobierno que, uno tras otro, acompañaron a

Azaña en la dirección del país hasta la capitulación de marzo de 1939, inicio de la dictadura del general Franco.

El estallido de la guerra civil, anunciado una tórrida tarde de la mitad del mes de julio por los vendedores de periódicos en cada esquina, no cogió por sorpresa a casi nadie en Barcelona. Poco antes de que la Cámara de Comercio, el Consulado, el *Istituto di Cultura* y la *Casa degli Italiani* se convirtieran a todos los efectos en refugio de los italianos que se habían quedado en la ciudad, muchos ciudadanos hicieron las maletas para embarcarse hacia las ciudades y pueblos de padres y abuelos, sin saber que, también esas tierras bañadas por los mares Ligur, Tirreno, Jonio y Adriático, estaban destinadas a una catástrofe inminente, de la que todavía entonces no se podían o no se querían ver los indicios.

La guerra dispersó, diezmó y enfrentó a miles de familias españolas de todas partes y clases sociales, incluida la de un Antonio cada vez más indefenso ante las amenazas a la empresa familiar y a sus propios seres queridos, por parte de exaltados de diferentes banderas y procedencia. Ni siquiera las palabras de Carolina le consolaban, siempre tan optimista incluso ante las dificultades más extremas. Los dos temían por la suerte de sus tres hijos y numerosos amigos y parientes, conocidos por sus ideales y trayectoria política local y nacional, preocupaciones no infundadas por lo que verían con sus propios ojos poco después. Así, en una calurosa y luminosa noche de mediados de verano, sus seis últimos habitantes, Juan y Clara los últimos, dejaron para siempre aquella villa ya en ruinas, situada donde actualmente surge un moderno edificio residencial de tres pisos, para dirigirse hacia la Estación de Francia y coger el primer tren disponible para Madrid, encaminado cada uno hacia un futuro difícil de vislumbrar, pero en el que nada volvería a ser como antes.

VI

Varios años antes, mientras se disponía a leer las memorias de su padre, fallecido hacía unos meses, Antonio Picasso Mezzalama pensaba en su antiguo sueño de una vida más aventurera, surcando los mares, océanos y desiertos para difundir el placer de la literatura universal y la educación al alcance de todos. Una guerra y media después, nuestro hombre se contentaba con haber salvado la vida, casi por casualidad, junto a su mujer Carolina y su hijo Juan, y lloraba desconsolado la pérdida de los dos hijos menores, Cristina y Vittorio, caídos junto a los últimos baluartes republicanos durante una guerra civil que no perdonó nada ni a nadie.

El primero en sucumbir frente al avance de las tropas falangistas fue Crispín, que debido a sus numerosos enemigos políticos, eligió la via del exilio -temeroso con razón- de las represalias de las que fueron objeto muchos compañeros de partido y otros viejos conocidos. A comienzos de 1937 viajó con su mujer e hijos a Francia, a Limoges donde, gracias a un viejo conocido fue contratado en una fábrica de cerámica y, durante algún tiempo logró borrar su rastro, trabajando bajo nombre falso a cambio de abandonar una patria que pensaba sería liberada en breve. No sabía que el exilio duraría más que los años que le quedaban de vida, hasta tal punto que sus hijos y nietos se convertirían, uno tras otro, en ciudadanos franceses, súbditos de una república resurgida de las cenizas de una larga ocupación nazi, que empezó en Sedan y París y que contó con dramáticos episodios como la masacre de Oradour-sur-Glane, en los alrededores de Limoges, o la institución del gobierno colaboracionista de Vichy. Crispín escribía frecuentemente a los parientes que se quedaron en España largas cartas en las que les recordaba la suerte que tenia, decía, de vivir en un país democrático, si bien pagando el alto precio de no poder volver a la patria, so pena de una detención en las duras cárceles franquistas. El último recuerdo del inseparable cuñado de tiempo atrás, fue para Emanuele y el resto de la familia una fotografía entregada por la primogénita Claudia durante su último encuentro, en una Barcelona ya sobrevolada por los aviones de guerra enviados por el régimen italiano para ayudar al general Franco.

Por su parte, Emanuele Maucci Mezzalama se consideraba un hombre afortunado al haber podido salvar gran parte de su fortuna gracias, sobre todo, a su innata capacidad de entablar amistad con las personas más dispares, por lo que nunca le faltó la ayuda en uno u otro bando. A pesar de que también lloró la pérdida de un hijo llamado Emanuele como él, que partió al frente aragonés con las tropas de Franco y que nunca más regresó y de que la empresa familiar no era más que un recuerdo, una vez ocupadas, destruidas sus instalaciones y confiscados todos sus bienes por parte de milicianos republicanos que no le perdonaban su anterior pertenecía al partido de la burguesía conservadora catalana, nuestro hombre había logrado obtener una cuantiosa indemnización de los nuevos gobernantes locales barceloneses, muchos de los cuales eran viejos conocidos suyos, y así reciclarse como revendedor y accionista de la gloriosa empresa automovilística Hispano-Suiza, marca de coches que utilizó el mismísimo general Franco cuando entró en Madrid con ocasión del desfile de la victoria celebrado el 19 de mayo de 1939.

Los dos hijos que sobrevivieron, Paula y Ricardo, ya eran mayores de edad y se disponían a seguir los pasos de sus padres. Él, estudiante de ingeniería mecánica y militante del así llamado Frente de Juventudes, la principal asociación de los jóvenes franquistas de la época; ella, pintora y escritora ocasional de relatos y sonetos como mamá Giustina, dedicada ahora principalmente a la poesía y deseosa de encontrar editores interesados en publicar sus últimos trabajos, escritos en los largos meses de asedio barcelonés por parte de las milicias anarquistas y republicanas. Los cuatro vivían a pocos pasos de la anterior casa, en un antiguo edificio del carrer de Fontanella que había sobrevivido a la furia devastadora de la guerra, y seguían con atención los nuevos retos de una ciudad empequeñecida por el conflicto y relegada a un segundo plano por una capital, celosa de su rol principal, garantizado por un régimen que había eliminado cualquier vestigio de autonomía regional y municipal.

Acabada la contienda, Madrid resurgió inesperadamente como una capital imperiosa, corazón de la unidad que representaba la nueva España de Francisco Franco, si bien había mucho que cambiar en la ciudad elegida cuatro siglos antes por Felipe II como sede de su corte, en detrimento de otras más prestigiosas de aquella época como Toledo o Valladolid. Por ejemplo, sus vías de comunicación, en muchos casos todavía estrechas y llenas de obstáculos, fueron adaptadas al creciente tráfico de automóviles y desfiles militares, que casi todos los domingos invadían el centro de la ciudad; era el preludio del triunfo de la avenida del Generalísimo o de la rebautizada avenida de José Antonio, las niñas de sus ojos de una capital cada vez más envidiada por el resto de la península.

Mientras el verano del segundo año de la era franquista llegaba a su fin, desde lo alto de su piso en la penúltima planta de un bonito edificio situado entre la calle Ríos Rosas y Alonso Cano, donde actualmente un restaurante de Apulia da a conocer a los madrileños y foráneos las excelencias de la pasta italiana, Juan miraba con curiosidad las plomizas y espesas nubes que, en el horizonte, parecían anunciar lluvia por la noche y se acordaba de aquel día en el que, siendo todavía un niño, su abuelo le llevó al Tibidabo a ver las lágrimas de San Lorenzo. Cuántas semejanzas había encontrado Juan, una vez en Madrid, entre las dos ciudades, al mismo tiempo tan diferentes e iguales, surcadas en los últimos años por coches y trenes que anunciaban una inmediata modernización pero que en el fondo todavía conservaban los rasgos de una España arcaica, ocupada en reparar rápidamente los daños del conflicto civil apenas acabado.

La llegada de Juan, Clara, Antonio y Carolina a Madrid durante el frío invierno de 1936 fue bastante casual y accidentada. Forzados a un largo y peligroso viaje por un país presa de los ataques y represalias, no sólo entre fascistas y republicanos, sino también entre las mismas fuerzas libertarias, como aquellos cinco Días de Mayo de 1937, en los que anarquistas y troskistas desafiaron a la Generalitat en un enfrentamiento que dejó al menos medio millar de muertos y significó el final de las ilusiones revolucionarias y populares frente al avance franquista en Cataluña. Aquellos largos recorridos en tren que los llevaron a Lérida, Zaragoza, Guadalajara y por fin, Madrid, parecían estar a años luz de los viajes de trabajo de pocos años antes, cuando Antonio y Juan observaban por la ventanilla paisajes majestuosos en su aridez. Sin embargo, tuvieron que hacer de tripas corazón y, gracias a un importante contacto de Juan, se les dio la oportunidad de rehacer su vida en una capital donde nadie podría molestarles, ciudadanos anónimos en uno de los barrios más modernos de la ciudad.

No fue fácil para los cuatro dejar a toda prisa la ciudad que les vio crecer y establecerse, sobre todo para Antonio que, hasta unas semanas antes esperaba poder recuperar una imprenta, la suya, ocupada primero por un grupo de obreros anárquistas en huelga contra su política salarial, y bombardeada después por las milicias de Franco para aniquilar una de las últimas trincheras republicanas de Barcelona. Algunos años antes, al recibir una simbólica indemnización por las graves pérdidas por parte del nuevo alcalde Josep María Albert i Despujol, nuestro hombre pensó conmovido en el fruto de años y años de trabajo convertido en cenizas en pocos meses durante la insensata lucha fratricida que nada ni nadie podría compensar, acordándose de un padre y un tío que habían tenido la suerte de no asistir a aquel sueño de la razón que desembocaría en una larga dictadura. Acabado el asedio de Madrid y la guerra, nuestro hombre consideró natural invertir el poco dinero salvado del conflicto en un pequeño y casi ruinoso hostal, entre las calles de Málaga y Zurbano, abandonado por los propietarios al estallido de la contienda, para introducirse en un sector, el hotelero, en el que, como había leído en sus memorias, se forjó muchos años antes el padre. Cada día nuestro hombre, desde su casa, un piso debajo del de su hijo, recorría a pie el escaso kilómetro hasta el futuro Hotel Picasso, y se sentía orgulloso de aquel diamante todavía en bruto que tanto significaba para Carolina y para él después de haber perdido el hogar y el trabajo de toda una vida.

De Tetuán al Puente de Vallecas, de Cuatro Caminos a Ventas, las dos líneas del metro que entonces funcionaban en Madrid y que en la guerra fueron usadas como refugio aéreo o depósito de municiones, volvían poco a poco a la normalidad en una especie de leopardiana calma después de la tormenta, así como los cierres, durante mucho tiempo bajados y dañados por los bombardeos, dejaban ahora ver las tiendas y restaurantes a los que acudían cada vez más numerosos grupos de ciudadanos deseosos de una normalidad negada por mucho tiempo, sin distinción de fe política. En una reunión a la que asistió Juan junto con Ernesto Marchiandi, que le había encontrado casa y trabajo en Madrid a cambio de una simple colaboración con las inspecciones del *Fascio Italiano* para España que dirigía desde su casa en Aranjuez, entró en contacto con un núcleo de compatriotas unidos por la fe mussoliniana, que fijaron para el siguiente 28 de septiembre la fecha de la asamblea para la refundación de la Cámara de Comercio Italiana para España, un nuevo centro propulsor de la italianidad fascista. El abogado Picasso que, a fin de cuentas, nunca había perdido su interés por el derecho, fue contratado por la Compañía Adriática de Seguros, emblema de la economía italiana en la ciudad, convirtiéndose más tarde en socio, colaborador y asesor de una asociación preparada para reabrir sus puertas en Madrid, una ciudad cada vez más cercana a Italia y al resto de Europa gracias a los progresos de sus líneas aéreas y ferroviarias, que superaban la desventaja, en un tiempo decisiva, de encontrarse en mitad de la meseta española, lejos de cualquier salida al mar.

Desde lo alto de la imponente sede de la italiana *Riunione Adriatica di Sicurtà* o Ras, un edificio construido entre 1926 y 1928 en el número 39 de aquella que, antes del conflicto civil, se llamaba avenida de Francisco Pi y Margall, rebautizada después como avenida de José Antonio, Juan contemplaba a los peatones y los coches que la surcaban hasta la actual plaza de España, destino de un kilómetro y medio de visionario esplendor constructivo que, iniciado en 1910 a la altura del Edificio Metrópolis, no acabaría hasta 1955, casi medio siglo desde el comienzo de las obras. No había madrileño que no contemplase entonces el llamado Edificio La Adriática, la niña bonita de los edificios construidos a lo largo del segundo tramo de la actual Gran Vía, entre la Red de San Luis y la plaza de Callao, emblema de un grupo asegurador en plena expansión desde la década anterior, teniendo además en cuenta que pocas empresas tuvieron el honor de financiar y dar

Obreros en la oficina Pirelli de Villanueva y Geltrú (Barcelona), 1919-20. Inaugurada en 1902, se trataba de la primera instalación de la compañía italiana fuera del país trasalpino y entre las primeras industrias italianas en territorio español.
(Arxiu Comarcal del Garraf. Fondo Fábrica Pirelli)

Postal de la visita de los reyes de Italia a España realizada en junio de 1924.

(Archivo Regional de la Comunidad de Madrid)

El príncipe Humberto de Saboya (futuro Humberto II, rey de Italia) firma en el Libro de Honor de la *Casa degli Italiani*, con ocasión de la visita de los reyes de Italia en Barcelona, el 13 de junio de 1924.

(Archivo fotográfico de la Casa degli Italiani)

Página del Libro de Honor de la *Casa degli italiani* con las firmas del rey de Italia, Victor Manuel III, la reina Elena y el príncipe Humberto de Saboya.

(Archivo fotográfico de la Casa degli Italiani)

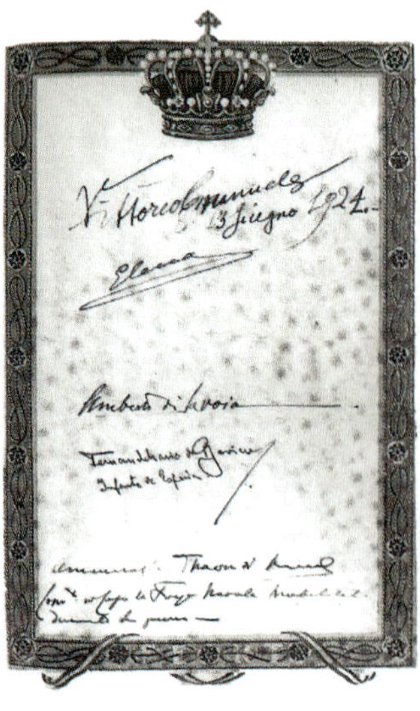

Cartel de 1928 para la promoción de las primeras líneas aéreas italianas para pasajeros. Entre los distintos destinos destaca también Barcelona, conectada directamente con la ciudad italiana de Génova. *(Archivo fotográfico ENIT)*

Alumnos de la Escuela Primaria Italiana ubicada en la sede de la *Casa degli Italiani* - años treinta.
(Archivo fotográfico de la Casa degli Italiani)

La *Casa degli Italiani* después de la reestructuración de 1928. *(Archivo fotográfico de la Casa degli Italiani)*

Edificio de la antigua Embajada de Italia al final de la calle Mayor de Madrid en una imagen de 1950. En la actualidad alberga la sede del *Istituto Italiano di Cultura*. *(Archivo Regional de la Comunidad de Madrid)*

El embajador de Italia, Orazio Pedrazzi, en la inauguración de la Casa de Italia en la calle Alcalá 62 de Madrid, el 21 de abril de 1936.

(Archivo Regional de la Comunidad de Madrid)

El ministro de Asuntos Exteriores, Juan Luis Beigbeder, y el embajador de Italia, Gastone Gambara, firman en Madrid el Convenio Comercial y de Pagos entre los gobiernos italiano y español.

(Archivo Regional de la Comunidad de Madrid)

Francesco Lequio, embajador de Italia, con el conocido torero Pepe Bienvenida, el 11 de mayo de 1941.

(Archivo Regional de la Comunidad de Madrid)

Llegada a Madrid del primer tren T.A.F. (Tren Automotor Fiat) el 24 de abril de 1952. Fabricado para RENFE por la italiana FIAT Materiale Ferroviario, perteneciente al Grupo FIAT, los T.A.F. fueron uno de los productos punteros de la industria italiana de automoción en España, que a partir de la década de los 50 empezó a cobrar protagonismo también en el sector del automóvil.

(Archivo Regional de la Comunidad de Madrid)

Imágenes del desfile de moda italiana organizado en el teatro Goya de Madrid el 19 de marzo de 1960.
(Archivo Regional de la Comunidad de Madrid)

Imágenes de la cena de gala y el gran baile de los italianos en favor de las instituciones benéficas italianas, organizados en febrero de 1961. El evento tenía lugar anualmente en el hotel Ritz de Barcelona (hoy hotel Palace).

(Archivo fotográfico de la Casa degli Italiani)

Imágenes de las Oficinas Centrals de la factoría SEAT en Zona Franca (Barcelona) - años sesenta. Los orígenes de la compañía española, fundada en 1950, están vinculados a la industria automovilística italiana y al grupo FIAT en particular, siendo este último socio tecnológico y accionista de SEAT hasta el principio de los años ochenta.

(Archivo fotográfico "Memorial SEAT")

La actriz italiana Gina Lollobrigida en la Plaza de Toros de Las Ventas, Madrid, el 9 de octubre de 1966.

(Archivo Regional de la Comunidad de Madrid)

Nicola Pietrangeli y Manuel Santana durante el encuentro de tenis España-Italia en el pabellón polideportivo del Real Madrid el 4 de noviembre de 1967. La parcial apertura al exterior del régimen franquista a partir de los años sesenta favoreció una mayor presencia italiana en España, no sólo a nivel económico sino también en los ámbitos social, cultural y deportivo.

(Archivo Regional de la Comunidad de Madrid)

El edificio *La Adriática* (hoy Allianz) en la plaza del Callao de Madrid en una imagen de 1968. Proyectado en 1926 por el arquitecto Luis Sainz de los Terreros Gómez, fue concebido como sede social de la italiana Compañía Adriática de Seguros y desde el principio fue considerado uno de los edificios más emblemáticos de la capital.

(Archivo Regional de la Comunidad de Madrid)

Reunión de trabajo del Comité Hispano – Italiano de Fomento Económico organizada en la sede de la Cámara Oficial de Comercio e Industria de Madrid el 1 de julio de 1971. La Cámara de Comercio e Industria Italiana para España – CCIS – contribuyó de forma determinante en la fundación del Comité, que vio la luz en 1964.

(Archivo Regional de la Comunidad de Madrid)

Una delegación formada por consejeros de la CCIS y representantes de las instituciones italianas en España de visita oficial en el Palacio de la Zarzuela en Madrid, junto al rey Juan Carlos I *(en el centro)* – 1988.

(Foto cedida por Learco Cossarini)

Vista panorámica y del interior del pabellón Italia en la Expo'92 de Sevilla. 1992 fue un año de gran visibilidad internacional para España, con las celebraciones de las Olimpiadas de Barcelona, la misma Expo y Madrid como Ciudad Europea de la Cultura. En el mismo año se organizó en Italia la Exposición Internacional Especializada Génova'92 – Colombo'92, con ocasión del V centenario del descubrimiento de América.

(Fondo Fotográfico de la Empresa Pública de Gestión de Activos, S.A.)

1

2

3

4

5

6

(Archivo fotográfico CCIS)

Algunas imágenes de las ceremonias de entrega del Premio Tiepolo:

1 Rodrigo Rato, Giovanni Agnelli y José Ángel Sánchez Asiaín, durante la edición de 1999.

2 Luca Cordero di Montezemolo, Florentino Pérez y Alberto Ruiz-Gallardón, en la edición de 2004.

3 Imagen de los trofeos del Premio Tiepolo, realizados por el artista italiano Lucio Iezzi.

4 Cocktail en los jardines de la Embajada de Italia en Madrid, en la edición de 2009.

5 Massimo Moratti y Enrique Cerezo *(en el centro)* junto al presidente de la CCIS Marco Pizzi *(izq.)* y al secretario general Giovanni Aricò *(dcha.)*, durante la edición de 2010.

6 Antonio Vázquez y Gilberto Benetton, premiados en la edición de 2011.

La sede actual de la Cámara de Comercio e Industria Italiana para España, en la calle Cristóbal Bordiú 54 de Madrid.
(Archivo fotográfico CCIS)

su nombre a aquellas obras de arte que se sucedían de un extremo al otro de la avenida. En una plaza de Callao, cada vez más transitada a lo ancho y a lo largo, aquella construcción de nueve pisos destinada en parte a viviendas, rivalizaba en suntuosidad con edificios como el Palacio de la Prensa, el edificio Carrión o el edificio Cine Callao, poniéndole muy difícil a un espectador en el centro de una auténtica puesta en escena teatral, la elección de cuál era el más grandioso.

Mientras, a unos pocos metros más al este, en el número 27 de la actual Gran Vía, en la sexta planta de un edificio construido entre 1919 y 1923, rebautizado como Casa Matesanz, nombre de los grandes almacenes al estilo americano que lo ocupaba, los futuros refundadores de la Cámara de Comercio alquilaron aquellas que, durante casi un cuarto de siglo, serían las oficinas de la asociación. En la planta baja del edificio, diversos notables con uniforme fascista celebraban con Juan y otros socios la firma del contrato de alquiler en aquel Cafè Spiedum, hoy desaparecido, que sería escenario de más de una intriga de la Cámara; aquella tarde muchos de los futuros consejeros gritaban ebrios de alegría, ignorantes de las malas pasadas de un destino que, desde el 10 de junio, Italia se jugaría en Francia, África y otros numerosos escenarios bélicos de la Segunda Guerra Mundial.

El 28 de septiembre de 1940, un sábado, Juan llegó muy pronto a la sede de la Cámara, donde estaba programada la sesión que investiría como primer presidente a un italiano en la ciudad desde hacía mucho tiempo, el abogado Celestino Trombetti. Su tarea fue la de redactar un acta que se vislumbraba larga y compleja, teniendo que anotar cualquier movimiento o proclama de los futuros consejeros y notables de la entidad, todos dispuestos a rivalizar por su apego a la fe. "¡Prepárate a escribir un libro!", le sugirieron con sorna algunos de ellos sin equivocarse, al que la mujer Clara, embarazada sin saberlo de su primogénito, le había pedido que diera marcha atrás; "Soy ambicioso, no puedo evitarlo", le contestó una vez más aquella mañana, antes de dirigirse a una Gran Vía más que nunca atestada de ciudadanos, algunos para comprar bienes de primera necesidad para sí y su familia, otros para vender las mercancías más disparatadas o incluso para gastar los ahorros del mes en una de las muchas fondas de la zona.

Aquel día, todos los notables de la nueva Cámara se presentaron a una reunión que, como más de un cuarto de siglo antes en Barcelona, pretendía representar un paso de calidad definitivo para todo el mundo empresarial italiano, o relacionado con los intereses italianos, en aquel oasis de paz europea, si bien forzada, que era la España del Caudillo. En las más de dos horas de aquella primera, histórica sesión, además de la elección del nuevo presidente, un Juan más emocionado que nunca transcribió los momentos culminantes de la aclamación de los doce nuevos consejeros y de los dos vicepresidentes: Spartaco Boldori, apena desembarcado en Madrid como nuevo responsable de Fiat en España, y el marqués Fernando Merry del Val, un noble con importantes contactos en los círculos franquistas. Un poco apartados, lejos del clamor de los consejeros de la resurgida entidad, el cónsul italiano en Madrid, Eduardo Nostini, el secretario de la Cámara, Ernesto Baracchi y, sobre todo el delegado ciudadano de la temida Dirección General de Seguridad, José Antonio Pardo, escuchaban las proclamas de los neo elegidos y escrutaban una ceremonia que más parecía una fiesta para aquel puñado de secuaces de un fascismo que volvía a la vida en una de las principales instituciones de la comunidad italiana en el país.

Acabada la investidura del presidente, grande fue la sorpresa de todos cuando el abogado Trombetti anunció la inauguración a todo tren de la sede social, para el 11 de octubre, con una ceremonia a la que asistiría nada menos que al mariscal Emilio De

Bono, parte del quadrumvirato de la Marcha sobre Roma de 1922 con Italo Balbo, Michele Bianchi y Cesare Maria de Vecchi, vieja gloria del ejército italiano. Este guió las operaciones bélicas en Sicilia para acabar más tarde sus días en Verona, juzgado y fusilado en 1944 después de un proceso sumario por miembros de la República Social Italiana de Saló por haber votado, el 25 de julio de 1943, contra Benito Mussolini. A su regreso de una visita al Monasterio de San Lorenzo del Escorial, el jerarca bendijo los nuevos locales en compañía del jefe de la delegación diplomática italiana en España, Alessandro Lequio, alardeando de una retórica y una lealtad al régimen envidiables, tanto que a más de un presente al acto, incluido Juan, le hubiera costado creer que, menos de cuatro años después, aquella persona conocida y respetada en toda la península, perdería la vida en una de los últimos, trágicos y atroces ajustes de cuentas internos entre los fascistas de San Sepolcro y los de Salò.

En el acto también participó un apático Antonio que, a pesar de los triunfos de las camisas negras en ambas orillas del Mediterráneo y los éxitos de Hitler en Francia y Norte de África, no quiso renunciar, si bien en silencio, a su neutralidad política de siempre, con su su obstinada confianza en un mundo mejor que, al menos en Italia, no se hizo esperar demasiado; tímido y forzado como siempre, fue su saludo romano, en un gesto que no dejó indiferente a más de un socio, mientras Juan intentó en vano justificar el torpe saludo del padre con un presunto achaque en el antebrazo, propio de la edad.

Justo en aquellas jornadas de principios de octubre flageladas por los primeros temporales de otoño, la mujer Clara, de regreso de una breve visita a Antonio y Carolina, le reveló al marido su embarazo, muy esperado después de dos abortos espontáneos sufridos en plena guerra civil, fruto de las penurias y precarias condiciones de vida debidas al conflicto o quizás señal del destino para aquellos dos esposos destinados a vivir los años más fecundos de su madurez protegidos de los disparos de metralla de uno y otro bando. Durante mucho tiempo los dos confiaron en la llegada de un heredero que, con el transcurrir de los años se convirtió primero en una obsesión y más tarde en una desgracia, tanto que más de una vez habían pensado en adoptar a uno de los tantos menores que atestaban los orfanatos de media España después de tres largos años de conflicto civil. Fuese niño o niña, los dos habrían acogido con los brazos abiertos a aquel pequeño que, esperaban, habría llevado un poco de serenidad a una familia que había sufrido demasiados lutos y desgracias.

Clara Puig i Piquè era una mujer fuerte que, como muchas de su generación, había vivido en pocos años los progresos más importantes y los retrocesos más representativos de las condiciones de vida femeninas en España. De hecho, después del efímero paréntesis republicano, el franquismo casi victorioso aprobó en 1938 el así llamada Fuero del Trabajo, que prohibía cualquier actividad laboral a aquellas mujeres que no fueran solteras o viudas, así como la Ley de los Contratos de Trabajo garantizó que sus salarios fueran más bajos que los de los hombres. Organismos como el Servicio Social de la Sección Femenina o el Auxilio Social se encargaban de explotar la mano de obra femenina y soltera de forma gratuita en hospitales y comedores sociales, mientras que el Patronato de Protección a la Mujer intentaba atraer a las féminas hacia el mundo eclesiástico, cosa que no cambió mucho hasta el Plan de Estabilización de 1959, que puso fin a veinte años de autarquía alentando de alguna manera el trabajo femenino de las mujeres casadas, previa autorización del marido, que estuvo en vigor hasta la nueva Constitución de 1978.

Al contrario que Carolina, que aceptó con resignación el enésimo cambio de régimen en sus casi sesenta años de vida, Clara sentía la necesidad de evadirse de una realidad desoladora y, de alguna manera así se lo había comunicado a los padres de él, los únicos confidentes con los que contaba después de la desaparición, años antes, de Genara, aquella madre orgullosa que la había concebido con un industrial madrileño de muchas promesas, y la de su tía Araceli, que la adoptó junto a un hermanastro y hermanastra cuyos nombres no quería siquiera recordar, pérfidos hasta el punto de robarle sus pocas pertenencias el día que Clara les cerró definitivamente la puerta de casa en la cara para buscar suerte como camarera en la gran Barcelona. La llegada de aquel hijo quizás habría aplacado el sufrimiento de una joven que había trabajado hasta que le fue permitido y que, igual que Antonio, aceptaba lo mejor que podía las injusticias de un régimen anacrónico al imponer la confesionalidad y la autarquía como bases de la nueva organización del país.

Mientras tanto, con el avance de la Segunda Guerra Mundial, las noticias del frente enviadas por la Agenzia Stefani infundían en los ánimos de los compatriotas en España un absurdo optimismo, como si la supremacía sobre la Pérfida Albión y la Francia ocupada fueran cuestión de días. Así, el 31 de marzo de 1941, en la segunda reunión de la Cámara de Comercio, en la que Trombetti dejó su lugar a Boldori para volver a Italia, unánime fue el aplauso de los consejeros a las hazañas de las tropas italianas que, según ellos, en pocos meses habían tomado con éxito los frentes griegos y africanos, en lo que parecía el avance final hacia una nueva Roma Imperial. Ni siquiera un valiente emprendedor como Boldori se resistió a un desmesurado elogio de las virtudes del régimen y, es más, solicitó una presencia más asidua de las autoridades fascistas en las reuniones de la Cámara para dar a la renacida entidad una orientación todavía más corporativista. Sin embargo, el responsable de Fiat en España ignoraba que pronto el alto delegado Marchiandi abandonaría el país para guiar a los *Fascios* italianos en Francia, antes de perder la vida en uno de los tantos ajustes de cuentas que tuvieron lugar en su Génova natal después de la Liberación.

Mientras, a dos kilómetros y medio de la sede de la Cámara, después de meses y meses de trabajo, lentamente iba tomando forma el Hotel Picasso, inspirado según los deseos de Antonio, en aquellos primeros y legendarios hoteles italianos de Barcelona en los que el padre empezó a amasar su fortuna, o al menos así se deducía de su autobiografía. Para ello, nuestro hombre pidió ayuda a organismos como la Embajada y el Consulado de Italia, la *Società Italiana di Beneficenza* o el *Istituto Italiano di Cultura*, es decir, las instituciones italianas más importantes de la ciudad, para que difundieran las virtudes de la naciente estructura entre aquellos compatriotas que acudieran a sus oficinas, solicitudes que caían en saco roto cada vez que los inspectores del *Fascio* recordaban a esta o aquella entidad la tibia fe fascista de Antonio que, con la única ayuda de un préstamo del Banco Urquijo, acabó un hotel destinado a hospedar a la *créme de la créme* del mundo empresarial italiano en la ciudad.

Sin embargo, la mayor felicidad de los últimos años aún estaba por llegar con el nacimiento, en el mes de junio, del nietecito Alfonso, que puso fin a un largo período de tragedias y separaciones familiares. A su nacimiento asistieron, procedentes de Barcelona, los Maucci al completo, Emanuele, Giustina, Ricardo y Paula, esta última esperando un heredero de un industrial diez años mayor que ella, enriquecido también él en el mundo editorial, que había logrado mantener el control de su empresa incluso después de la guerra civil. Antonio abrazó durante largo rato a un primo cada vez más entusiasta de su aventura con la Hispano Suiza, una empresa de glorioso pasado que realmente no atravesaba su mejor momento, cercana a su división en tres ramas, una dedicada a la aviación y material militar, otra a automóviles de gran cilindrada y la tercera dedicada a la producción de máquinas agrícolas e industriales. Los cuatro dejaron la capital después de tres intensos días, no sin haber visitado las bellezas turísticas y envidiar los progresos de sus infraestructuras; no volvieron a verse hasta años después, durante el último regreso de Antonio a los lugares que le vieron nacer y crecer, convertidos en un barrio residencial de franquistas enriquecidos con las purgas sucesivas a la guerra civil.

La renacida Cámara de Comercio conoció en 1942 sus primeros éxitos, logrando captar un creciente número de socios y simpatizantes, pero no exentos de toda una serie de sobresaltos típicos de los primeros años de vida de una asociación: el más importante de todos, la dimisión de Boldori. Un año después de su elección, quizás por sus crecientes obligaciones como jefe de Fiat en España, el 2 de febrero cedió el puesto al consejero comercial de la Embajada de Italia, Santorre Vezzari, oficial del Reino de Italia y comisario del ente hasta el 19 de febrero de 1943, cuando le sucedió el comandante Edmondo Turci, uno de los militantes más activos del *Fascio* en la ciudad. Hombre carismático, Vezzari evitó dar detalles sobre su nombramiento, que se creía relacionado con el deseo de protagonismo de una embajada cada vez más implicada en tramas políticas a la sombra del *Palazzo Venezia*, y exaltó un organismo que, según sus planes, debía favorecer la cooperación económica italo-española con el entusiasmo de una dinámica institución fascista.

Junto a Vezzari, aquel día la Cámara eligió a un segundo secretario general, el comerciante Leo Imperatori. Así lo escribió un atento Juan durante una sesión, a decir verdad un poco tensa, fruto quizás de algunas noticias no confirmadas que hablaban de las dificultades de las tropas italianas en Grecia y de las nazis, inmóviles frente a las trincheras rusas a las puertas de Moscú, rumores que el nuevo comisario acalló recurriendo a los habituales mensajes optimistas de la prensa oficial, además de los cánticos de guerra que tanto éxito tenían en aquellos años. De todas formas, con el transcurrir de las semanas y meses, aquellas voces se hicieron oír cada vez más hasta generar las primeras dudas serias sobre el desarrollo del conflicto, mientras que Mussolini sufría una creciente fisura entre los primeros fascistas y los demás, en una lucha fratricida que conoció el epílogo más amargo al cabo de un año, con la defenestración del Duce y el armisticio del 8 de septiembre de 1943.

Cuanto más pasaba el tiempo, más se dividía la colectividad italiana en España acerca de las estrategias a adoptar para ganar o al menos, salir indemnes del conflicto, surgiendo toda una serie de interminables discusiones en los sitios más habituales, siendo la casa de Juan y Clara uno de estos. No fueron pocas las tardes en las que, debido al alboroto de los comensales y del mismo marido, ésta tuvo que dormir con el pequeño Alfonso en el piso de abajo, en la casa de los suegros que desde hacía un tiempo notaban desavenencias conyugales, agravadas por las creencias políticas de Juan y las tristes perspectivas para una mujer casada en la España de la posguerra. Por esto, más de una vez pensaron en ayudarla a encontrar un trabajo que la animara haciéndola sentir útil, como cuando, años antes, Maucci & Picasso daba trabajo a varias mujeres de la familia, apostando por los beneficios del trabajo femenino para el desarrollo del país.

El destino quiso que justo ese verano, las recién constituidas *Scuole Italiane di Madrid* buscasen empleados para la cocina y la limpieza para hacer frente, desde el siguiente septiembre, al previsto incremento de alumnos de las clases de primaria, secundaria y superiores, creadas en 1940 y ubicadas provisionalmente en el Palacio de Santa Coloma, que acababa de comprar el Estado italiano y hoy sede de la Cancillería Consular, a la espera de que se quedara libre su sede actual, el imponente inmueble de cuatro pisos, ocupado en aquellos años por el Instituto Farmacológico

Latino. A pesar de la prohibición de trabajar para una mujer casada como ella, Clara confiaba en la benevolencia de algún inspector dispuesto a mirar hacia otro lado y contratarla como cocinera y, así, antes de avisar siquiera a su marido, una mañana de junio se dirigió al instituto y entregó a los ujieres su *curriculum* que, esperaba, alguna buena persona apreciaría sin necesidad de aclarar su estado civil, que deliberadamente había omitido.

Detrás de ella, hombres y mujeres de todas las procedencias y edades hacían cola pacientemente con la misma esperanza de obtener un salario digno, trabajando en aquel centro escolar que, después de sólo un año de vida, prometía expandirse más allá de los límites impuestos por su esplendida, pero pequeña, sede de la calle Agustín de Bethencourt, en la esquina con Ríos Rosas tanto que, unos años después la escuela primaria se mudó al edificio que hoy alberga la Cámara de Comercio e Industria Italiana para España.

Desde hacía un par de años, coincidiendo con la llegada de los Picasso a Madrid, la calle Ríos Rosas se llenó de tiendas, restaurantes y residentes italianos que, a partir de la apertura de la escuela, encontraban en aquella zona del barrio de Chamberí una referencia para sus actividades cotidianas y un área de reciente construcción, ni demasiado cercana, ni demasiado lejana de la incesante y caótica vida social del centro de la ciudad. El disparo de salida del éxodo italiano hacia aquel bulevar arbolado fue una disposición que el Ministerio de Asuntos Exteriores envió el 8 de mayo de 1940 a la Embajada de Italia con indicaciones para instituir una escuela secundaria con disciplinas tanto en italiano como en español, diferente al *Istituto di Cultura*, seguida en junio por la autorización para la apertura del Liceo Italiano, mientras que el 24 de junio de 1941 el rector de la Universidad Complutense de Madrid autorizó su puesta en marcha como centro de enseñanza legalmente reconocido, inaugurando a finales de septiembre las primeras clases para alumnos de seis a dieciocho años. Muchos fueron los notables de una colonia en constante aumento, que confiaron a aquel centro la educación de sus hijos y nietos, incluidos numerosos socios y dirigentes de una Cámara en clara expansión, gracias también a las excelentes relaciones con los nuevos poderes del aparato económico y militar franquista.

En aquellos mismos años, aparte de la Cámara de Comercio y la Escuela Italiana, también las más longevas instituciones italianas en Madrid conocieron importantes novedades, signo del enorme movimiento de capital italiano al que asistía en ese momento la capital en perjuicio de Barcelona. De hecho, en 1939, siguiendo con la política de acuerdos en el extranjero iniciada trece años antes, el gobierno fascista creó también en la pacificada Madrid un *Istituto Italiano di Cultura* situado, como ahora, en el prestigioso Palacio de Abrantes de la calle Mayor 86, a dos pasos del Palacio Real, sede desde 1888 del Consulado y de la Embajada de Italia, transferida desde hacía poco a su actual sede en calle Lagasca 98, el Palacio de Amboage, que en aquellos años escrutaba sibilino las alianzas que se perfilaban en Italia. Muchas eran las delegaciones que cada día visitaban la maravillosa residencia del primer ciudadano italiano en España, el embajador Francesco Lequio, sustituido más tarde por Giacomo Paulucci de Calboli Barone, incluidos numerosos empresarios a la búsqueda de sugerencias y garantías para sus actividades económicas una vez acabado en conflicto.

Al igual que el sector público, la iniciativa privada italiana en Madrid tuvo en aquellos años un gran desarrollo, debido a las primeras políticas franquistas para atraer capital extranjero que, en los años cincuenta, permitieron el nacimiento de organismos como Seat, Sociedad Española de Automóviles de Turismo, o la apertura de filiales de empresas italianas como Piaggio o Lancia, señal de una motorización en masa del país, iniciada al final de la guerra civil y de una creciente demanda de servicios y bienes de primera necesidad. Uno de los grupos italianos con mayor auge en España era la *Riunione Adriatica di Sicurtà*, presente en el país desde 1910 cuando se estableció en la nueva via Laietana de Barcelona en un prestigioso edificio, más tarde ocupado por la misma Cámara de Comercio en el periodo de máximo esplendor de la asociación, antes de ser abandonado bajo los disparos de metralla que, desde 1937, inundaban todas las calles de Barcelona. Nacida en 1838 en Trieste, perteneciente entonces al Imperio Austro-Húngaro, Ras se expandió en gran parte de Europa con varias inversiones inmobiliarias, como fue el caso de la nueva sede de Madrid de 1928, hasta convertirse en uno de los primeros grupos aseguradores del mundo en celebrar, sólo unos pocos años antes, en 1938, su primer siglo de vida, con la solemnidad que infunde el león alado de San Marcos que, esculpido en la piedra de la sede madrileña, representa el conocido *Pax tibi Marce, evangelista meus*, La paz sea contigo, Marcos, evangelista mío.

En aquellos meses, Juan dividía orgulloso su tiempo entre las largas jornadas laborales en Ras, las sesiones ordinarias y extraordinarias de la Cámara de Comercio, de la que estaba decidido a ser consejero, y los primeros, emocionantes, paseos con Clara y Alfonso por el vecino paseo de la Castellana, muchas veces también en compañía de los padres Antonio y Carolina. Respiraba a fondo la fresca brisa otoñal nuestro hombre, feliz de compartir con sus parientes más íntimos aquellos momentos de recuperada tranquilidad familiar y, a pesar de que hubiera pasado toda su existencia en España, sentía una cierta preocupación por la suerte del conflicto italiano, siendo aquel país que había conocido y amado en numerosos viajes de negocio junto a papá Antonio más que un simple mercado para él, nieto de súbditos del entonces monarca Víctor Manuel II. Por esto, en los momentos más duros de la guerra, apoyaba una intervención directa de Mussolini para controlar la situación y firmar, en caso necesario, un digno armisticio con Francia, la Unión Soviética y el Reino Unido que, sin duda habría mantenido en el poder al Duce y sus jerarcas.

La vida de la Cámara proseguía entre altibajos para nuestro hombre en aquellos largos meses de espera de buenas noticias del frente, boletines que edulcoraban la retirada de los soldados italianos en Grecia, Francia y África e infundía un desmesurado optimismo en los que que todavía no vislumbraban el espectro de la derrota final. En la asamblea de la Cámara de enero de 1943, se cuestionó por primera vez desde su reapertura, si sería conveniente la creación de una delegación en Barcelona, en virtud de la procedencia de varios de sus consejeros, un tema destinado a zanjarse sólo al cabo de unos años, con la fundación de una Cámara de Comercio específica para Cataluña.

Ese 28 de enero el nuevo inspector para los *Fascios* en España, Carlo Asinari di San Marzano, asistió satisfecho al nombramiento de los dieciséis consejeros, todos italianos, de la nueva asamblea de la Cámara. Entre estos, de los que la mitad residían en Madrid, el futuro presidente Edmondo Turci, elegido oficialmente el 19 de febrero siguiente, mostró su abierta oposición a lo que consideraba un desdoblamiento de la Cámara. Este descargó toda su furia sobre los cinco notables residentes en Barcelona, liderados por los históricos dirigentes Antonio Calcaterra y Emilio Carandini, que cedió indignado su puesto al amigo Giovanni Pittini, en un debate en el que un impasible Juan tomaba notas intentando mostrar su imparcialidad, si bien la sangre se le helaba sólo de pensar en una fisura que podría truncar en su nacimiento los deseos de la resurgida asociación. Unas semanas más tarde, en la reunión del 5 de mayo donde se nombró a Ottorino Grazzini nuevo secretario general, cargo que mantuvo hasta 1957, los consejeros rebeldes obtuvieron la promesa formal por parte del resto del consejo, de examinar la propuesta de una delegación catalana en un momento más propicio, si bien su lucha no fue ni mucho menos rápida e indolora; aquella fue la última reunión de la asociación bajo la supervisión del temido comisario Asinari, que pronto desapareció de la vista, signo del inminente revés de la cumbre del gobierno italiano.

El 25 de julio de 1943, después de meses de indicios, una noticia procedente de Roma cogió por sorpresa a últimas horas de la tarde a gran parte de la comunidad italiana en España: el arresto, tras la aprobación de la moción Grandi, de Mussolini en persona, ordenado por Víctor Manuel III, que le sustituyó por el mariscal Pietro Badoglio. Unánime o casi, fue en Madrid la irritación de una colonia fascista que, lejos de quedar abatida por la caída política del amado Duce, continuaría apoyando sus ideas, si bien con cada vez menos convicción, signo de la necesidad de sobrevivir lo mejor posible a los reveses de la vida. En los meses de incertidumbre y guerra civil que señalaron el final de veinte años de gobierno fascista y la firma del armisticio de Cassibile, a principios de septiembre, con los aliados angloamericanos, la Cámara optó por apoyar extra-oficialmente a la figura de Mussolini. De hecho, muchos años después, Juan no recordaba haber transcrito una sola proclama fascista en las numerosas reuniones que siguieron al cambio de Gobierno, y más de un consejero que hasta unas semanas antes se había declarado leal hasta la médula al Duce, como el nuevo comisario comercial para España y Portugal de la Embajada de Italia, Italo Verrando, llamaba ahora a la reflexión para hacer de la Cámara un órgano económico por encima de los bandos. El lento predominio de las fuerzas Aliadas sobre las del Eje invitaba también a los jerarcas de la colonia italiana a la prudencia, para no sufrir posibles represalias por parte de los vencedores una vez acabado el conflicto.

En aquellas febriles tardes veraniegas en las que la rendición bélica italiana parecía cada día más cercana para después desvanecerse como si nada, tras varios meses de obras, Antonio inauguraba con una pequeña ceremonia el Hotel Picasso que, debido a la coincidencia de su nombre con el del genio de la pintura, quería atraer a un público refinado, capaz de apreciar las dieciséis habitaciones de aspecto simple pero muy cuidado, tan parecido al que papá Giovanni había conocido, decenios atrás, en los hoteles de lujo de Barcelona. Entre los primeros clientes de la estructura hubo diplomáticos, músicos, pintores, escritores, periodistas o directivos, como el futuro director de la Compañía Adriática de Seguros, Vittorio Ricci Maccarini, presidente desde 1948 a 1967 de la Cámara de Comercio, en uno de sus primeros viajes a una ciudad todavía pobre en instalaciones capaces de alojar viajeros de alto nivel.

Mientras transcurría inquieto sus pocos días libres en compañía del hijito Alfonso y su mujer Clara, de nuevo encinta, Juan se daba poco a poco cuenta de que la nueva Italia podía representar una oportunidad para una economía española autárquica, sin una verdadera industria, ni turismo o un sector de servicios a las empresas digno de mención. Gracias a sus contactos, nuestro hombre estaba convencido de que podría lograr inversiones del sector automovilístico y siderúrgico italiano en España, además de introducir a la Compañía Adriática de Seguros en el cada vez más apetitoso mercado de seguros automovilísticos, gracias a una motorización en masa similar a la del resto de Europa y Estados Unidos. Sin hacer caso de los ruegos de la mujer, volvía a casa cada vez más tarde en los cerrados días invernales de 1943, en los que la capitulación italiana parecía cuestión de horas y, tan ambicioso como siempre, organizaba reuniones con conocidos en la dirección de grupos como Fiat, Lancia o Zanussi para atraer recursos destinados al mercado español.

El nuevo embarazo de Clara, lejos de proporcionar serenidad y autoestima a aquella mujer de físico esbelto y aspecto cada vez más sumiso, la hacía recaer en una depresión y cambios de humor causados por una vida de altibajos, fruto de las peripecias, huidas y abortos vividos durante la guerra civil. Así, perdida definitivamente la esperanza de que la llamaran de la escuela, su malestar general se agravó y la acercó a las nobles damas de la *Società Italiana di Beneficenza*, un organismo fundado en 1891 y que siguió siempre al Consulado de Italia en sus continuos cambios de sede, hasta la actual en Agustín de Bethencourt. Rodeada por las mujeres, novias y viudas de los notables italianos de Madrid, evitaba pensar en una existencia, la suya, que a pesar de la buena posición social del marido, que entonces era lo máximo a lo que podía aspirar una mujer de orígenes humildes, no parecía ser generosa con ella, relegada al rol de esposa, madre y nuera impecable en el Madrid de los primeros años del franquismo.

Mientras, el cada vez más probable regreso de la democracia a Italia, hizo que se diera un fenómeno que, años después, adquirió dimensiones cada vez más grandes, hasta convertirse en un verdadero síntoma de disidencia: el aumento de las matriculaciones en la Escuela Italiana, no tanto de los hijos de empresarios y directivos de empresas que se iban estableciendo en Madrid y alrededores, sino sobre todo de los descendientes de la burguesía antifranquista que quería para ellos una educación lo más libre posible. Por esto, las escuelas primarias, secundarias y superiores necesitaron nuevos y más amplios espacios para satisfacer las muchas peticiones de inscripción que aumentaban cada año, una exigencia ignorada hasta finales de los setenta, cuando fueron trasladadas a su actual sede ocupada entonces por el Instituto Farmacológico Latino.

Durante sus frecuentes desplazamientos desde la calle Ríos Rosas a Ópera, Clara contemplaba, no sin cierta envidia, a chicas veinteañeras de aspecto humilde, como lo fue el suyo veinte años antes, ocupadas en las tareas más ordinarias, pero con un aspecto despreocupado y natural, logrando vivir independientes, con un futuro totalmente por escribir, del que sin embargo ella no había disfrutado, bien por tener a su lado a un férreo defensor de los valores tradicionales como Juan, bien por las frustradas esperanzas de renovación prometidas por la Segunda Republica, sustituidas por un gris sistema, represor de cualquier veleidad femenina.

Aquel invierno, la Cámara, confiada el 3 de diciembre al ex número dos de Turci, Salvino Sernesi, que años después se convertiría en director general de la Rai y de la Sociedad de Navegación Italia, encargó a un grupo de muy leales, entre los cuales estaba el propio Juan, la organización de toda una serie de coloquios con la cumbre diplomática italiana y española en Madrid, intentando crear una opinión pública favorable o, al menos no contraria, al inminente regreso del Estado de Derecho en Italia. Juan se sentía importante con aquel encargo de respetada pieza del tablero diplomático italo-español, seguro por su perfecto dominio de ambas lenguas y una paciencia y capacidad de persuasión innatas. Cuanto más se acercaba el nacimiento de su segundo hijo, su relación con Clara, marcada por una especie de fatalidad y rutinaria tolerancia recíproca, se iba enturbiando, dejando entrever una especie de consciente y constante distanciamiento entre los dos que, sin embargo, evitaban mostrar señal alguna de discrepancia en sus salidas públicas. En el fondo, cada uno se consolaba con sus propias ocupaciones diarias, èl intentando hacerse un nombre en las altas esferas políticas madrileñas, ella criando a los hijos y sintiéndose útil como voluntaria de la *Società di Beneficenza*, una asociación en la que Juan mismo la había introducido y que años después contribuyó al naufragio de su matrimonio.

Desde hacía un tiempo aquel impecable trabajador y padre de familia, al menos de cara a la galería, se había fijado en la joven mujer del vice representante de Fiat en España, Fausto Rozzi, en un acercamiento al sector automovilístico italiano que estaba yendo más allá de lo previsto, con miradas furtivas puntualmente intercambiadas con aquella belleza alta y sonriente, Araceli, una sevillana de treinta años que Rozzi había conocido en la capital andaluza durante uno de sus primeros contactos con el mundo empresarial local. Los dos se casaron poco después del final de la guerra civil según el protocolo de la alta sociedad de entonces, y se dejaban ver juntos frecuentemente en los numerosos eventos en los que participaba el entonces número dos de Spartaco Boldori, un hombre que, hasta la llegada del prestigioso jefe, era conocido en Madrid más por su frenética vida social que por sus dotes de incansable trabajador.

Culpable fue aquella cena del Viernes Santo de 1944 en la residencia del entonces embajador Paulucci de Calboli Barone en la que, después del enésimo intercambio de miradas y sonrisas, Juan y Araceli se encontraron en los lujosos servicios del Palacio de Amboage y se dieron aquel beso fatal que marcó el comienzo del fin de sus respectivos matrimonios. Mientras el marido infiel consumaba los primeros encuentros íntimos con la amante, también Clara vio con ojos diferentes al invitado más humilde de aquella cena, el presidente de la *Società di Beneficenza*, Maurizio Boldrini, desde hacía unos años adjunto comercial en la Fábrica Española de Magnetos o Femsa, fundada en 1940 por el savonés Enrico Caprile, consejero y futuro presidente de la Cámara. Aquella tarde los dos sonreían con timidez cada vez que sus miradas se cruzaban, estupefactos por una elegancia que los hacía irreconocibles en relación a las largas tardes que habían pasado juntos vestidos informalmente en la *Società di Beneficenza* donde eran tantas las tareas que tenían que hacer rápidamente en pocas horas que no habían tenido siquiera tiempo de conocerse mejor. Soñaban con un futuro distinto: mientras que ella estaba embarazada por segunda vez de un hombre que no pensaba en otra cosa más que en su gloria personal, él había perdido hacía poco a su mujer, una española caída en los bombardeos que durante el conflicto civil habían arrasado parte del centro de Madrid.

Isabel Picasso vino a la luz a principios del verano de 1944, asistida por una matrona que en los últimos años había visto nacer a gran parte de los hijos de las familias más importantes de Ríos Rosas, y de los abuelos Antonio y Carolina. Ausente Juan, una vez más ocupado hasta tarde en diseñar las estrategias de Ras junto a los referentes del grupo, la pequeña fue visitada una tras otra, por las colaboradoras más antiguas de la *Società di Beneficenza* y por el mismo presidente Boldrini, que casi prodigó una mirada paterna hacia la criatura, él, que nunca tendría hijos. Unos días después llegaron de Barcelona las felicitaciones de Giustina, Emanuele, Paula y Ricardo, también ellos convertidos desde hacía poco en padres de otras niñas, mientras que, por su condición de refugiados políticos, les fue imposible contactar con Crispín y familia, a los que habían perdido la pista para siempre, bizarro destino de una familia que hasta pocos lustros antes hacían de la unidad su caballo de batalla.

Los primeros meses de vida de Isabel fueron bastante complicados, sometida a largos tratamientos para las crisis asmáticas que parecían poder parar su corazoncito de un momento al otro. Sin embargo, poco a poco, la segunda hija de Juan y Clara se recuperó de un día para otro y aquellos padres separados por un sutil velo de indiferencia suspiraron por fin aliviados y, con ellos, Antonio y Carolina, que lloraron en silencio las continuas recaídas de la pequeña en los meses más oscuros del rígido invierno madrileño. Además de los primeros cálidos días primaverales, aquel primer trimestre de 1945 empezó a mostrar, después de meses y meses de espera, las primeras, tímidas esperanzas de paz mundial tras casi seis años de hostilidades: era el periodo de las primerísimas proclamas post-bélicas, con el compromiso, no siempre mantenido, de reconstruir un mundo más justo a partir de los escombros de una sociedad que había reducido a cenizas los sueños de millones de familias en todo el Viejo Continente.

Leal a la tradicional política de espera de los últimos años, la Cámara de Comercio decidió no inclinarse ante las noticias, cada vez más insistentes, de un inminente fin de las hostilidades hasta el 10 de abril de 1945, día de la renovación de sus quince consejeros, en una especie de análisis colectivo de las futuras relaciones entre la España franquista y la Italia de nuevo democrática que se divisaba en el horizonte. Aquel día, los cuatro elegidos residentes en Barcelona, liderados por el veterano Antonio Calcaterra y un ingeniero judio, Oscar Ravá, huido de Italia al día siguiente de la aprobación de las Leyes Raciales, aplaudieron la aprobación del reconfirmado presidente Sernesi de una posible sede catalana de un organismo que, en efecto, surgió entre el Besós y el Llobregat, pero que las vicisitudes políticas habían llevado a Madrid. Pocas semanas después, el 3 de mayo, acabadas las celebraciones de la Liberación del 25 de abril, los nuevos consejeros reunidos para la ocasión en el elegante salón del *Istituto di Cultura* aprobaron la propuesta del presidente por la que uno de los dos vices tendría que residir en Cataluña para atender las necesidades, decía Sernesi, de la colectividad italiana en aquella ciudad: era el primer paso hacia el nacimiento de la delegación de la Cámara catalana, declarada más tarde sede autónoma y hoy a todos los efectos Cámara de Comercio Italiana de Barcelona.

A pesar de las evidentes divergencias políticas con la España de Franco, la nueva Italia pacificada representaba, a los ojos de muchos, un punto de referencia para una economía a la que le costaba crecer en aquellos años de penurias y represión. Inicialmente relegadas a un papel secundario, las casas automovilísticas italianas de más peso escrutaban con interés el lento emerger de una clase media que, como en parte ya estaba sucediendo en la *Bota*, llevaría a aquella motorización en masa descrita por políticos y expertos como un motor para la entera economía nacional, con ingentes beneficios para la ocupación y desarrollo de la industria pesada en todo el país. Quizás la prueba más evidente de esta tendencia fue la presencia cada vez más masiva de los representantes de grupos como Fiat Hispania, Lancia, Zanussi o la española Femsa en las sedes diplomáticas, consejos de administración y organismos corporativos, como la Cámara de Comercio, siempre atenta a sopesar el peso de esta o aquella empresa. Por ello, frecuentes eran las reuniones con los políticos de la época para intentar influir en las estrategias económicas: era el despegue de la gran industria nacional italo-española y sus capitanes, admirados hombres de negocios a la antigua usanza, que contribuyeron a los así llamados milagros económicos de los años sesenta del siglo pasado.

Igual que la italiana, también la industria de las demás potencias extranjeras vivía en España en aquellos años un gran desarrollo, con el ascenso y la caída de numerosas empresas que escribieron o habrían escrito la historia de los respectivos sectores de actividad. En los alrededores de Barcelona, sede de la mayor concentración industrial del país, se decidía por ejemplo, justo en esos meses, la suerte de una empresa, la Hispano-Suiza, que desde hacía unos años tenía enormes pérdidas a causa del aislamiento internacional de España, el bajo poder adquisitivo local y los elevados costes de exportación de los coches de calidad, factores todos que mermaron cada vez más el mercado nacional y extranjero. Justo al final de la segunda guerra mundial, los propietarios de la empresa decidieron dividirla en dos ramas, la francesa destinada a servir a la próspera industria de las telecomunicaciones de la naciente Cuarta República y la española, vendida al poco tiempo, no sin haber recibido amenazas de represalias de los notables locales, al nuevo Instituto Nacional de Industria, creado por Franco para intentar sacar bajo una única marca de prestigio los coches que darían renombre a la obsoleta producción industrial del país.

Consciente ya, desde hacía meses, de que la gloriosa Hispano-Suiza vendería todas las patentes al Estado y pronto se convertiría en la más anónima Enasa, o Empresa Nacional de Autocamiones, bajo la marca comercial Pegaso, Emanuele conoció justo en aquellos días a un grupo de ingenieros de la italiana Alfa Romeo, recién llegados a España a las órdenes del presidente de Enasa, Wilfredo Ricart, acusados de colaborar con las fuerzas alemanas en la fascistización de la empresa milanesa en 1936, bajo el Instituto para la Reconstrucción Industrial de Mussolini. Aquellos nuevos técnicos del grupo exaltaban las energías de una España que ambicionaba una producción automovilística digna de una gran potencia, si bien las precarias condiciones económicas del país limitaron durante bastante tiempo el mercado.

Durante las reuniones con técnicos e ingenieros españoles y extranjeros que tuvieron lugar en aquellas señaladas tardes otoñales de 1945, la figura que más impactó a Emanuele fue la de Oscar Ravá, ex ingeniero de Lancia huido de las campañas antisemitas de Mussolini que, al acabar la guerra, decidió quedarse en Barcelona donde, en 1942, creó Motorhispania, una empresa para el comercio y reparación de coches, concesionario de vehículos y camiones Lancia. Desde las primeras conversaciones con aquel brillante judío, Emanuele y su hijo Ricardo, que mientras tanto se había licenciado en ingeniería mecánica y empezaba a dar sus primeros pasos como técnico del sector automovilístico, descubrieron una afinidad que iba más allá de cualquier discrepancia política, tanto que fueron frecuentes los encuentros en las respectivas residencias para organizar sinergias en un sector en continua ebullición. "¡Pero dónde vas con ese acento turinés!", bromeaban los dos Maucci con Ravà, que les contestaba alegremente haciéndoles notar sus comunes raíces ligures y piamontesas.

A principios de año, debido al poco éxito de Motorhispania, Ravà decidió empezar a producir ciclomotores y, firmado un acuerdo con el conocido empresario milanés Carlo Guzzi, comenzó a fabricar bajo licencia su ciclomotor *Guzzino* y a comercializarlo con la marca Moto Guzzi Hispania: fue el inicio de su fortuna, además del primer y fundamental paso para entrar en la comunidad de negocios italo-española de la época, ya dominada por el sector de la automoción sin que la afectaran las inestables relaciones diplomáticas entre los dos países. La nueva empresa, constituida oficialmente en 1948, se convirtió en una de las casas de motocicletas más importante de España y, decidida a no perder terreno frente a la competencia italiana y europea, emprendió una ambiciosa búsqueda de personal para la futura sede en la elegante Avinguda Diagonal: antes de que la empresa abriera, Emanuele y su hijo Ricardo fueron contratados por un radiante Ravà como representante y diseñador para el mercado catalán y España sur-oriental.

No se equivocaba Emanuele al abandonar una empresa, la emergente Pegaso que, sólo un decenio después, en 1957, paró la producción de vehículos de lujo por sus altos costes de producción y que, de hecho, dedicó toda su existencia a la proyección de vehículos industriales de gran cilindrada hasta su venta, en 1990, al grupo Fiat y la definitiva sustitución de la marca Pegaso con la italiana Iveco en 1995. La misma histórica fábrica de Hispano-Suiza del barrio barcelonés de La Sagrera fue desmantelada y sustituida en 1956 por la de Barajas, entonces un suburbio de Madrid, con la inauguración de la cercana Ciudad Pegaso, un experimento *fordista* de ciudad dormitorio destinada a los jefes, técnicos y obreros de Enasa y sus familias.

Cansado por las continuas incertidumbres sobre el futuro de la empresa a la que había dedicado el último lustro de su vida, Emanuele presentó a finales de 1945 su dimisión a un grupo que le ofreció la oportunidad de volver a empezar casi desde cero, después de las ruinosas experiencias de la editorial familiar y de la Lliga Regionalista, ofreciéndole un cierto prestigio en la alta sociedad barcelonesa. Se fue igual que entró, en silencio, y poco le importaba que la empresa que le contrataba fuese sólo un proyecto: el ingeniero Ravà, cada vez más conocido en Madrid per el ceño con el que había empezado a defender la apertura de una sede catalana de la Cámara de Comercio, era para él y su hijo una garantía, decidido como estaba a darlo todo a los que creían en sus proyectos.

En los primeros meses de 1946, mientras que Italia se preparaba para celebrar el *referéndum* del 2 de junio que acabaría con la monarquía, la Cámara de Comercio seguía, sin tomar partido, el debate entre seguidores y detractores de los Saboya que incendiaba el parlamento y las calles italianas, junto al de los seguidores del Partido Comunista Italiano y de la Democracia Cristiana, las dos formaciones que dominarían la escena política durante medio siglo de acuerdo con el bipolarismo entre Estados Unidos y la Unión Soviética. Socios y consejeros de la asociación intentaban desdramatizar las divisiones internas y reforzar las relaciones entre las empresas italianas interesadas en invertir en España y las realidades más productivas de Madrid, Barcelona, Bilbao y alrededores, comenzando en aquellos meses con las primeras, tímidas, sinergias con la Cámara de Comercio de Madrid, una amistad destinada a durar en el tiempo.

Mientras su hija Isabel cumplía dieciocho meses y pronunciaba por primera vez la palabra *papá*, Juan experimentaba los primeros, tímidos, sentimientos de culpa por su relación secreta con Araceli, con la que se encontraba en secreto en el domicilio de ella cada vez que el marido se iba de viaje fuera de la ciudad. No sospechaban nada, o al menos eso creía, su mujer Clara y los padres Antonio y Carolina que, en muchas ocasiones, le esperaban pacientemente hasta tarde para cenar o hablar un poco en una casa que iban adaptando a sus crecientes achaques de la vejez. Afligidos por una artrosis casi crónica, el anciano matrimonio se ocupaba encantado de Alfonso e Isabel, cada vez que Clara se los dejaba para ir unas horas con las voluntarias de la *Società di Beneficenza* y sobre todo con Maurizio, que cada vez se dejaba caer más a menudo por la sede, señal quizás de sus crecientes atenciones con Clara, pensaba ella con la esperanza de encontrar en aquel hombre humilde y fuerte, las emociones que Juan no quería o no sabía ofrecerle, obsesionado con conseguir la gloria personal en la gris pero bien situada España de entonces, dominada por una falsa opulencia y el convencionalismo nacional-clerical.

Ya convertido en uno de los más estrechos colaboradores de Vittorio Ricci Maccarini, director desde hacía tres años de Ras y desde hacía menos de doce meses consejero de la Cámara, Juan fue enviado en aquel período más de una vez a la sede central del grupo a Milán, para explicar las estrategias de la filial española. Fue en una de estas reuniones donde nuestro hombre escuchó por primera vez una indiscreción que más tarde se confirmaría: se trataba de la inminente creación de una filial del grupo Fiat en España; la casa turinesa ya había autorizado entre 1931 y 1935 a la antigua Hispano-Suiza a fabricar en Guadalajara el modelo Fiat 514, rebautizado como Hispano 514, y en 1940 se ofreció como socio tecnológico de la Sociedad Ibérica de Automóviles de Turismo, o Siat, junto al Banco Urquijo y empresas de la misma Hispano-Suiza. Sin embargo, Franco puso como condición para la realización del proyecto la presencia estatal, y éste fue sustituido entre 1941 y 1946 con la creación de las empresas públicas INI y Enasa y la compra y transformación de la Hispano-Suiza en la nueva marca Pegaso.

A pesar del apoyo del gobierno español, la nueva entidad no estaba obteniendo los resultados esperados, estando los primeros coches fabricados en sus primeros años de vida fuera del alcance de la clase media nacional, un fracaso que hizo de Pegaso una marca dedicada a medios de transporte pesados como *camiones* y furgones industriales. Por este motivo, los directivos de Fiat buscaron un intermediario de confianza en España capaz de asesorar en la apertura de una sede ibérica en las largas y difíciles negociaciones con el gobierno de Franco, que no toleraría la presencia de un productor independiente en territorio nacional. Informada la Cámara de los beneficios de la operación y al corriente Maccarini de su importancia para los seguros de Ras, Juan cerró un acuerdo verbal con las Cámaras de Comercio de Milán, Génova y Turín, el antiguo Triangulo Industrial, y con dirigentes de Fiat, Ras y Ansaldo, suministrador de recambios y tecnología para el grupo fundado por la familia Agnelli, intentando que la Cámara de Comercio Italiana para España se convirtiera en una pieza imprescindible en las negociaciones con Franco, una operación que se cerraría con éxito en 1950, después de tres años de intenso trabajo. Los servicios de un entusiasmado Juan en la Cámara fueron recompensados, en 1948, con su elección como consejero, en el ámbito de las operaciones que llevaron al mismo Maccarini a una presidencia que abandonaría sólo en 1967, cuando fue llamado a Milán para terminar los últimos años de su larga carrera de asegurador.

Ocupado más que nunca, entre Milán y Madrid, en establecer lazos industriales entre la Italia de De Gasperi y la España de Franco, en aquellos meses de continua ebullición, Juan recibió de su amante una noticia que entonces representaba una auténtica condena social para la futura madre, un pecado venial a redimir con muestras de arrepentimiento para el futuro padre y una desgracia para el concebido: se trataba del embarazo de Araceli, notificado por ella en uno de sus encuentros clandestinos en el piso que Fiat ofreció al marido en la calle Conde de Peñalver 19, en la última planta del edificio que albergaba las oficinas del grupo. Desesperados, los dos pensaron en cómo evitar el escándalo hasta que la mujer, acorralada, confesó al amante la más que probable esterilidad del marido. "Ya está", pensaron los dos respirando aliviados, tanto que poco después, cuando Rozzi se dio cuenta de la sospechosa tripa de Araceli, no le quedó otra que hacer de tripas corazón y acoger la noticia con un forzado entusiasmo; desde aquel momento, Juan y Araceli no se vieron más y nuestro hombre se convirtió en poco tiempo en un cliente fijo de las casas de citas cercanas a la sede de la Cámara, antes de perder la vida por una mala pasada de su enfermo corazón, en la plenitud de la vida y con numerosos propósitos por cumplir.

En los primeros meses de 1947, bajo la guía del nuevo presidente Demetrio Nimira, elegido el 6 de diciembre de 1946 después de la dimisión de Salvino Sernesi, la Cámara emprendió una apretada campaña a favor de la futura Constitución de la República Italiana. Después de haber aceptado con imparcialidad la caída del fascismo y el final de la monarquía, el organismo apoyó totalmente a la República, tanto que, desde su balcón, en el sexto piso de la Casa Matesanz, ya ondeaba al viento la nueva bandera nacional sin el escudo de los Saboya. Las noticias recibidas de Italia, después de retomar el trabajo en la Asamblea Constituyente, a finales de septiembre, daban por finalizada la redacción de la nueva Carta Magna aunque había que replantear algunos días después las correcciones de artículos y apartados que no eran totalmente del gusto de una parte de los redactores; el tira y afloja duró unas cuantas semanas más hasta que, a finales de año, se anunció el final de los trabajos parlamentarios y el nacimiento de la nueva Constitución, promulgada por el Jefe del Estado provisional Enrico De Nicola el 27 de diciembre, para entrar en vigor el siguiente 1 de enero.

Durante ese año, pasado a la historia por la aprobación del Plan Marshall, del que España fue excluida hasta la década de los cincuenta debido a su autarquía, y que preveía una generosa ayuda económica anti-soviética a las potencias más perjudicadas de la segunda guerra mundial, con Alemania, Inglaterra, Francia e Italia a la cabeza, un extrañado Alfonso empezaba el primer curso de la Escuela Italiana de la calle Factor. El hijo de Juan y Clara formaba parte de aquel pequeño círculo de alumnos que podían beneficiarse de una educación casi libre en el gris panorama pedagógico de entonces, con toda una serie de asignaturas, juegos y actividades en general, fuera del alcance de un hijo de la clase media española del momento.

Después de la fiesta de Nochevieja, a principios de 1948, la latente tensión entre Clara y Juan resurgió en todo su fragor cuando èste le reveló a su mujer haberla engañado con Araceli y la llegada al mundo de un hijo ilegítimo, José Antonio, que la madre y el marido reconocieron para evitar reacciones en cadena en la colonia italiana en la ciudad. A empujarle a confesar el pecado fue el párroco de la iglesia de San Nicolás de Bari, a dos pasos de la calle Mayor y ya entonces conocida como la *parroquia de los italianos,* donde se celebraban bodas, bautizos y funerales de más de una familia italiana residente en Madrid; aquel secreto no saldría nunca de la casa familiar, ocultado también a Antonio y Carolina, dado el miedo que sentía Juan de provocar un gran disgusto a los ancianos padres.

Clara perdonó sin gran turbación aquella traición, que le daba via libre para consumar la suya, de forma que, en el siguiente viaje a Milán del marido, hacia finales de marzo, propició su encuentro una cena organizada por la *Società di Beneficenza*, en un restaurante a dos pasos de Ríos Rosas, en la que ella y Maurizio, amigo de los propietarios sicilianos del local, tomaron unas copas de más del delicioso Nero d'Avola, para luego, sin vacilar, encontrarse abrazados a la salida del local, sumergidos en una serie de besos y caricias escondidos de las miradas indiscretas y por último entrelazados bajo la luz de la luna en la cama de ella, de la que no se levantaron hasta la mañana siguiente, con el sol ya alto, para recordarles que no había más tiempo para consumar su amor prohibido sin ser descubiertos.

Ese año, 1948, además de las normales felicitaciones de Semana Santa, los consejeros de la Cámara de Comercio se intercambiaron detallados pronósticos sobre quién sería el nuevo presidente; cuanto más se acercaba la reunión del 30 de junio, más se miraban éstos con preocupación, temiendo votar por el bando equivocado y enemistándose para siempre con el neo electo. Los miembros del inminente cónclave buscaban el mayor grado de consenso posible entre los papables, lo que favoreció la candidatura presentada poco tiempo antes por el presidente de Femsa, Emilio Caprile: se trataba de Vittorio Ricci Maccarini, un experto del mundo de los seguros capaz de conciliar posiciones a primera vista totalmente incompatibles, como demostró en su primer lustro a la cabeza de la *Riunione Adriatica di Sicurtà*.

El esperado *Habemus Papam* llegó en el momento más oportuno, con la elección del que se había quedado como único candidato a la presidencia después de la renuncia de los máximos dirigentes de Fiat y Pirelli para llamar, en la sala de reuniones del Instituto de Cultura, a la concordia a las varias almas de la asociación. Jamás se había visto una elección más unánime, teniendo en cuenta que Maccarini siguió en la presidencia de la Cámara durante casi veinte años. Desde su trono en la Cámara, el nuevo presidente intentó resolver enseguida una de las cuestiones más espinosas, es decir, la petición de los consejeros de Barcelona de más fondos y poderes, creando una especie de tácito acuerdo por el que, en unos pocos años, en cuanto las circunstancias lo permitieran, los notables de Cataluña dispondrían de una sede propia y una generosa financiación proporcional al número de nuevos socios que pudieran inscribir. Maccarini encauzó así uno de los frentes más peligrosos para la unidad misma de la Cámara, ganándose incluso las simpatías de los consejeros más antiguos con esa forma suya de actuar instintiva y eficaz, lejos de los serios sermones a los que recurrían muchos de sus predecesores.

Justo en aquellos meses, después de los incesantes ruegos del hijo, Antonio decidió afiliar a la Cámara el Hotel Picasso, en una especie de reconciliación tras muchos años al margen de la comunidad italiana. El año en el que las inversiones para reestructurar el hotel empezaban a dar sus frutos, el más anciano de los Picasso curaba así una herida que, a pesar de la indiferencia demostrada en aquellos años, le había torturado por mucho tiempo. Mientras veía desfilar por el hotel algunos de los ministros y subsecretarios del nuevo gobierno democristiano, resultado de las primeras elecciones republicanas del 18 de abril, de visita en Madrid, Antonio se acordaba de los enormes esfuerzos que, día a día, debía hacer, y cada vez deseaba más retirarse a una feliz vejez en compañía de su familia, aunque cambiaba de opinión cada vez que pasaba media jornada en casa sin nada importante que hacer. La mujer, Carolina, también ella encaminada a un lento ocaso, le ayudaba con paciencia ante los dilemas, con aquella sabiduría innata que desde los tiempos de Maucci & Picasso evitó que el marido hiciera esporádicas fechorías, mientras Clara, Alfonso e Isabel, en ausencia de Juan, le acompañaban en sus largos paseos hasta el Parque del Retiro o al centro de la ciudad.

A unos seiscientos kilómetros de distancia, Emanuele y Ricardo inauguraban por fin aquel año las oficinas de Moto Guzzi Hispania, mientras que Giustina, cada vez más a merced de una demencia senil convertida en crónica, tuvo que despedirse para siempre de sus amados relatos y libros de poesía y su hija Paula daba a luz a su tercer hijo, muerto sin embargo unos meses después por unas fiebres, comunes en aquel tiempo. Muchos kilómetros más al norte, en los alrededores de Limoges, una familia de refugiados republicanos se caracterizaba por su laboriosidad, si bien sus cabezas de familia, Crispín y Giulia, llevaran en sus ojos la nostalgia por los buenos tiempos pasados, que les impedía apreciar también los mejores momentos de aquel exilio. Se cerraba así el lento regreso a la normalidad para una familia dispersada, aunque feliz de nuevo por la reencontrada armonía, pero con dolor de corazón por aquella fábrica de libros y aquellas vidas desvanecidas en pocos meses, víctimas del odio político que una década antes hizo de España la antesala de la Segunda Guerra Mundial.

VII

El 11 de febrero de 1952, un lunes, un nuevo boletín llenaba las estanterías de la sede de la Cámara y de las más importantes instituciones italianas en Madrid: era la *Hoja de Noticias*, el formato bimensual de la Cámara inspirado en las publicaciones del periodo barcelonés de la asociación, con las últimas novedades de la economía italo-española y varios consejos para socios y empresarios, además de las noticias sobre sus actividades. Muy anhelada por Maccarini y, en parte, redactada por el mismo Juan, la revista pretendía ser un punto de referencia para la comunidad italiana en Madrid y alrededores, motivo por el que se intentó su distribución por medio de las empresas italianas en la ciudad, además del Hotel Picasso, que se estaba convirtiendo en un destino fijo para empresarios, diplomáticos y políticos de visita, incluso por pocas horas, en la capital española.

Tal era el rigor del boletín que, ya desde su primer número, se comunicaba al lector el contenido de la nueva ley española sobre los estatutos de las sociedades anónimas, entrada en vigor el 17 de julio de 1951 o sobre las demandas y ofertas de mercancías de cualquier tipo de operadores de ambos países; se dedicaba también mucho espacio a las ferias, eventos, datos macroeconómicos sobre los intercambios italo-españoles y ofertas de trabajo en los ámbitos más dispares. La publicación incluía también una sección sobre la vida de la Cámara, en la que los socios y simpatizantes se informaban acerca de una entidad en fuerte evolución en aquellos años: en una época caracterizada por la falta de intermediarios económicos fidedignos, la *Hoja de Noticias* intentaba dar a conocer al gran público las iniciativas de una asociación que, desde hacía más de una década, había vuelto a ofrecer a los emprendedores italianos y españoles un valioso servicio de asistencia en ferias y eventos en los dos países, además de informaciones acerca de los mercados aduaneros y de divisas.

Aquéllos eran los años de los banquetes organizados en los hoteles más prestigiosos de Madrid en honor de ministros y militares franquistas, embajadores, cónsules y empresarios de los dos países, encuentros a los que Juan participaba con la energía de siempre. Aunque a veces le acompañaba su mujer Clara, dado su rechazo a ese tipo de encuentros, era frecuentemente sustituida por Antonio o algunos colegas de Ras. Al final de aquellas comilonas, los comensales solían brindar por las retomadas relaciones italo-españolas que, a pesar de las divergencias políticas y la posible competencia entre las dos economías, se basaban en una gran cantidad de acuerdos, sobre todo en el sector de las dos y cuatro ruedas, con ingentes ventajas para la clase media y obrera, al menos según la *Hoja de Noticias*.

Para atender la solicitud de Juan, deseoso de aumentar la visibilidad de los empresarios del sector turístico en el consejo de la Cámara, desde el mes de marzo Antonio se prestó a promover el Hotel Picasso financiando varias páginas de publicidad de la nueva revista de las que, gracias al boca boca de socios y consejeros, obtuvo gran rentabilidad para el hotel que ya era punto de referencia para el mundo empresarial italiano en la ciudad, tanto que en los siguientes meses fue escenario de más de un desayuno de trabajo entre exponentes de las finanzas italo-españolas. En colaboración con el Consulado y el *Istituto Italiano di Cultura*, la estructura figuraba en una guía distribuida en varios puntos informativos a turistas de cualquier procedencia, lo que le garantizó una cierta notoriedad también fuera de la colonia italiana.

Mientras que el boicot de transportes de Barcelona marcaba la reanudación de las protestas de las clases más humildes en todo el país, la atención de la colonia italiana se dirigía a Seat, la Sociedad Española de Automóviles de Turismo, nacida el 9 de mayo de 1950 bajo la dirección del Instituto Nacional de Industria, creado por Franco siguiendo el ejemplo del IRI italiano instituido a su vez por Benito Mussolini en 1933 para hacer frente a la caída de la Bolsa de 1929. Creada con un capital inicial de seiscientos millones de pesetas, un siete por ciento del cual estaba en manos de Fiat, la nueva empresa quería convertirse en un punto de referencia para un mercado, el español, en lento pero constante aumento y, precisamente de la principal empresa automovilística italiana había obtenido el permiso para reproducir modelos como el mítico Fiat 600.

Desde el barrio general de Tortosa, no lejos del delta del Ebro, a la futura nueva fábrica de Martorell o de la Zona Franca de Barcelona, Cataluña se había convertido en los últimos dos años en un nuevo ir y venir de dirigentes enviados por Fiat y otras empresas italianas para impulsar la industria automovilística española. Así, en 1951 Seat instaló su primera línea de montaje en la Zona Franca, para comenzar con una serie de negociaciones con suministradores nacionales y extranjeros, que culminaron el 5 de junio de 1953 con la inauguración oficial de las instalaciones y la salida al mundo, el 13 de noviembre de ese año, del primer vehículo Seat 1400, en una nave con unos mil trabajadores a jornada completa, que sacaban entonces unos cinco coches al día. Los periódicos de aquellos años, con ABC a la cabeza, hablaban del triunfo del genio y la creatividad española y, sin embargo, no muchos apostaban por esos vehículos al alcance de unos pocos privilegiados que los lucían por las calles de Madrid, Barcelona y otras pocas ciudades del país.

Gracias a la positiva alianza entre Fiat y Seat y a la presencia entre sus filas de los hombres fuertes de Fiat Hispania, la Cámara inauguró en 1953 distintas iniciativas para dar visibilidad a un sector entre los más innovadores y a la vez originales de la época, con la presencia de un sólo monopolista nacional y numerosos suministradores públicos y privados en toda la península ibérica. Otro importante punto de contacto entre la economía italiana y la española era el cine, un mercado en el que jugaban un rol similar, con la realización en pocos años de numerosas películas y coproducciones sobre los argumentos más dispares, bajo el auspicio de empresas como la italiana Lux Film o la española Compañía Industrial de Film Español, mientras se consolidaban eventos como la Mostra d'Arte Cinematografica di Venezia de 1932, el Festival de Cine de San Sebastián de 1953 o la Semana de Cine de Valladolid de 1956. Muchos eran los directores italianos de la triunfal corriente del neorrealismo, invitados a dirigir películas en una España todavía semiescondida, como Marco Ferreri, autor de obras como *Los chicos*, *El pisito* o *El cochecito*. Antes de que el desierto de Almería se convirtiera en escenario de la Trilogía del Dólar de Sergio Leone, muchos fueron los directores y productores que se dirigieron a la Cámara de Comercio intentando acortar los largos trámites administrativos impuestos por el régimen de Franco, que obligaba a doblar en lengua castellana todas las películas extranjeras y ejercía una fuerte censura sobre los negativos que salían cada año en el territorio nacional.

A pesar de ello, fueron notables los progresos de la industria cinematográfica española de aquellos años, frecuentemente críticas a su manera con la dictadura. En marzo de 1953 se firmó en Madrid el Acuerdo Comercial Italo-Español, de carácter anual, por el que los dos países se comprometieron a doblar e importar al menos dos películas anuales de la otra orilla del Mediterráneo. Entre los más decididos protagonistas de aquel ir y venir de trabajadores que cruzaban cada día la puerta de la Cámara solicitando consejos y recomendaciones, se encontraba el joven delegado de Lux Film en España, Lamberto Toti Lombardozzi, cruz de guerra al valor militar como subteniente del regimiento de los *bersaglieri* en el Lago Tana durante la campaña de Etiopía, llegado desde hacía poco a Madrid e introducido enseguida sin problemas en la comunidad de negocios italiana de aquellos años.

Esos meses pasaron rápidamente, tan veloces que Juan casi no se dio cuenta de que, recién cumplidos los doce años, su hijo Alfonso fue castigado por primera vez en el colegio por sus continuas distracciones, fruto de sus primeros desarreglos hormonales, pensaba Clara; Isabel, que estaba a punto de cumplir los diez, todavía no mostraba aquel interés hacia el arte y la literatura que la convertiría en una de las críticas más apreciadas del arte italiano en España. Los hermanos solían hacer compañía a sus ancianos abuelos cada vez que a Clara le pedían colaborar en las actividades de la *Società di Beneficenza*, y escuchaban estupefactos aquellos relatos que hablaban de una época lejana, en la que el abuelo dirigía una fábrica de libros desaparecida en un abrir y cerrar de ojos, con gran pesar para los niños que aquel año habían pedido a la *Befana* un libro de Edmondo De Amicis, un aventurero que había sido muy amigo del bisabuelo Giovanni.

Los meses, semanas y días transcurrieron trepidantes para Juan al principio de 1953, hasta la gran cita del 20 de marzo en la que la Cámara renovó a los quince consejeros y dos censores de cuentas, todos italianos, en el cargo desde hacía dos años. A pesar de las diatribas entre los que se debatían por una delegación barcelonesa y los defensores del centralismo, las votaciones para la renovación de los principales cargos de la Cámara transcurrieron pacíficamente, con la ratificación de Ricci Maccarini como presidente y la elección de dos vicepresidentes muy respetados, como el delegado de Montecatini para España, Riccardo De Grenet, y el director de Moto Guzzi Hispania, Oscar Ravà, ya en el cargo desde el 10 de julio de 1951, en sustitución de Antonio Calcaterra como responsable de los socios de Barcelona.

Elegido por segunda vez consejero, Juan asumió satisfecho el nuevo encargo gracias a sus esfuerzos para poner de acuerdo a las varias almas de la Cámara, cada vez más divididas sobre la posible apertura de una delegación barcelonesa y la postura a adoptar frente a la autarquía franquista. En calidad de responsable de las relaciones con los socios, coincidiendo con su trabajo de asegurador, nuestro hombre emprendió una serie de viajes a varias zonas del país para consolidar las relaciones con las realidades productivas italianas en España. Justo ese año, el régimen de Franco firmaba su primer Concordato con el Vaticano y autorizaba la presencia de bases militares estadounidenses en suelo nacional para dar a la dictadura un apoyo económico, diplomático y militar que ayudara al país a salir del aislamiento sufrido debido a su apoyo al Eje Roma-Berlín-Tokio durante la Segunda Guerra Mundial.

A pesar de la inicial oposición a la apertura de una oficina en Barcelona, durante sus largos viajes en contacto con la realidad italo-española de provincias, Juan empezó a sentir una sincera admiración hacia aquellas decenas de empresarios acostumbrados, en ausencia de grandes financiaciones nacionales y extranjeras, a mantenerse de pie casi por sí mismos, lo que le hizo ver con otros ojos una parcial descentralización de las actividades de la Cámara. Frente a las sorprendentes reacciones de numerosos socios y consejeros de Madrid, nuestro hombre recordaba que la Cámara de Comercio Italiana para España, fiel a su nombre, no podía dejar de representar a todo el país, un objetivo que para él, conllevaba la apertura de varias sedes regionales a compartir con otras asociaciones o instituciones italianas locales en caso necesario.

Superado esto, 1955 fue el año de la aprobación de la esperada sede de Barcelona, para alegría de las decenas de socios residentes en Cataluña y en general en la costa mediterránea española, deseosos de apoyarse en aquel grupo de consejeros dirigidos por Ravà y, desde el 31 de marzo, por Gianluca Peyrelli, delegado de Olivetti, los únicos de los doce miembros del consejo directivo de la Cámara que residían fuera de Madrid. Ratificado como segundo vicepresidente, esta vez a espaldas del director de Ceramiche Alba, Giulio Matteini, Ravà aplaudió la apertura de la sede dado que, según él, muchas de las más gloriosas industrias en manos italianas del país se encontraban precisamente en Cataluña, por lo que no querían otra cosa que tener una oficina de la Cámara lo más cerca posible de sus áreas de actuación. En aquellos meses varias fueron las propuestas de apertura de otras delegaciones en Bilbao, Valencia y Sevilla, donde numerosos grupos italianos contribuían a la recuperación económica española en sectores como la automoción o metalurgia; las solicitudes se satisficieron en unos pocos años, iniciándose la expansión de la Cámara en todo el territorio nacional.

Después de largos meses de búsqueda, la nueva sede catalana, un pequeño piso en la segunda planta del carrer del Comte Borrell 212, no lejos del Hospital Clinic, fue inaugurada el 14 de diciembre de aquel año como un regalo de Navidad, junto a la elección de Ravà como delegado oficial. La Cámara de Maccarini rechazó sin embargo el nombramiento como vice delegado del veterano Giuseppe Bonavia, que ya había sido secretario general de la Cámara entre 1922 y 1926, además de miembro fundador del *Fascio Italiano* de Barcelona en el lejano 1924, que tuvo que contentarse con el rol de oyente. Hubiera sido muy peligroso, pensaron Maccarini y Caprile, hacer referencia a un personaje ahora incómodo por su pasado de infatigable defensor de la causa fascista.

En la asamblea que formalizó la inauguración oficial de la nueva sede participaron varios socios y consejeros de la renovada

Camera di Commercio per la Spagna, además de un Juan Picasso indispensable en las relaciones entre los dos componentes de la asociación. Además de contar con el derecho a ocupar al menos un sexto de los puestos del consejo, los elegidos en Barcelona serían anfitriones de al menos dos reuniones anuales, evitando así una parte de los largos viajes a los que estaban obligados desde hacía años. Así Juan pudo abrazar de nuevo más frecuentemente a Emanuele y Ravà y poner sobre la mesa una serie de acuerdos que hizo que Ras asegurara miles de ciclomotores Guzzi y automóviles Lancia en todo el país, un éxito que les valdría a los primos un gran número de reconocimientos en Madrid y Barcelona. Durante uno de estos encuentros, Juan recibió la noticia de la desaparición de la mujer del primo, Giustina; el dolor de Emanuele padre, viudo con casi setenta años, fue mitigado en parte por la presencia de los seis nietos, regalo de los hijos supervivientes, que en aquellos años comenzaban sus estudios en uno de los colegios más importantes de la ciudad y a los que intentaba en vano enseñar algunas palabras en italiano.

El día después de la apertura de la nueva sede de la Cámara, España ingresó en la Organización de las Naciones Unidas de la mano de un potente padrino, Estados Unidos, deseoso de contener la influencia de la Unión Soviética. A pesar de las protestas de gran parte de la opinión pública internacional y la disidencia interna por aquel reconocimiento implícito de la legalidad del régimen, la adhesión a la ONU significó la llegada de ingentes ayudas destinadas a mejorar las condiciones de vida de gran parte del país, con importantes repercusiones para la economía nacional y un sector que, en poco tiempo, sería la estrella de España: el turismo. Aquel jueves los consejeros de la Cámara no pasaron por alto la importancia del objetivo que hacía su propia actividad más clara a los ojos de los homólogos italianos y extranjeros, con los que colaboraban o habían intentado establecer acuerdos en aquella época.

1956 fue un año clave para España con el reconocimiento oficial, el 7 de abril, de la independencia de Marruecos, un mes después de que Francia hiciera lo mismo con el resto del país: el Séptimo Gobierno Nacional de Francisco Franco renunció al protectorado ejercido hasta entonces en el norte de la zona del Rif, y al sur en los territorios de Ifni y Cabo Juby, concentrando sus esfuerzos en África en el Sáhara y Guinea Española, hoy Ecuatorial. Aquel año se creó una televisión pública destinada a alabar a un *Generalísimo* que inauguraba uno tras otro algunos de los pantanos más grandes del país, saneando zonas insalubres y creando ciudades para las poblaciones desalojadas de pueblos inundados por los embalses cercanos: era el triunfo del NoDo, el noticiario con el que el régimen mostraba a la nación los progresos de un país, según ellos más próspero que nunca. Tiempo después, Juan recordó en las memorias iniciadas por el abuelo la emoción que sintió al comprar el primer aparato catódico nunca visto en su familia, un lujo al alcance de pocos, tanto que no era raro ver los locales de Ríos Rosas abarrotados de clientes deseosos de conocer aquella caja mágica.

Decidido a aprovechar aquel medio que, en Italia había dado a conocer al gran público la actividad de Unioncamere y las decenas de las Cámaras de Comercio diseminadas por la *Bota*, Maccarini se dirigió a su amigo y homólogo de la Cámara de Comercio de Madrid, José Ramón Fernández, para convencer a Televisión Española que emitiera una transmisión sobre las dos Cámaras, una bendición catódica dirigida a promocionar las excelencias italianas en España. Si bien *Hoja de Noticias* se estuviera convirtiendo en un punto de referencia para los industriales ligados a la Cámara, la publicación no bastaba para difundir las actividades más allá de aquel restringido círculo de notables, razón por la que era necesario un escaparate más importante, que Maccarini y Juan habían visto en aquella caja que embrujaba a los telespectadores deseosos de novedades y entretenimiento.

El encuentro con los periodistas fue en la víspera de Semana Santa de 1957, en plena campaña para la promoción de la gastronomía pascual italiana, y el resultado fue todo un éxito: prueba ello fueron las muchas peticiones de colaboración que llegaron a la Casa Matesanz por parte de empresas italianas y españolas de todo el país. Aquella aventura con la Cámara de Comercio de Madrid, cuarenta años antes de que el Premio Tiepolo se convirtiera en la cita más solemne de la asociación, igual que la Fiesta de la República de junio, fue una óptima reafirmación para una Cámara ya segura de su potencial. El presidente y el consejero entonces más emprendedor de la asociación, mostraron, en sólo quince minutos, a miles de españoles que la colaboración entre actores económicos, y no la autarquía, podía ser un arma de desarrollo para una España en contradicción entre la pureza ideológica del franquismo del origen y la tentación de liberalizar el uso del *bikini* para atraer a más a turistas en las soleadas playas mediterráneas del país.

En la siguiente asamblea del 9 de mayo, los consejeros de la Cámara dieron un gran aplauso a los artífices del documental, antes de empezar con las votaciones para sustituir al secretario saliente, el coronel Grazzini, enfermo desde hacía meses y decidido a dejar su puesto tras catorce años en la asociación. Junto a él, dejaban la Cámara los otros dos empleados a jornada completa, el portero y botones Felipe García y la secretaria Araceli Gómez; les sustituyeron una nueva secretaria, Encarnación Pérez, que trabajó en la Cámara durante más de cuarenta años y un puñado de jóvenes recién licenciados o diplomados en mecanografía, dirigidos por el contable Alfredo Sicilotti, el primero de los cinco secretarios generales que en sólo seis años cogieron las riendas de la Cámara en uno de los periodos más inestables de su historia madrileña, hasta la llegada en mayo de 1963, del representante véneto Tonino Quadrelli. Sicilotti asumió el nuevo encargo consciente de que entraba a formar parte de un organismo donde el mínimo error podía provocar importantes daños económicos y de imagen, tanto que Juan notó en él aquel mismo temor y timidez que intimidaron a uno tras otro a todos sus sucesores en el siguiente lustro. En breve, en los ambientes institucionales italianos en España, el cargo de secretario de la Cámara se convirtió, por decirlo en broma, en una especie de maleficio para el portador, un puesto que según las malas lenguas más de uno rechazó.

En la víspera de la salida de las fábricas catalanas de Seat del primer Seat 600, totalmente análogo al Fiat 600 de 1952 y símbolo de la entrada de España en la sociedad de consumo, los jóvenes consejeros de la Cámara se congratulaban por la enésima victoria de la tecnología italiana más allá de los Pirineos, mientras las autoridades preparaban el discurso de la nación que el Caudillo ofreció en Martorell el 27 de mayo siguiente. Invitados a asistir a aquel desfile de altos cargos del régimen, Juan y Maccarini preparaban en aquellos días la intervención, breve pero concisa, que las autoridades les autoridades les autorizaron durante la visita a las fábricas de Seat en las primeras horas de la tarde, un elogio a la laboriosidad italiana y los lazos de amistad y de sangre que, según ellos, hacían de Italia y España dos naciones hermanas en aquel destino universal común tan grato a la propaganda de la Falange Española.

De vuelta a casa, Clara contenía los bostezos cada vez que Juan le contaba la emoción que había sentido al estrechar la mano de Franco en persona y al conocer a las personalidades más importantes de la dictadura. Indiferente a la reacción de su mujer, a la que había vuelto a traicionar con la esposa de otro dirigente de la colonia italiana en Madrid, el único motivo de temor para el casi vicepresidente de Ras en aquellos meses era la salud de Antonio y Carolina, cada vez más aquejados por los achaques de la edad, sobre todo por una fastidiosa bronquitis que les obligaba a largos períodos de cama cada vez que los vientos de la sierra soplaban en Madrid. Por esto, el único hijo superviviente de los Picasso-Arena contrató durante todo el día a un ama de llaves que les ayudara en todo momento, una elección que le libraba de tener que estar siempre disponible cuando los dos recaían. Estos habían confiado la gestión del Hotel Picasso al hasta ahora vicedirector del mismo, Guillermo Reina, un gentilhombre de Ávila años antes empleado del Hotel Oriente y anteriormente redactor ocasional de Maucci & Picasso que, desde el primer momento les acompañó en la aventura madrileña, antes de que el nieto Alfonso cumpliese la mayoría de edad y tomase las riendas de la obra del abuelo.

Apasionado lector de todo tipo de fábulas o novelas, con sólo dieciséis años, el joven Alfonso Picasso Puig sabía, a su pesar, que la literatura no tendría nada que ver con él y que los asuntos familiares requerirían en breve su presencia diaria en el Hotel Picasso, ya fuera por el empeoramiento del estado de salud del abuelo, ya fuese por el desinterés de Juan en trabajar en algo que consideraba un pasatiempos del padre. Por ello, desde principios de enero, las clases de matemática y contabilidad del Liceo Italiano fueron completadas con clases particulares de economía para preparar lo antes posible al chico para hacerse cargo del negocio, mientras que al final de aquel curso escolar, Alfonso trabajó en el hotel como botones y adjunto en la recepción, intentando acostumbrarse a los ritmos de trabajo y principales problemas que podían surgir cada día en un hotel de gran categoría.

A pesar de la diferencia de edad, también Isabel aprendía aquel verano las primeras nociones del oficio bajo la mirada complacida del gestor del hotel, Guillermo, que, en cuanto la notaba cansada, la invitaba a ir a jugar con su hijo Manuel, también él de trece años, que pasaba el verano como botones de los clientes más exigentes. Aunque hubieran acabado el año escolar con brillantes notas, los dos fueron enviados al hotel por sus padres tan preocupados por su futuro que el año siguiente les pusieron un profesor de apoyo en las asignaturas más duras. Se quejaban de esto y lo otro mientras interrumpían los trabajos con un helado a la sombra y observaban envidiosos a Alfonso, que por lo menos lograba que, de vez en cuando, los adinerados clientes del hotel le dieran una propina.

Terminado el verano, mientras que la Cámara inauguraba una serie de ferias relacionadas con la cultura gastronómica italiana, Maccarini y Sicilotti realizaban un largo estudio sobre la cooperación industrial, comercial, bancaria, agrícola y aseguradora entre España e Italia, el cual dio sus frutos un año después, con el censo de ciento veinte empresas operativas en toda la Península Ibérica. A la luz de dichos números, en 1959 se creó la *Operación Italia*, una serie de medidas dirigidas, según los ministros franquistas promotores, a favorecer todavía más los intercambios entre España e Italia en temas aparentemente secundarios como la cultura, la artesanía local y el turismo. La Cámara de Juan recibió con satisfacción la adopción de políticas dirigidas a superar una autarquía cada vez más restringida incluso por los mismos gobernantes españoles que, de hecho, en pocos meses pusieron en marcha el Plan Nacional de Estabilización Económica, quizás la reforma más radical de la economía nacional en las últimas décadas.

La adopción del Plan se debió a varios factores, el primero la entrada de España en la Organización Europea para la Cooperación Económica, hoy OCDE, el Fondo Monetario Internacional y el Banco Mundial, un escenario que, desde el 15 de septiembre de 1958, mejoró la imagen de la dictadura en el exterior, donde muchos pedían el boicot a un país que nunca se disculpó por apoyar el fascismo en la guerra que había acabado hacía poco. Aquel mismo Gobierno que, a finales de año recibió la visita amable del presidente estadounidense Dwight Eisenhower, a la búsqueda de apoyo en los momentos más tensos de la Guerra Fría, aprobó el ambicioso Plan el 21de julio de 1959, justamente por la presión del FMI y el entonces OECE, preocupados por la alta tasa de paro e inflación del nuevo miembro, problemas resueltos en principio con un gran recorte de los salarios y el gasto social. Nervioso por las posibles consecuencias de tales decisiones, el Caudillo intentó asegurarse el apoyo de los agentes económicos del país, Cámaras de Comercio nacionales y extranjeras incluidas, una decisión que reforzó la sintonía entre el mundo de las Cámaras y el corporativismo nacional.

Aquel año 1959, el Real Madrid ganaba en Stuttgar la cuarta de sus históricas primeras cinco Copas de Campeones consecutivas derrotando en la final a los franceses del Stade Reims, después de una sufrida semifinal contra el Atlético de Madrid que puso a prueba los nervios de buena parte de los amantes del fútbol de entonces. La televisión pública decidió retransmitir en directo aquellos dos *derbys* que evidenciaban el peso futbolístico de un país que, de hecho, ganó en 1964, en el estadio Santiago Bernabéu, la segunda edición del recién constituido Campeonato Europeo de Fútbol. La primera, iniciada en septiembre de 1958 y que se alargó hasta el 10 de julio de 1960 por las enormes dificultades en los viajes de los equipos de un país al otro, vio caer a España en mayo de 1960 contra los rusos, proclamados campeones, no en el campo de juego, sino por la decisión del general Franco de prohibir al equipo nacional viajar a Moscú y el consiguiente traslado de la delegación soviética a Madrid para el partido de vuelta, a disputarse dos semanas después.

A pesar de la censura, evidente era la frustración de los hinchas de la selección, conscientes del potencial de aquel equipo capitaneado por artistas del balón como Laszlo Kubala, Alfredo di Stefano y Luis Suárez, que un año después fue el primer español, y por ahora el único, en ganar el Balón de Oro, el premio para el mejor jugador del año. Divididos entre la lealtad al régimen y la simpatía por la selección, los numerosos socios y colaboradores españoles de la Cámara, intentaban en aquellos días desdramatizar el ridículo internacional, y recordaban a sus homólogos italianos que su federación, igual que la alemana o inglesa, no había querido siquiera inscribir a su selección en una competición que terminó ganando en casa en 1968, en el estadio Olímpico de Roma.

Desde entonces, anécdotas aparte, el fútbol empezó empezado a ofrecer una nueva forma de canalizar el conflicto ideológico entre regiones y países opuestos, con la organización de campeonatos que, a su manera, acercaban a naciones entonces separadas por el Muro de Berlín y otras numerosas fronteras, sobre todo las aduaneras. Eran, además, los primeros años de vida de la recién constituida Comunidad Económica Europea, instituida en Roma, en 1957, para complementar la Comunidad Económica del Carbón y del Acero de 1951, con la que Italia, Francia, Alemania, Bélgica, Países Bajos y Luxemburgo intentaron construir un primer embrión de unidad exquisitamente europea. De todas estas novedades no llegaba a España más que un eco lejano y, por añadidura, recibido con enorme recelo por un régimen que bien sabía que no podía aspirar a formar parte de ningún grupo liberal de ese tipo.

El año que estaba por acabar deparó a los jóvenes de casa Picasso otros premios al rendimiento escolar, con la promesa de un viaje a Italia para Alfonso, y un curso de baile y pintura para Isabel que, con sólo quince años, asombraba a padres y profesores por aquellos dibujos tan realistas y elaborados. A centenares de kilómetros de distancia, en un sobrio edificio de Barcelona, Emanuele Maucci consumía su última Navidad rodeado de sus hijos y seis nietos, además de gran parte de amigos que no habían podido volver a sus lugares de origen para las fiestas de fin de año. Brindaba el viudo triste y desconsolado desde que, una década antes, le fuera arrebatada su amada Giustina, mientras que el primogénito Ricardo, conocido asesor económico del alcalde Josep Maria de Porcioles Colomer, en el cargo hasta 1973, y de la empresa donde había trabajado hasta hacía poco, Moto Guzzi Hispania, era un actor de primer nivel en el cada vez más importante mercado de las dos y cuatro ruedas español. No eran los años más felices de la vida de Emanuele, y sin embargo, sabía desde hacía tiempo que podría abandonar sin grandes dudas aquel mundo cada vez más complicado para volver a abrazar a su mujer y, quizás, un primo que le confió su enfermedad en las cartas que se intercambiaban entre Barcelona y Madrid.

El inicio de la nueva década no parecía muy distinto del que había acabado para la Cámara de Comercio, de no ser por la ampliación de una sede cada vez más pequeña por el incremento de los servicios ofrecidos. El número de los socios no mostraba sin embargo grandes cambios, señal de la necesidad de dar a conocer mejor el rol de la Cámara a la opinión pública; por esto, al poco tiempo el ente financió una campaña publicitaria a lo grande en los principales periódicos nacionales para mostrar a los lectores la cara más amable de un organismo a punto de cumplir sus primeros veinte años en Madrid. Agotado, debido a su estado de salud, justo al inicio de aquel año, Antonio supo que el histórico dirigente de la *Casa degli Italiani* y amigo desde hacía años, Amerigo Fadini, había muerto en su casa de Milán rodeado de su mujer y cuatro hijos. Desaparecía con él uno de los últimos exponentes de aquel grupo de italianos que habían fundado las más importantes instituciones italianas en España, además de uno de los más férreos defensores de la libertad ante el avance del fascismo; de golpe, le parecieron inútiles todas aquellas luchas que marcan la existencia humana frente al misterio y la inmensidad de la muerte, y se encerró en un profundo, educado silencio.

En la vigilia del vigésimo aniversario de la nueva sede de la Cámara aumentaba el debate sobre las celebraciones que tendrían lugar en los jardines de la Embajada de Italia, en presencia de los más altos cargos italianos en España y, quizás también, del ministro de Asuntos Exteriores, Antonio Segni. Frenéticas eran las conversaciones para hacer memorable el esperado encuentro con el ministro, tanto que, rápidamente, se invitó a los notables de la colonia italiana de Madrid y Barcelona y sus consortes, sin olvidar a las autoridades militares y diplomáticas españolas, empezando por el que era ministro de Asuntos Exteriores cuando se fundó la Cámara: el *cuñadísimo* de Franco, Ramón Serrano Súñer.

Sin embargo, más que la visita de Segni, Juan estaba preocupado en aquellos meses por el agravamiento de la salud de su tío Emanuele que, al inicio del año, había sufrido el mismo tipo de trombosis que hacía poco había abatido a su padre Antonio; largas y emocionadas fueron entonces las llamadas telefónicas a casa del hijo Ricardo, que no dejó de informar a los parientes de Madrid acerca de la evolución del padre hasta la capitulación final, en una noche de principios de octubre. Al funeral de aquel que, hasta el último momento, trabajó para hacer de Guzzi un gigante en España, asistieron muchos antiguos colegas de lucha, gran parte de los antiguos representantes de la Cámara de Comercio en Barcelona y compañeros de partido de la desaparecida Lliga Regionalista; el evento se convirtió en un derroche de aplausos para aquel hombre coherente y sincero en todas las batallas mantenidas en su larga vida.

La muerte del primo sumió en el desconsuelo a Antonio y Carolina, últimos representantes de la dinastía que años antes gozó del prestigio de Maucci & Picasso en una Barcelona convertida ya en un dulce recuerdo respecto a la actual, intoxicada por los humos de fábricas que daban trabajo a los desesperados llegados de todos los rincones del país. Ni siquiera Giulia y Crispín, que se habían trasladado a Clermont-Ferrand, contuvieron las lágrimas frente al luto, sabido por amigos de amigos, y maldecían un exilio que les impedía asistir al funeral del amado pariente sin arriesgarse a ser detenidos por la policía fronteriza. Dedicados a criar a los hijos de Claudia, Jordi y Álvaro, transcurrían los últimos meses de su vida lejos de la tierra que no podrían volver a abrazar, y no bastaba la numerosa comunidad española local para mitigar la tristeza de los hijos un año después, cuando se fueron casi al mismo tiempo.

Hacia el inicio de los años sesenta, las canciones populares, los triunfos del Real Madrid o del Barcelona y las primeras vacaciones de la clase media española, intentaban ocultar la amargura de un país alejado de las democracias occidentales, mientras que la economía experimentaba un crecimiento inédito como consecuencia de las reformas iniciadas en 1959 y reforzadas en 1962, cuando el general Franco instauró su noveno gobierno incluyendo a tecnócratas del Opus Dei en ministerios como los de Comercio o Economía. Mientras más de un dirigente de la Cámara asistía escéptico a estos signos, otros notables mostraban total confianza en la actuación de aquellos ministros, como los profesores Alberto Ullastres Calvo o Mariano Navarro Rubio, que apostaban sobre la apertura del país a los mejores recursos del extranjero.

Aquel año, el último de la larga vida de Antonio y su mujer Carolina, fue recordado en los ambientes italianos en Madrid por el traslado en el mes de octubre de la Cámara a la calle Factor 1, después de una veintena de años en plena avenida de José Antonio. Atraída por la cercanía de la Escuela Italiana, la *Società di Beneficenza* y el *Istituto di Cultura*, la asociación ocupó el local de planta de calle del edificio desalojado por el Consulado Italiano, instalado en el principesco Palacio de Abrantes, en aquélla que, a todos los efectos sería una sede más humilde, pero no por esto menos decorosa. Dado que cada vez se llevaba peor con Clara, a Juan no le gustaba el traslado que le acercaba a la principal actividad de su mujer fuera de casa y le obligaba a atravesar todo el centro de Madrid desde la sede de Ras.

A pesar de la pésima relación entre los dos cónyuges, el común respeto de Juan y Clara por los padres de él no menguó y, conscientes del final inminente de aquellos dos octogenarios que no dejaron nunca de sufrir por su matrimonio, hicieron un último esfuerzo para reconciliarse por el día en que sus corazones dejarían de latir. El primero en morir fue Antonio, víctima de una pulmonía que le mantuvo varios días en cama antes de la capitulación final; quizás menos esperado fue la muerte de Carolina, vencida por el vacío causado por la pérdida del compañero de toda una vida. A los familiares no les quedó más que llorar una última vez en el féretro de los dos ancianos cónyuges durante el breve camino hacia la Parroquia de San Nicolás, a dos pasos de la nueva sede de la Cámara, y hasta el lugar de la sepultura, el Cementerio de la Almudena, al oeste de Madrid. Unánime fue el pesar de los notables de la Cámara y numerosos exponentes del sector hotelero que acudieron a presentar sus respetos al ataúd de Antonio que, en unos pocos años, se había ganado las simpatías de todos con ese hotel emblemático y su capacidad para aceptar nuevos retos en cada momento, así como no faltaron vecinos y amigos de Carolina, todos deshechos por su repentina desaparición.

Cumplida desde hacía poco la mayoría de edad, Alfonso Picasso Puig se preparaba para encargarse de la dirección del Hotel Picasso junto al gestor del negocio, aquel Guillermo Reina que parecía más apenado que nunca por la desaparición de quien consideraba como un padre adoptivo, él que había perdido a sus padres en las epidemias que sembraron el pánico en España durante la Gran Guerra. Al contrario que Alfonso que, a pesar de sus veintiún años no prestaba mucha atención a los placeres del amor, su hermana Isabel, que tenía dieciocho, había aceptado por primera vez una invitación al cine de un muchacho un par de años más joven, José Antonio, que, a pesar de la diferencia de edad, poco convencional en la época, tenía la madurez de un experto pretendiente y, es más, la acompañaría a casa al finalizar el espectáculo, no más tarde de las ocho de la tarde. Hijo de un dirigente italiano y de su encantadora mujer, una alegre y extrovertida sevillana, José Antonio era sólo un presentimiento para

Juan y Clara, habiendo hasta entonces Isabel asegurado que sus repetidas salidas de casa eran para ir con las amigas de siempre. A su edad no podían gustarle los mocosos.

Superado el luto por la desaparición de los padres, Juan empezó justo esa primavera a preparar las negociaciones entre los diversos bandos de la Cámara para el nombramiento del nuevo secretario general en sustitución de Francesco Conti, elegido en mayo de 1962 y que duró sólo un año, como su predecesor, Giacinto Ruppato; igual de breve fue el período en el cargo de Nicolò Parrino, elegido en marzo de 1960, y sobre todo de Alfredo Sicilotti, elegido en mayo de 1957 y que presentó su dimisión después de tres años. De las urnas preparadas para la ocasión en la sede del *Istituto di Cultura* resultó vencedor un véneto recién llegado a Madrid como representante de varias empresas de climatización, Tonino Quadrelli, destinado a dirigir el camino de la Cámara durante diecisiete años, un récord indiscutible, fruto de su carácter decidido pero, al mismo tiempo, dialogante, capaz de poner de acuerdo a todas las almas de la asociación.

Después de la elección de Quadrelli, retomaron fuerza las negociaciones para aumentar los recursos para la sede de Barcelona, capaz de un tiempo a esta parte de captar gran parte de las solicitudes de adhesión a la Cámara: desde hacía tiempo Ravà amenazaba con crear un proyecto alternativo si la sede no era reconocida como una verdadera delegación y su máximo dirigente no ocupaba una de las dos vicepresidencias de la Cámara, peticiones que se hicieron realidad en mayo de 1965. Pero antes había que contar con la propuesta de apertura de una sede en Valencia, realizada por el presidente de la *Società Dante Alighieri* local, Cesare Gregoraci, y aceptada en principio por Maccarini. En un año se dio via libre a esta y otras dos delegaciones locales, una en Sevilla y la otra en Bilbao, a la espera de una tercera que fue inaugurada menos de dos años después en Santa Cruz de Tenerife, en las Islas Canarias.

Enorme fue la rabia de Ravà, reconfirmado como vicepresidente de la Cámara, al ver aceptadas una tras otra las peticiones de apertura y financiación de aquellas tres nuevas oficinas, mientras, decía, las instalaciones abiertas a finales de 1955 en la calle Borrell se caían poco a poco a pedazos por el desinterés de la casa madre.

Después de recordarle que los recursos a disposición de la sede de Madrid permitían a duras penas pagar el sueldo de un empleado, tres mecanógrafas y un botones, el otro vicepresidente, Emilio Caprile, se prestó como mediador en la contienda entre Ravà y el núcleo duro de la Cámara, tanto que fue él, en enero de 1964, el que autorizó la vuelta de la sede de Barcelona a las oficinas del pasaje Méndez Vigo 8, en aquella *Casa degli Italiani* que vio nacer a la Cámara de Comercio para España casi medio siglo antes. No obstante este avance, Ravà no rebajó sus pretensiones y llegó a pedir una financiación de ciento treinta y dos mil *pesetas* anuales, de las que no recibió más que ciento cinco mil, siendo, por otra parte, el alquiler de los nuevos locales casi gratuito. Lejos de aceptar las imposiciones de Madrid, el experimentado ingeniero judío meditaba una revancha que dio sus frutos años después de su muerte, con la apertura de la Cámara de Comercio Italiana de Barcelona.

En plena diatriba entre la delegación catalana y la sede central, el presidente Maccarini celebró sus dieciséis años a la cabeza de la asociación, anunciando a socios y consejeros su intención de no volver a presentarse a los comicios de 1967, cuando se cumplirían los veinte años de su fundación. El regreso a Italia, a la sede milanesa de Ras y el deseo de modernizar la dirección de la Cámara, contribuyeron a explicar la elección del veterano asegurador boloñés, que justo en aquellos meses conoció a un grupo de dirigentes y empresarios, recién llegados a España con grandes esperanzas, atraídos por su nuevo potencial: Silvano Bonezzi, Alberto Putin y Learco Cossarini; acababan de aterrizar, eran algunos de los protagonistas del mundo empresarial italiano del último medio siglo en Madrid y alrededores.

Durante 1964, el año del gol de Marcelino Martínez Cao que dio la victoria del Campeonato Europeo de fútbol a España contra la Unión Soviética, en el estadio Santiago Bernabéu, numerosas fueron las novedades en una Cámara de Comercio ya integrada en el oasis de italianidad ubicado entre el Palacio Real, la Catedral de la Almudena y la calle Mayor. Desde principios de septiembre, según los acuerdos firmados en 1963 con las Cámaras de Comercio de Madrid, Milán, Barcelona y Roma, se inauguró el Comité Hispano-Italiano, una delegación permanente entre dichas asociaciones para favorecer las relaciones económicas italo-españolas. En diciembre, durante la primera reunión de un comité que duró hasta 1975, general fue el aplauso a sus principales autores, Maccarini y Quadrelli por un lado, y el romano Anacleto Gianni por el otro, que fueron condecorados por sendas medallas de oro por los grandes esfuerzos para crear un ente que próximamente daría vida a la revista en papel satinado bimestral *Roma-Madrid*.

Uno de los hombres clave para la creación del comité fue un viejo conocido de Juan y Maccarini que había trabajado por poco tiempo en Ras, antes de pasar a la Cámara de Comercio de Madrid, donde se quedó durante unas cuatro décadas, desde 1960 a 1998: se trataba de José Antonio Fernández Cuesta, un madrileño licenciado en Periodismo, Derecho y Economía, amigo de Italia desde los tiempos de sus estudios en Roma y Perugia. Debido a su gran conocimiento de la economía, Fernández Cuesta logró convencer a la Cámara de Madrid para colaborar con la italiana y crear una asociación que cada año se reuniría en una sede diferente, incluidas Milán y Barcelona. En los días posteriores al acuerdo, incesantes fueron las felicitaciones de Juan y Maccarini al ex colega que, con su habitual humildad, se limitó a destacar un amor por Italia que en 1970 le valió, no por casualidad, el nombramiento como secretario de la Conferencia Permanente de las Cámaras de Comercio Españolas e Italianas.

Después de meses de disputas internas en la Cámara, se resolvió el problema barcelonés casi de repente gracias a una financiación del Ministerio de Asuntos Exteriores que zanjó de golpe cualquier argumento ideológico o político: en mayo de 1965, Maccarini, Ravá y Caprile anunciaron así el ascenso de la sede a delegación y el comienzo de las obras para dotarla de unas oficinas a la altura de sus obligaciones. En aquella ocasión los tres no quisieron precipitarse en hablar de cifras, pero estaba claro que la casa madre había hecho un importante desembolso para seguir contando con la colaboración de su principal fuente de ingresos a nivel regional. La reunión dio carácter oficial a la entrada en la Cámara de un nutrido grupo de socios, algunos de los cuales residentes en Cataluña, y la llegada al consejo directivo del futuro presidente Adolfo Braschi, hombre en la dirección de Fiat Hispania después de la desaparición de Spartaco Boldori, residente en España desde 1932. Muchos eran los consejeros que conocieron de cerca al ex presidente de la Cámara, promotor de Vespa y mediador en las negociaciones entre Fiat y el Gobierno de Franco que dieron vida a Seat en 1950, razón por la que fue sincera su conmoción al recordar al amigo recién fallecido.

De vuelta de un viaje a Barcelona, Juan sintió agravarse los síntomas de la enfermedad que desde hacía un tiempo le atormentaba y en pocos años sería fatal: ocurrió en el expreso hacia Madrid, y tales fueron las nauseas y el agotamiento que pidió un médico, él que siempre los había evitado. Nuestro hombre padecía aquella enfermedad de corazón que pronto le haría entender que los éxitos terrenales no valen para nada, si no se cuenta con una salud o riqueza espiritual adecuada, *sic transit gloria mundi*.

Al contrario que el padre, que nunca mostró interés por el sector turístico, razón por la cual no se había opuesto a su nombramiento como director del hotel familiar de Antonio, Alfonso sabía que aquel edificio de cuatro pisos en plana calle Zurbano era más que un lugar de trabajo; era una misión y una casa, tanto que desde hacía poco se había establecido en la habitación 424 del hotel en compañía de su gato Óscar, confidente inseparable desde que, el anterior invierno, Guillermo lo había recogido hambriento y perdido en la recepción. En la más total soledad de aquella habitación blanca y desnuda, nuestro hombre meditaba sobre sus inquietudes, razón por la que decidió hacer un viaje o una excursión con Javier, un joven de buena familia apasionado como él por la fotografía, el cine y la moda. Los dos habían descubierto que lo suyo era algo más que una amistad, si bien no se atrevían a decirlo, temerosos de las consecuencias en la beata España de entonces.

Todo esto ya lo había notado Isabel antes de que Alfonso le revelara sin muchos prolegómenos su homosexualidad, vivida, como le gustaba decir, con orgullo y serenidad; sin pensárselo dos veces, también ella se prestó a aquella especie de confesión, revelando al hermano que tenía novio desde hacía casi tres años, sin que en principio lo supieran sus padres, con un chico dos años más joven que ella, tan parecido al hermano en carácter y aspecto que, bromeaba, ¡le podría confundir con él! Si bien no se quería arriesgar a presentárselo a Juan y Clara, aquel domingo fue invitada por José Antonio, para tomar el té con su madre deseosa, decía él, de conocer a la joven que con sólo dieciocho años le había robado el corazón; nerviosa como nunca, Isabel esperaba lo que en el fondo, no era otra cosa que una merienda con la posible suegra, ella que no se atrevía a imaginarse sola en casa de desconocidos por primera vez en su vida.

Ignorante de las alteraciones hormonales de sus hijos, en la víspera de Navidad, Juan se presentó solo en la habitual cena de fin de año de la Cámara, organizada en la Embajada de Italia, donde el fundador de Femsa y vicepresidente de la asociación,

Emilio Caprile, fue condecorado con el título de Gran Oficial de la Republica Italiana. Era una especie de canonización en vida para aquel savonés nacido en 1905 y emigrado a Madrid en 1940 para fundar una empresa que se había expandido por toda la península, trasladando en 1954 su cuartel general a Laredo, cerca de Santander y abriendo fábricas en Aranjuez, Jaén, Alicante y Girona, además de en Chile, Venezuela, Colombia o Portugal, dando así trabajo a diez mil personas en Europa y América Latina. Justo en 1965, Caprile construyó y donó a los habitantes de Laredo la iglesia de Nuestra Señora de Loreto, en un gesto que años después le valió el título de Hijo Adoptivo de aquella localidad de setenta mil habitantes en el Mar Cantábrico; el savonés recogió el reconocimiento con compostura citando los grandes méritos de la Cámara y de la comunidad italiana en toda España, según él actores imprescindibles para la codiciada medalla.

A comienzos de 1965, la Cámara de Comercio era un ir y venir de consejeros por vencimiento de mandato, incluido Juan, y de socios interesados en las alianzas que se estaban tejiendo de cara a las elecciones del 19 de mayo para renovar el consejo directivo, y a las que Maccarini se presentó por última vez, por petición de buena parte de los socios y consejeros de la asociación. Después de varios años como protagonista, Juan anunció que no quería volver a presentarse como consejero en una sesión en la que vio muchas caras nuevas, muchas de ellas relacionadas con el mundo de las dos y cuatro ruedas; era el caso por ejemplo de Lelio Pellegrini Quarantotti, en unos años presidente de la Cámara, hombre de confianza de Maccarini, capaz de trabajar horas y horas sin interrupción y, sobre todo, sin perder jamás su característica flema de estilo anglosajón.

Su biografía era cuanto menos emblemática: amigo de Spartaco Boldori, en los primeros años cincuenta convenció a Enrico Piaggio, el hijo del fundador de la homónima casa motociclista, para abrir una fábrica en Madrid donde comercializar la Vespa, el ciclomotor patentado en 1946 que arrasaba en Italia y prometía óptimos resultados en un país poco motorizado como España. Gracias a una conspicua financiación del Banco Urquijo, el grupo abrió en 1953 una sucursal en la calle de Julián Camarillo 6, en el barrio oriental de Canillejas, asignado casi por casualidad después de la renuncia del mismo Boldori, donde en febrero de 1953 salió a la luz el primer modelo de Vespa de ciento veinticinco centímetros cúbicos. La presencia de accionistas de peso como el Instituto Nacional de Industria y el mismo Banco Urquijo permitió la apertura de un concesionario en la calle de Ríos Rosas y la contratación de más de doscientos trabajadores, muchos de los cuales siguieron a sus órdenes hasta su muerte, ocurrida en 1983, después de treinta años de servicio en uno de los emblemas de la recuperación económica italiana.

Como supieron los lectores del número 108 de la *Hoja de Noticias* de la Cámara, las elecciones dieron como resultado una verdadera revolución en el consejo de la Cámara, ampliado a veintiún miembros, cuatro de los cuales españoles, en virtud de las peticiones de mayor participación de los colaboradores locales en los trabajos cotidianos de la asociación; se trataba de involucrar a un puñado de dirigentes y emprendedores llegados a Madrid desde hacía poco, pero conocidos un poco en todas partes por su extremado pragmatismo con los homólogos españoles. Confirmado el presidente y sus dos vices, los nuevos elegidos aquel año fueron Adolfo Braschi, Vincenzo Rialdi, Elio Facchini, Ruggero Faggioni, Cesare Gullino, Paolo Demi, Edmondo Turci, Riccardo Pontremoli, Riccardo Riccardi, Augusto Piastra y el mismo Pellegrini, además de José Luis Ibarra, Alfonso de Borbón, Juan Herrera y José Ruiz Giménez y Gianluca Peyretti, Orfeo Gallo y Raimondo Campa, estos últimos residentes en Barcelona.

Además hubo más novedades tras la proclamación de los consejeros elegidos después de dos horas de cuidadoso escrutinio. Después de la ritual valoración de las operaciones, el presidente Maccarini reconoció la promoción de la sede barcelonesa como una verdadera delegación, con todas las ventajas en términos de visibilidad que ello conllevaba. Oscar Ravà anunció poco después a los presentes que la financiación destinada a las oficinas en Cataluña serían de un máximo de cincuenta mil pesetas mensuales y el salario anual de los dos empleados fijos, una cantidad lejana a las quinientas mil pesetas pedidas al principio de las negociaciones, pero suficiente para dar autonomía a una sede que, según él, había captado a veintiocho de los sesenta y cinco nuevos socios de la Cámara.

Aquel día Ravà no escatimó ninguna crítica hacia la actuación de una dirección que, en muchos aspectos, según él, había decepcionado las expectativas, prometiendo a los consejeros de Barcelona una serie de garantías desaparecidas una tras otra. ¿Como era posible, se preguntaba, que un organismo que aspiraba a reclutar al menos seiscientos socios al año y ambicionaba a una financiación de más de quince millones de liras del Gobierno italiano se limitara a conceder aquellas pocas migajas a su principal sección regional?

La rabia del ingeniero de Moto Guzzi Hispania era tal que hizo público un tema reservado como el reciente y frustrado traslado de las oficinas de Barcelona desde la *Casa degli Italiani* al octavo piso de un inmueble en carrer de les Jonqueres 16, a dos pasos de la Plaça d'Urquinaona, de propiedad de Femsa, cuyas oficinas catalanas se encontraban en el piso de arriba. La operación, apoyada por el vicepresidente Caprile, fue rápidamente censurada por el consejo de la Cámara por su alto coste, una decisión que para Ravà ponía de manifiesto las fisuras y los intereses privados en el interior de la dirección. Herido en su orgullo, Caprile se levantó para responder a aquellas acusaciones infamantes para él, haciendo público también él un asunto muy privado como la petición, por parte de Ravà, de conceder a la sede de Barcelona una independencia económica total y al menos cinco de los consejeros de la Cámara, que se elegirían en Cataluña, una propuesta juzgada pretenciosa, según el presidente de Femsa, por los mismos delegados catalanes, que asistían impasibles en aquellos instantes a la propagación del peligroso incendio.

En aquel momento, Maccarini arrebató el micrófono a los dos para calmar los ánimos en la sala y proferir palabras de pesar hacia el ex secretario general desde 1943 a 1957, el coronel pavés Ottorino Grazzini, entonces enfermo terminal de un tumor en el hígado. El ex dirigente vivió en Madrid desde 1937, cuando se alistó como voluntario de guerra con el grado de comandante del ejército italiano, hasta su dimisión y regreso a su patria, después de conocer la enfermedad que le venció. Algunos de los presentes recordaron, de forma quizás inoportuna, los méritos en la así llamada pacificación franquista del país, otros elogiaron la reciente creación del décimo Gobierno franquista y la represión, decían, de una peligrosa sedición en Madrid con la manifestación de cinco mil estudiantes que habían ocupado varias facultades de la Universidad Complutense y la expulsión de algunos de sus inspiradores, entre ellos el poeta Agustín García Calvo y el intelectual Enrique Tierno Galván, alcalde de la ciudad desde 1979 a 1986.

A pesar de la censura oficial, en 1965 algo había cambiado dentro de una dictadura que no perdía ocasión de presentar a Franco como el artífice de la España más prospera de los últimos siglos. De hecho, el 1 de julio llegó a Madrid uno de los grupos más famosos de la historia de la música, The Beatles, recibidos por una multitud delirante que les acompañó en todos sus desplazamientos desde el Aeropuerto de Barajas al Hotel Gran Meliá Fénix, en la Plaza de Colón, a un tablao flamenco del centro donde pasaron la tarde, a la Plaza de Toros de Las Ventas, donde dieron un concierto de menos de una hora, y después vuelta al hotel y al aeropuerto, donde embarcaron hacia Barcelona. El 3 y 4 de julio, los cuatro melenudos se mostraron ante un público que los escoltó durante la llegada y estancia en el Hotel Husa Avenida Palace, en plena Gran Vía, para después presenciar el concierto en una Plaza de Toros Monumental a rebosar de jóvenes y menos jóvenes que por un día veían rota aquella cortina ideológica que hasta hacía poco había censurado la visita del cuarteto, cambiando de opinión tras el nombramiento de John, Paul, George y Ringo como Caballeros de la Orden del Imperio Británico, para evitar conflictos diplomáticos con el Reino Unido.

Eran aquellos los años de Manuel Fraga Iribarne como ministro de Información y Turismo, un encargo que desempeñó con cierta desenvoltura desde 1962 a 1969 y que le llevó al célebre baño en las aguas de Palomares, cerca de Almería. Sucedió después del grave accidente entre dos aviones militares estadounidenses que provocó siete muertos y la caída al mar de cuatro bombas, para calmar a una opinión pública preocupada por las posibles radiaciones derivadas de la caída de los artefactos, al alba del 17 de enero de 1966. Aquel mismo año, el guitarrista de los Beatles, John Lennon, volvió a Almería para rodar una película casi desconocida, *Como gané la guerra*, años después reconocida como la primera manifestación artística en solitario de uno de los componentes del cuarteto, cuya visita a España fue magistralmente ninguneada por la prensa de entonces, que habló de una estancia sin pena ni gloria, intentando sofocar así toda repercusión social sobre una juventud cada vez más cansada de la represión del régimen.

Mientras tanto, Isabel Picasso Puig lloraba en aquellos días por el trágico fin de su relación con José Antonio, que se suicidó en cuanto los dos descubrieron que tenían el mismo padre. Fue la madre de él, Araceli, quien se lo dijo con lágrimas una fría mañana de principios de año a los dos enamorados, que ya soñaban con una vida en común, y de hecho habían acudido a desayunar juntos con un anillo de compromiso en el dedo, señal de su compromiso. El hijo secreto de Juan, reconocido por Fausto Rozzi para evitar las repercusiones morales y sociales de la infidelidad de la mujer, no superó el golpe y fue encontrado dos días después ahorcado en su habitación, dejando a la posteridad una conmovedora carta en la que explicaba los motivos de su acción y juraba amor eterno a la joven, ahora más que nunca perdida entre los escombros del desplome de sus sueños por culpa de un padre al que, juraba, no volvería a dirigir la palabra. La noticia se propagó rápidamente en los ambientes italianos en la ciudad y no sirvió de nada la sincera conmoción de Juan, ya debilitado por su crónico problema de corazón, para consolar a una hija que se veía ya muerta en vida, si no hubiera sido por el apoyo de Clara, Alfonso y sus amigos más íntimos, mientras que no menor fue el dolor de Araceli y Fausto Rozzi, junto a los tres hijos supervivientes en los angustiosos silencios que marcaron el funeral del joven.

Convulsionada, si bien indirectamente, por aquellos trágicos sucesos, la Cámara suavizó en aquellos meses sus tonos sobre el dualismo entre Madrid y Barcelona para concentrarse en la ley sobre la prensa, apenas aprobada en el Parlamento español a propuesta de Fraga, y que en un cierto sentido prometía una mayor tolerancia hacia aquellos periódicos menos afines al régimen como *Triunfo*, *Cuadernos para el Diálogo* o *Diario Madrid*, que fue clausurado y su sede hecha saltar por los aires en 1971.

Decidida a aprovechar la feliz coyuntura de un país escogido ese otoño para albergar el Mundial de de futbol 1982, la Cámara emprendió una campaña a favor de las nuevas empresas italianas en España, una de las cuales fue Ocrim, *Officine Cremonesi Impianti di Macinazione*, a la que representaba desde 1963 un cierto Silvano Bonezzi, convertido en poco tiempo en un importante punto de referencia para la Cámara misma. En un país,

España, cuyo sector hortofrutícola representaba un gran potencial para las máquinas de riego y recogida locales, todavía insuficientes, la Camera se había convertido en una especie de atajo para la entrada en el mercado ibérico de numerosas sociedades italianas a la vanguardia en la producción de máquinas agrícolas, abonos e instalaciones, capaces de aumentar la cantidad de fruta y verdura presentes en las mesas españolas.

Otra importante empresa italiana apenas aterrizada en España era la friulana Zanussi que, en 1964 envió a Madrid a su joven economista Learco Cossarini para fundar la filial española del grupo. En menos de un año, aquel coherente udinés compró un terreno cerca de Alcalá de Henares para construir Ibelsa o Ibérica de Electrodomésticos, una fábrica que pronto daría trabajo a cinco mil personas y construiría algunos de los mejores modelos de frigoríficos del mercado local, dando vida a un coloso italiano superado sólo por Fiat en España. Desde sus primeros meses en tierra ibérica, Bonezzi y Cossarini estuvieron de acuerdo en la importancia de cultivar las relaciones entre las respectivas empresas y los actores económicos italo-españoles, incluida la Cámara, una tendencia que siguió más de un líder industrial italiano en Madrid y alrededores.

Aquel año, el penúltimo de Maccarini en la presidencia de la asociación de la calle Factor, marcó la retirada de Juan del rol de consejo para limitarse a establecer acuerdos entre bastidores. Mientras que el hijo Alfonso se asociaba por primera vez a la entidad, diferente era el estado de ánimo de Isabel, que salía poco a poco de la depresión provocada por la trágica desaparición de José Antonio y ni siquiera quería oír hablar de una asociación que según ella, integraba gente poco recomendable, dispuesta a todo con tal de hacer carrera, señal de un prejuicio debido a las desmesuradas ambiciones de un padre visto ahora con otros ojos, los de la amargura por haber descubierto así, de un día para otro, las consecuencias de aquella traición a su mujer, consumada cuando ella tenía dos años de vida.

Y, sin embargo, el destino la reconcilió pronto con la Cámara de Comercio y la vida económica italiana en la ciudad, tanto que su brillante carrera de experta en arte italiano y directora de exposiciones de los museos del Prado y Thyssen-Bornemisza no hubiera sido la misma si aquel año su amigo de la infancia Manuel Reina, hijo del antiguo colaborador de su abuelo, no la hubiera invitado a tomar un helado de pistacho en una heladería de la calle Mayor. Después de unos años transcurridos en Ávila sin pena ni gloria, en el hotel fundado y gestionado por su padre, Guillermo, con parte de los ahorros de años, la desaparición del progenitor le sumió en el desconsuelo, haciéndole meditar el regreso a aquella capital rebosante de vida y personas donde había crecido. Vendido el negocio a un empresario local, volvió a descubrir los placeres y los esfuerzos de la vida madrileña, hasta lograr, ya cumplidos los veinticinco, ser contratado por Alfonso en el hotel donde el padre fue durante años jefe de recepción y *factotum*; de ahí la idea de quedar con los amigos y amigas de la infancia, incluida Isabel, que cuando lo reconoció no pudo contener lágrimas de emoción.

"Te he echado tanto de menos", fueron las primeras palabras de Manuel, que acababa de terminar su largo noviazgo con una joven segoviana, interrumpido por voluntad de los padres de ella que tenían para su hija planes más ambiciosos que la boda con el hijo del hotelero. "A mí me ha pasado lo mismo", le contestó Isabel, que le contó la dramática historia de amor con el joven que resultó ser su hermano. Los dos recuperaron de golpe la costumbre que tenían años atrás de merendar en los jardines de un edificio adyacente al hotel mientras en verano ayudaban, él al padre y ella al abuelo, a atender a los exigentes clientes del Hotel Picasso. Aquel helado de pistacho que ´compraron más en honor a los viejos tiempos, les había devuelto a una época lejana, onírica, en la que era suficiente un caramelo o una propina de un cliente generoso para hacerles sentir como adultos en los largos pasillos del hotel donde jugaban a *un dos tres al escondite inglés*, o a *polis y cacos* a escondidas de los adultos que les habrían regañado, sin duda, si los hubieran encontrado molestando a los clientes.

En 1967, poco después de la aprobación de la octava y última Ley Fundamental del Estado, que separaba la figura del jefe de Estado de la del jefe del Gobierno, cargos que siguieron en manos de Franco hasta 1973, grande fue la satisfacción de los socios de la Cámara de Comercio, por decirlo así aperturistas, por un texto que, además de sembrar las bases para la vuelta al poder de los Borbones, después de la desaparición del Caudillo, preveía la creación de las primeras asociaciones políticas, fórmula ambigua que quería excluir la formación de verdaderos partidos, tanto que no fue elaborada una ley en este sentido hasta 1976, un año antes de la derogación de dichas normas. Uno de los socios de la Cámara más entusiastas de las reforma era un joven de veintiséis años, Alfonso Picasso Puig, que gozaba desde hacía poco tiempo de una fama de personaje extravagante, más allá de las rayas de aquellos trajes y calzados de colores llamativos que no podían pasar desapercibidos en los austeros ambientes que frecuentaba cada día. Dados los peligros con los que podía enfrentarse, el joven no se arriesgó a revelar a conocidos y amigos su relación con Javier, asiduo y discreto invitado de su residencia, en el cuarto piso del hotel, ni sus ideas contrarias a la dictadura, de la que pedía su caída en las primeras protestas estudiantiles y obreras.

Aquel año las reuniones de la Cámara, y con ellas la cuestión de las sedes regionales, retomaron su habitual frecuencia, hasta que, durante la asamblea de finales de junio que, como cada año, cerraba el ejercicio antes del verano, Maccarini confirmó que, dado que el Gobierno de Roma había concedido apenas once de los quince millones de liras prometidos para 1967, a la sede de Barcelona habían enviado quinientas veinte mil pesetas en vez de las seiscientas mil presupuestadas en enero, lo que provocó la furia de los delegados catalanes, cansados una vez más de ver rebajadas sus previsiones.

La rabia de los consejeros elegidos en Barcelona también se debía a la reapertura de las sedes de Bilbao y Las Palmas de Gran Canaria a las que, al igual de las ya en marcha de Valencia y Sevilla, se les concedería al menos dos mil pesetas al mes más los gastos de alquiler de las oficinas, renovadas hacia unas semanas, y los sueldos del personal de jornada completa o parcial. Con aquellas premisas, pareció lógica la petición de los socios y consejeros barceloneses de hacer listas separadas para la delegación catalana, por lo que se llegó a elaborar y aprobar un proyecto según el cual cinco de los veintiún consejeros debían residir en Barcelona, cuatro tendrían que ser de nacionalidad española y los restantes doce preferiblemente italianos residentes en Madrid. Aquel día, los representantes catalanes fueron reconfirmados en bloque, desde Óscar Ravá hasta su vice, Gianluca Peyretti, para seguir con Orfeo Gallo, Antonio Tozzi y Carmine De Filippo, todos defensores de una creciente autonomía de la sede central. Los elegidos por Madrid fueron sin embargo los italianos Raimondo Campa, Adolfo Braschi, Gaspare Quarti di Trevano, Giovanni Battista Talotti, Guido Santelli, Emilio Caprile, Paolo Demi, Ezechiele Salerno, Lamberto Toti Lombardozzi, Lelio Pellegrini Quarantotti, Elio Facchini y Vittorio Ricci Maccarini y los españoles Alfonso de Borbón, Juan Herrera, José Luis Ybarra y José Luis Gómez.

Después de veinte años de servicio, el 16 de noviembre de 1967, Vittorio Ricci Maccarini dejaba la asociación en las manos del número dos, Emilio Caprile. El asegurador boloñés fue reclamado por Italia para dirigir la sede milanesa de Ras, un grupo entonces en plena expansión, tanto que la sede de la filial madrileña sería en breve invadida por un gran número de recién licenciados a la búsqueda de una primera oportunidad laboral, como años atrás sucedió a José Antonio Fernández Cuesta.

Finalizado el discurso de despedida de Maccarini, Juan dio un largo abrazo al presidente saliente y le anticipó su decisión, hecha pública al día siguiente en la oficina, de presentar su dimisión en Ras para disfrutar de la anhelada jubilación, más ansiada después de la aparición de la enfermedad de corazón que le había minado la salud. Después de casi treinta años, acababa así la experiencia de Juan en el mayor grupo asegurador italiano de la época; en cambio, se convertía en un jubilado sesentón con muy poco en común con la mujer, también ella retirada de cualquier actividad pública, y que no veía con buenos ojos que su hijo malgastara, según él, el sueldo en fiestas y viajes, ni que su hija hubiera comenzado desde hacía poco a salir con un empleado del Hotel Picasso y a trabajar fuera de casa como organizadora de eventos, reuniones y pequeñas exposiciones en el hotel dirigido por su hermano.

Para que no se echase de menos al presidente saliente, Caprile y su vice, el futuro presidente Elio Facchini, organizaron a finales de año varios eventos para consolidar el Consejo surgido en las últimas elecciones; se trataba de formar un frente contra las recientes peticiones de autonomía de las delegaciones locales. La tómbola de fin de año, uno de los primeros eventos en los que participaron Juan y su hijo Alfonso, resultó ser una especie de despedida para los compañeros de toda una vida por parte del primero, que al año siguiente sufrió un fuerte empeoramiento de su estado de salud.

En 1968 ya estaba todo listo para la inauguración de la nueva sede social de la delegación catalana de la Cámara de Comercio Italiana para España que, el 14 de febrero dejó la *Casa degli Italiani* para trasladarse a la avenida de José Antonio Primo de Rivera 637, hoy Gran Vía de les Corts Catalans, a menos de medio kilómetro de la anterior sede. Grandes fueron las celebraciones de los cinco consejeros y socios barceloneses por el resultado de años de largas luchas para ver reconocido su peso económico en la colonia italiana en España. Aquel año, si bien las revueltas del Mayo francés no fueron secundadas en los regímenes de Franco en España y de Salazar en Portugal, la actual Guinea Ecuatorial declaraba la independencia de España, antes de que el último territorio bajo su control, el Sáhara Occidental, fuera cedido a Marruecos después de la Marcha Verde en noviembre de 1975, justo en la víspera de la muerte del Caudillo.

Mientras tanto, en la primavera de 1968 llegaba a Madrid un joven ingeniero vicentino llegado cinco años antes a Mollet del Vallés, en los alrededores de Barcelona, donde inauguró la expansión internacional de Ipiac, la empresa familiar, acrónimo de Industria Putin Installazioni Automatiche Ceramica. Alberto Putin, con sólo veintiséis años, todavía no lo sabía pero la capital española se convertiría pronto en su segunda patria, el país donde el destino de la que hasta ahora había sido una empresa local, fundada en Villaverla en 1855 y crecida absorbiendo a la competencia en la provincia de Vicenza, se convertiría en una epopeya familiar, en un proceso de crecimiento mundial sin igual en la colonia italiana en España de las últimas décadas. Aquel que es hoy un punto de referencia en el mercado de la arcilla expandida establecía por lo tanto en aquellos meses los primeros contactos con las figuras más importantes de la Cámara de Comercio, tanto que en poco tiempo, fue general la admiración de los compañeros italianos y españoles por aquella manera de entender los negocios, sosegada pero decidida, y muchos estaban seguros de que la entonces cara nueva del mundo empresarial italiano en la ciudad pronto se abriría camino dentro de la asociación, como de hecho sucedió.

Cumplido desde hacía poco su primer medio siglo de vida, la Cámara contaba con varios consejeros de renombre de una asociación, deseosa de expandir sus horizontes en colaboración con las Cámaras y ferias italianas y españolas de prestigio, que requerían viajes casi cada mes a Milán, Roma, Barcelona o Valencia. Desde el presidente de la asociación, Emilio Caprile, al número dos Emilio Facchini, dirigente del principal acreedor de la Cámara, la Banca Nazionale del Lavoro, hasta los responsables de la Compañía Adriática de Seguros y Fiat Hispania, Enrico Angeloni y Adolfo Braschi, por no hablar de sus homólogos de Zanussi y Moto Vespa, Learco Cossarini y Lelio Pellegrini Quarantotti, no faltaba ningunos de los notables de la colonia italiana en España de entonces. Lo mismo valía para los consejeros de Barcelona, Alberto Zancan, Oscar Ravà, Antonio Tozzi, Riccardo Berla y Carmine De Filippo, a la cabeza de empresas desde hacía tiempo con cuota fija en el consejo de la Cámara como Pirelli, Motorhispania y Olivetti.

Para completar el cuadro de los veintiún consejeros había dirigentes no menos importantes como Guido Santelli, Paolo Demi o Ezechiele Salerno de Nitroquímica, Salpes y Finmeccanica, Gaspare Guasti de la Banca Commerciale Italiana, el noble Alfonso de Borbón y Dampierre del Banco Exterior de España, Clemente Brigante Colonna, que en 1965 abrió la primera oficina del Ente Nazionale Idrocarburi en España y Lamberto Toti Lombardozzi de Rumianca Siasa, una fábrica italiana de abonos químicos poco tiempo después vendida a un grupo de emprendedores madrileños. Lo mismo se puede decir de nombres quizás menos conocidos como Franz Lahmert del Banco Popular, Pedro Muñoz Seca de Assicurazioni Generali o Balbino Rabanal de Barasa; todos los consejeros en su cargo escribían la historia de la Cámara de Comercio desde lo alto de aquel puesto de indudable prestigio y una colaboración que duraría mucho tiempo.

A pesar de las satisfacciones como recién estrenado socio de la Cámara, bien recibido dada su ilustre ascendencia, Alfonso no perdía de vista en aquellos meses el estado de salud de un padre que ya casi no salía de casa, obligado a moverse con la ayuda de Clara y de aquel bastón convertido en inseparable por el temblor que también le impedía levantarse sin ayuda. Poco a poco se hicieron constantes las noches transcurridas en casa de la hermana o de los padres, para hacer más llevadero el pésimo estado de salud de un padre que todavía no había cumplido los sesenta, pero que sufría por los excesos de tantos años. Así, un día, mientras parecía que el corazón mejoraba, un vecino de casa le encontró en el suelo, en un charco de sangre, a dos pasos del portal, consecuencia de un último, desesperado, vuelo desde la ventana de la sala a la búsqueda de las fuerzas perdidas para siempre.

Se daban ánimos el uno al otro Clara, Isabel y Alfonso al tener que identificarle ante el forense, resignados desde hacía unos meses a ese final. El funeral de Juan, como el de su padre Antonio, se celebró dos días después en una atmósfera surrealista, marcada por la conmoción de los que habían apreciado sus virtudes de trabajador y dirigente de la Cámara. Durante la ceremonia, Alfonso apretó fuerte contra su pecho aquellas memorias familiares amarilleadas por el tiempo, iniciadas por el bisabuelo Giovanni y ampliadas, primero por el abuelo Antonio, después por su padre Juan hasta el agravamiento de la enfermedad que al final le impidió hasta escribir. Había, en aquellos recuerdos familiares, la historia de la misma Cámara desde el lejano 1914 perdida por las numerosas mudanzas de la asociación y bajo los bombardeos de la aviación italiana y alemana, que arrasaron Barcelona durante la Guerra Civil. Mientras lloraba la muerte repentina del padre, el joven sabía que tendría que hacerse cargo de aquellas memorias para plasmar en ellas la alegría que lo caracterizaba desde temprana edad y lo hubiera conseguido si no hubiera sido por su fin prematuro, víctima de una historia de amor con final trágico.

VIII

Superado el luto por la muerte de Juan, Clara decidió que había llegado la hora de librarse del yugo que durante años le había impedido dar rienda suelta a su pasión por Maurizio, y aceptó la invitación de trasladarse con el ex presidente de la *Società Italiana di Beneficenza* a la antigua casa de los padres de él en la plaza de Olavide, del barrio de Chamberí, en el edificio donde hoy surge una de las más conocidas *pizzerías* de la ciudad. Aquel compañero que se acababa de jubilar, después de años de trabajo en la Femsa de Enrico Caprile, decidió no casarse hasta que no se reuniera con la mujer que amaba y que, finalmente, volvería a estrechar entre sus brazos a los setenta años; su único pesar era el no haber podido contentar en vida a sus padres, preocupados hasta el último momento por su soltería.

Unidos por los recientes lutos, aquellos meses pasaron rápido para Alfonso e Isabel hasta que, hacia principios de 1969, en una fría mañana de abril, ocupada en colocar las mesas del salón principal del Hotel Picasso para una conferencia, Isabel anunció al hermano su intención de casarse con Manuel, aquel joven que, en pocos meses, había le había hecho olvidar a José Antonio para volver a sentir la alegría de vivir su joven vida. No obstante el inicial estupor, Alfonso celebró enseguida la noticia con un brindis por los novios: una botella de espumoso reservado para ocasiones especiales.

En la España de final del decenio marcada por el caso Matesa, una especie de ajuste de cuentas entre las familias políticas del franquismo, y el estreno del décimo segundo y penúltimo Gobierno Nacional de Franco, un joven Juan Carlos de Borbón era nombrado sucesor del Caudillo después de un debate parlamentario que finalizó con el juramento del futuro soberano a los principios del Movimiento Nacional. Muchas fueron las críticas de los franquistas más ortodoxos de la que recelaban una restauración pre-bélica, mientras que los socios y consejeros de la Cámara apoyaban por igual la futura vuelta de los Borbones al poder y las posiciones más extremas, casi revolucionarias, de los primeros fascistas. Por su parte, Alfonso apoyaba un proceso de democratización que, si bien no habría llevado al deseado *referéndum* entre monarquía y república, siempre era un paso adelante hacia la construcción de un país más moderno.

La cuenta atrás para la renovación del consejo de la Cámara y la elección del sucesor de Emilio Caprile en la presidencia prevista para el 10 de diciembre, avanzaba inexorablemente en aquellas semanas, hasta que, hacia finales de octubre, estuvo claro que, en línea con las tendencias de la comunidad italiana en España, el nuevo número uno de la Cámara estaría relacionado con el mundo del motor y con el mismo Caprile, el empresario más adinerado y respetado de la colonia. A pesar de su breve mandato, fue una guía carismática también por el hecho de no pertenecer a aquel grupo de dirigentes y empleados de empresas italo-españolas mayoritario en la Cámara, sino a un exiguo grupo de fundadores de empresas italianas, capaces de ofrecer trabajo en zonas normalmente olvidadas por los tráficos económicos nacionales.

A pesar de un cierto consenso acerca del nombre del futuro presidente, los días precedentes a la votación final no fueron muy simples para una Cámara siempre sometida, como cualquier asociación en tierra española, a los controles de la Dirección General de Seguridad. De hecho, el temido órgano condicionó la aprobación del nuevo estatuto societario según la nueva ley sobre asociaciones, sobre todo en lo referente al domicilio de las sedes regionales y el destino del patrimonio social en caso de disolución de la asociación. Por esto, el 10 de diciembre, tras haber recordado al primer secretario general de la asociación, Cesare Gullino, fallecido hacía poco en Barcelona, Caprile fue elocuente al recordar a los consejeros que el camino por recorrer todavía era cuesta arriba, poniéndoles en guardia ante cualquier intento de perseguir vanos personalismos, dado que sólo la unión permitiría a la Cámara superar los retos de aquel período de gradual aperturismo de España a los mercados extranjeros. Acabada la votación, Caprile proclamó como sucesor al marques Lelio Pellegrini Quarantotti, máximo dirigente en España de Moto Vespa, el primero de una larga serie de presidentes relacionados con el mundo del motor, desde hacía tiempo la *créme de la créme* del empresariado italiano en España.

En su discurso de investidura, Pellegrini fue explícito al recordar que una de sus prioridades sería el desarrollo de una red de delegaciones locales que, al igual de la catalana, tendrían que equilibrar la presencia económica italiana en el país; presionado por los dirigentes de Barcelona, decidió hacer pública la contribución de dos mil pesetas mensuales para las sedes de Valencia, Las Palmas de Gran Canaria y Bilbao, y explicó que la nueva oficina de Sevilla no percibiría ninguna ayuda pública hasta que no se nombrara un delegado local oficial, cosa que él pensaba que ocurriría en unos meses. Presente en el acto de investidura, Alfonso aplaudió con admiración aquella figura de emprendedor experto y respetado en los círculos empresariales de Madrid y alrededores, que conocía a fondo los problemas de un país que, a pesar de la progresiva apertura, sufría los efectos del paro y de la inflación, además de la falta de libertades públicas y privadas.

La nueva década se presentaba cargada de novedades para una asociación que tenía una seguridad en sí misma digna de una institución veterana, y que, a la sombra de sus casi cuatro décadas de experiencia, conocía a fondo las dinámicas económicas de Madrid y alrededores. En el Consejo elegido el año anterior, muchas eran las caras conocidas al gran capital italo-español de la época, así como los hombres de confianza de un ex presidente que no hizo otra cosa que ceder el poder por un breve intervalo de tiempo, dado que en mayo de 1972 fue nombrado de nuevo presidente por otros dos años.

Mientras tanto, Manuel e Isabel vivían felices sus primeros meses de matrimonio y fantaseaban sobre un futuro sin problemas, él abrumado por las deudas contraídas en Ávila para arreglar algunas propiedades familiares, ella ocupada en sanear balances de una herencia paterna todo menos de color de rosa, por lo que decidieron establecerse en la antigua residencia familiar de ella, renunciando por el momento a ampliar la familia y concediéndose un solo capricho: la adquisición de un coche de segunda mano, un Seat 850 de 1966, comprado a un amigo del padre a un precio irrisorio. A pesar de que más de un peatón se escandalizaba al ver a una mujer al volante, Isabel se divertía retando a aquellos retrógrados con sus largos paseos de un punto al otro de la capital para asistir a la inauguración de una muestra de pintura o para recoger a Clara en la casa del nuevo compañero en la plaza de Olavide.

En 1970, después de una larga espera, estaba por fin a punto de salir en el Parlamento italiano la futura ley 518, aprobada el primero de julio, sobre la reordenación de las Cámaras de Comercio Italianas en el Extranjero, un texto que para muchos ayudaría a esclarecer el estado jurídico de toda una pluralidad de organismos que, desde hacía años, operaban junto a las Embajadas,

Consulados e Institutos para el Comercio Exterior, sin pertenecer sin embargo oficialmente al sistema institucional italiano del país en los que se constituían. Reconocida desde el 31 de diciembre de 1919, en realidad, la *Camera di Commercio per la Spagna* no albergaba grandes esperanzas en ese texto plasmado en diez artículos, pero sí esperaba que la normativa citase e incentivase las contribuciones públicas como fuentes de financiación imprescindibles para la supervivencia de las cámaras; teniendo en cuenta el incremento de las ayudas ministeriales en los años sucesivos, la asociación podía darse por contenta con aquella ley que no servía para otra cosa que para institucionalizar el trabajo de años.

Mientras tanto, aquel año llegaba a Sevilla un ingeniero mecánico lombardo, Camillo Ruggeri, encargado de dirigir nada menos que la Siderúrgica Sevillana, una fábrica sublevada contra la dictadura de Franco y que al poco tiempo comenzó una larga serie de manifestaciones a favor de los derechos políticos y sindicales. Originario de Sesto San Giovanni e hijo del entonces director de Trafilerie e Corderie Italiane, una de las empresas más importantes del suburbio milanés, en 1965 Ruggeri se trasladó con su mujer Grazia a Ceprano, cerca de Frosinone, para ocuparse de cerca de cables de acero para la Siderúrgica Latina Martin y exportar luego su experiencia a España, un país estratégico para el desarrollo de la empresa del Lazio. Ya padre de Renata y más tarde también de Roberta y Giulio, Ruggeri vivió en aquel intenso bienio en la capital andaluza la creciente tensión entre un aparato político e ideológico en decadencia y un malestar social en ebullición, tanto que, durante una de las últimas ocupaciones de la fábrica, decidió despedir con efecto inmediato a los trescientos obreros, para después volver a contratarlos a casi todos una vez obtenidas garantías por escrito de su conducta en el caso de nuevas agitaciones.

Hacia principios de la nueva década, la Cámara de Comercio Italiana para España se había convertido en un interlocutor conocido por su competencia y fiabilidad, capaz de ayudar a las empresas italianas en los complicados procesos administrativos necesarios para entrar en un mercado en gran parte autárquico, cuando una serie de gastos empezó a minar por primera vez su estabilidad. Primero fueron las obras de una sede, la de la calle Factor, cada vez menos adecuada apara un organismo que necesitaba, año tras año, nuevos espacios para los empleados, jefes y viejas carpetas, tanto que el sótano del edificio, antes sin usar, se habilitó rápidamente como almacén. Además, varias ferias no dieron en aquellos años los resultados esperados, por lo que más de una vez las discusiones entre los que querían invertir grandes recursos en eventos, quizás sobrevalorados por los mismos empleados, y los que les achacaban un comportamiento derrotista fueron acaloradas. Por último, quizás excesivo era el desembolso por una serie de iniciativas que, como la revista trimestral *Roma-Madrid*, estaban destinadas al fracaso si no lograban reunir un gran número de noticias promocionales y publicidad empresarial.

Durante una de las últimas reuniones de 1971, tal vez la más enardecida del breve mandato de Lelio Pellegrini Quarantotti, presionado por los componentes barceloneses del consejo, el presidente no pudo ocultar a los presentes el elevado coste de las obras de la calle Factor, cuatrocientas mil pesetas, de las que al menos un noventa por ciento las dieron los socios a fondo perdido, cifras que muchos consideraron excesivas, teniendo en cuenta que no lejos de allí había locales en alquiler a precios más asequibles de lo que gastaba la asociación. Al acabar la reunión a la que había asistido sin demasiado interés, grande fue el desdén de Alfonso al comprobar que muchos consejeros durante aquellos años se habían aprovechado de privilegios injustificados, como comidas y misiones en otras regiones españolas. De vuelta al hotel meditaba devolver una tarjeta de socio que entonces era más que nada una costumbre por la memoria de un abuelo y bisabuelo que hicieron grande la Cámara muchos años antes.

Dejando de lado las fuertes divisiones sobre el balance del año anterior, la Cámara se preparaba en 1972 para celebrar las elecciones para la renovación de sus principales dirigentes, el primero el presidente Pellegrini, que movía la cabeza desconsolado cada vez que confirmaba que las pérdidas crecían año tras año. Lo que no sabían ni él ni sus sucesores era que ese pequeño paso atrás era sólo el primer aviso de una crisis que años después pondría en riesgo la existencia misma de la asociación, desgastada por inversiones desmesuradas en el Madrid del ladrillo fácil. Del cónclave del 23 de marzo de 1972 salió un Consejo renovado en los nombres, pero fiel a las tendencias entonces dominantes en la economía italiana en España, que veía en primera línea grupos como Fiat y Moto Guzzi Hispania, seguidos de cerca por los numerosos bancos que, justo en aquellos años, iniciaban a abrir magnificas sedes de representación hoy desaparecidas, tanto que es difícil siquiera imaginar que hayan existido alguna vez.

Después de un breve debate, los entonces quinientos sesenta y dos socios inscritos a la sede de Madrid hablaron claro: la mayoría de sus dieciséis consejeros fueron reconfirmados por un segundo o tercer mandato, señal de una sólida confianza en su actuación. Desde Caprile al el ex vice Facchini, hasta Brigante Colonna, desde hacía siete años punto de referencia de Eni en España, Alfonso de Borbón y Toti Lombardozzi, la mayor parte de ellos formaban y todavía formarían parte por varios años de la Cámara, preparándose a acoger a los pocos nuevos nombres de aquella sesión.

Análogo fue el resultado en las urnas barcelonesas, dado que los ciento veinticinco socios locales decidieron confiar los cinco puestos a su disposición a caras ya conocidas como Oscar Ravà y Alberto Zancan de Motohispania y Pirelli, Giovanni Frei y Antonio Tozzi de Olivetti y sólo una persona nueva, Natale De

Regis, como exponente de la empresa Martini&Rossi en sustitución del desaparecido Carmine De Filippo. En un ambiente marcado por la continuidad, menos de dos meses después, el 27 de mayo, se dio por supuesta la vuelta a la presidencia de la asociación del fundador y presidente de Femsa, Emilio Caprile, que durante el traspaso del cargo con Pellegrini agradeció a los presentes la confianza depositada de nuevo en él, señal de que en el precedente mandato había dejado buenos recuerdos.

Durante aquella asamblea tan llena de emociones, el presidente Pellegrini encontró tiempo para anunciar lo que consideraba uno de los mayores meritos de su breve mandato: el nuevo reconocimiento oficial de la Cámara por parte del Ministerio de Comercio Exterior, esta vez según la ley de dos años antes, gracias al decreto ministerial del 8 de marzo de 1972, con el que el ejecutivo de Giulio Andreotti daba via libre al nuevo Estatuto de la Cámara y asignaba un millón de liras como contribución extraordinaria para los gastos del corriente año.

El entusiasmo general fue pronto menoscabado por Caprile que esa tarde anunció la creación de tres comités, uno económico, uno comercial y otro industrial, para abaratar los costes de gestión que si no se controlaban podían poner en riesgo la supervivencia misma de la Camera; tres consejeros por comité se encargarían de formular propuestas para la estrategia de la Cámara. Pero todavía faltaba un evento imprevisible: la decisión, tomada en 1973 por los miembros de la OPEP, de bloquear las exportaciones de petróleo a Estados Unidos y sus aliados como represalia por el apoyo a Israel en la guerra de Yom Kippur contra Siria y Egipto, recién concluida; esto comportaría graves problemas de inflación y paro, así como el cambio de las estrategias de producción de las sociedades occidentales, incluidas las de Italia y España.

Después de haber aplazado varias veces la fecha, aquel año la familia Picasso-Maucci se reunió en Barcelona para celebrar el centenario del desembarco en Cataluña de Giovanni Battista Picasso. Desde hacía meses, Alfonso esperaba poder rememorar el momento que, según las memorias del bisabuelo, había significado el inicio de la gloriosa dinastía. Gracias a un conocido residente en Francia, había conseguido contactar con los primos de su padre, Claudia, Jordi y Álvaro, y algunos de sus respectivos hijos, además de los hermanos Ricardo y Paula Maucci. A la reunión, que se celebró en un restaurante del antiguo barrio de Sarrià, no lejos de aquella villa donde vivían los Picasso-Maucci, asistieron una veintena de comensales, muchos de los cuales no pudieron reprimir las lágrimas al reencontrarse después de treinta años más fatigados, realizados o quizás sólo un poco más viejos; supervivientes de aquella guerra que mató a varios familiares y había separado para siempre a los descendientes de la estirpe. Aquella tarde, a pesar de la satisfacción por haber conseguido abrazar de nuevo a tantos familiares, Alfonso sabía que quizás desde ese momento sus caminos no volverían a cruzarse: demasiado diferentes y lejanas eran ya sus vidas para pensar en volver a verse dentro de cinco o diez años.

De vuelta a Madrid, una mañana Alfonso e Isabel recibieron una medalla como recuerdo del encuentro familiar enviada por Ricardo Maucci que, en una breve carta, les daba las gracias por la organización del evento y les anunciaba su inminente salida de Motorhispania a causa de su venta a Industrias Subsidiarias de Aviación, con sede en Sevilla, con el consiguiente traslado de las fábricas catalanas a la capital andaluza. Alfonso le respondió casi inmediatamente, agradeciéndole el detalle y prometiéndole de alguna manera volver a verse en Madrid o en el sur de Francia, para dar continuación al histórico encuentro. Se había dado cuenta, más o menos, de las dificultades y sentimientos enfrentados de afecto y desapego que la reunión había suscitado, sobre todo entre aquellos primos que nunca se habían conocido, pero confiaba, más por obstinación que por convicción, en un nuevo encuentro por la sensación experimentada en la cena de Barcelona; pensaba en esos agradables momentos mientras actualizaba con paciencia los apuntes biográficos de su padre Juan, anotados en el tomo iniciado por el abuelo Antonio en los últimos años de su vida.

Hacia finales de aquel año, por fin Franco se decidió a ceder el puesto de Jefe de Gobierno a uno de sus leales, Luis Carrero Blanco, manteniendo para él sólo el de Jefe de Estado, por el agravamiento de su estado de salud; la noticia fue acogida con escepticismo por una parte de los consejeros de la Cámara más antiguos, bien por su confianza en la figura del Caudillo, bien por el contenido simbólico de una cesión de poderes que ponía en evidencia la delicada salud de todo un sistema político. Este no fue el caso de Caprile, que conocía bien las cualidades del almirante.

Carrero Blanco, originario de Santoña, en Cantabria, había visitado en varias ocasiones las fábricas de Femsa en la cercana Laredo, elogiando las cualidades de uno de los mayores emprendedores italianos en España de las últimas décadas.

A finales de ese año, la Cámara celebraba una reunión extraordinaria en la que se habló de cómo el número de socios se había duplicado en una década, incrementándose de trescientos en 1962 a setecientos setenta a finales de 1972; sin embargo, el balance de aquel año fue todo menos positivo, con un déficit no solucionado a pesar de las generosas subvenciones del Gobierno italiano y de los socios más importantes. Quizás también por esto, una vez hojeada la última *Hoja de Noticias*, Alfonso decidió no renovar su inscripción el año siguiente: se había acabado, creía, un ciclo en el que primero fue un ferviente colaborador de la asociación y luego solo socio y empresario deseoso de saber que uso se hacía de sus cuotas anuales.

El gran año de la crisis energética no hubiera podido empezar mejor para un Hotel Picasso que, a pesar de la necesidad de obras de reestructuración, colgó más de una vez su cartel de completo tras una serie de reuniones, comidas de negocios y conferencias en los espaciosos salones en la planta baja del edificio. Las energías y el tiempo empleados para dichas citas fueron tales que, durante unos meses, Isabel tuvo que renunciar a sus compromisos como gestora de una serie de galerías de arte que en aquellos meses habían abierto sus puertas, decididas a retar a los cánones artísticos y culturales de la España de Franco. Junto a Manuel, la joven vivía los últimos restos de la inocencia que antes o después deja sitio a la consciencia de uno mismo, de sus propios límites y los del mundo, convencida que junto a su hermano habría podido, antes o después, crear algo más que un simple establecimiento hotelero: soñaba, aquella muchacha de casi treinta años, con transformar el Hotel Picasso en un centro artístico, donde la comodidad y el lujo se combinaran con la alta cocina y el arte, si hubieran invertido una parte de la herencia paterna en comprar cuadros antiguos y modernos, cosa cada vez más en boga entre las clases medio-altas.

Las esperanzas incubadas durante tanto tiempo por Isabel, Manuel y Alfonso se hicieron pedazos de un golpe una noche de abril de 1973, cuando este último fue encontrado muerto en la fatídica habitación 424 del Hotel Picasso, donde vivía desde hacía casi una década. El personal de limpieza del hotel fue alertado por los maullidos del gato Óscar que, en contra de su voluntad, había asistido al homicidio-suicidio de su dueño y de su amante Javier, por parte de este último, cuando el director del hotel le comunicó que, después de años de relación, ya no tenía sitio en su vida.

Al día siguiente otro Picasso, el pintor Pablo, se fue para siempre a la edad de noventa y dos años, en aquélla que Isabel interpretó como una señal del destino, una invitación para hacer suya la herencia de dos figuras que había admirado desde pequeña, el primero por una afinidad que iba más allá del simple nexo biológico, el segundo por haber desafiado desde el exilio la censura de

Franco con un estilo entre los más admirados del siglo. Al funeral del hermano asistió un numerosos grupo de socios de la Cámara dispuestos a recordar la figura de aquel compañero tan apreciado por su honestad y tenacidad, además de casi todos los empleados de un Hotel Picasso que viviría momentos de incertidumbre, en vilo entre la continuidad como propiedad de la familia Picasso Puig y la venta a algún grupo nacional o extranjero.

Si bien conmocionada por aquella violenta muerte, la Cámara retomó pronto su actividad con los esperados informe de los tres comités creados por Caprile el año anterior para sanear el balance de la asociación. Mientras Cossarini y Toti Lombardozzi se limitaron a sugerir iniciativas de sentido común, fue el director de la Banca del Lavoro in Spagna, Elio Facchini, quien propuso lo que muchos socios de Madrid reclamaban, sin atreverse a pedirlo. Se trataba de la supresión de la delegación catalana, dadas las repetidas ausencias de sus consejeros a las sesiones plenarias en Madrid y sus crecientes problemas de movilidad, debidos a su edad cada vez más avanzada y los elevados compromisos de trabajo, que les hacían descuidar la actividad de la asociación. La solicitud fue acogida sin demasiadas quejas por los cinco notables de Barcelona que, desde ese momento, se vieron de nuevo degradados como una simple delegación de una Cámara que les retiraba todas las prerrogativas obtenidas en los años precedentes, sobre todo la posibilidad de disponer de listas electorales separadas de su casa madre.

La decisión fue efectiva un mes después, el 24 de mayo, argumentada por el nuevo agujero en el balance, confirmado el año anterior, que hacía impopular cualquier petición a favor de una mayor descentralización de la Cámara. El mismo Caprile confirmó a los socios y consejeros reunidos en la sede del Istituto di Cultura que, a pesar del fuerte incremento de las ayudas estatales, 1972 se había cerrado con una pérdida de ni más ni menos trescientas mil pesetas, tanto que el patrimonio de la asociación bajó a un millón de pesetas, la mitad con respecto a quince años antes. Urgía una rápida solución y el presidente sabía que, a pesar de la afinidad ideológica con algunos jerarcas de Franco, el régimen no encontraría el tiempo ni los recursos para ayudar a la Cámara, preocupado en esos momentos por calmar a la opinión pública sobre la salud del Caudillo.

Pocos meses después de la desaparición de Alfonso, la vida de Isabel, Clara y Manuel se vio marcada por eventos que les consolaron en cierta medida: además de conseguir hacer frente a las deudas y obras de reestructuración del Hotel Picasso, los tres celebraban una mañana de junio el embarazo de Isabel, que antes de final de año daría a luz una nueva criatura, primogénito de la quinta generación de los Picasso en España. "¡Parezco una escritora!", pensaba para sí la futura madre aquel mismo 11 de junio en el que Carrero Blanco se preparaba para hacerse cargo del décimotercero y último Gobierno de Franco, mientras que por primera vez escribía en su diario familiar, heredado del hermano, siendo la primera mujer en tomar las riendas.

Con el avance del embarazo, Isabel redujo poco a poco sus compromisos con las muestras y exposiciones en la ciudad, hasta que a final de verano terminó por centrarse sólo en las obras de reestructuración del Hotel Picasso, que quería transformar en un hotel dedicado no sólo a personas importantes y de negocios, si no sobre todo a los amantes del arte y de las letras, de forma que creó una serie de ofertas especiales para alojamiento para los que quisieran visitar una de las numerosas galerías y salas surgidas en la ciudad en los últimos meses, aquellos mismos locales que pronto escribirían algunas de las páginas más celebres de la Movida Madrileña. Con Manuel como jefe de recepción del hotel, Clara propietaria y directora del negocios, y jefa también de los eventos, Isabel reforzaba el compromiso y la participación de la familia Reina-Picasso en aquella que era algo más que una mera fuente de ingresos, habiéndose convertido el hotel en la una de las razones de su existencia, en homenaje sobre todo a un abuelo y hermano que le dedicaron una parte de los años más fecundos de su existencia.

Después de un largo letargo, España redescubría, siempre dentro de los límites impuestos por el régimen, los placeres de la vida cotidiana, también por los éxitos de las revoluciones que en Grecia y Portugal estaban derrocando las dictaduras de Georgios Papadopoulos y Marcelo Caetano. Aquel anticipo de libertad hacía pensar a muchos en la caída de un franquismo en estado terminal. Y sin embargo no todos se alegraron del atentado con el que el 20 de diciembre de 1973 la organización terrorista ETA asesinó al presidente del Gobierno, Carrero Blanco, con una carga de dinamita que se hizo explotar en un túnel excavado en plena calle de Claudio Coello, en Madrid, en el momento en que pasaba el coche en el que iba con el chófer y un escolta. El atentado fue recibido con júbilo por una gran parte de la opinión pública que, frustrada por años de represión, veía a los miembros de la banda terrorista vasca como una especie de libertadores del pueblo, opinión que más tarde cambió por una serie de atentados hacia agentes de las fuerzas del orden, políticos de cualquier bando, empresarios y simples inoportunos en cualquier parte de la península. No muy lejos, a esas mismas horas, venía al mundo por fin Alfonso Reina Picasso, el primer hijo de Isabel y Manuel, llamado así en honor del hermano de ella. Grande fue la emoción de los abuelos Clara y Maurizio por el nieto tan esperado, que ardían de deseos de poder achuchar en casa.

De vuelta a sus ocupaciones como socio de la Cámara de Comercio, Manuel fue avisado de la inminente elección de un nuevo presidente en sustitución de Caprile, que hacía tiempo había anunciado que no volvería a presentarse al cargo, para poder ocuparse mejor de Femsa. El 8 de noviembre de 1974, día de las elecciones de la Cámara, tanto la sede de Barcelona, ya sin autonomía financiera, como la de Madrid, reconfirmaron en bloque a casi todos los consejeros de los últimos dos años, lo que demostraba el prestigio alcanzado por los exponentes más importantes de la comunidad de negocios italo-española de la época. Las únicas caras nuevas fueron, no por casualidad, los empresarios romanos Giuseppe Sclaverano y Giuseppe Nardin que, una vez elegidos, contribuyeron a elegir presidente a Adolfo Braschi.

En su breve discurso de investidura, el presidente de Fiat Hispania quiso agradecer a Caprile el haber podido incrementar la financiación estatal de los catorce millones de liras anuales de 1971, a los dieciocho de 1974, a pesar de la crisis del petróleo, además de contener el déficit del balance de los últimos años. Braschi anunció también el nombramiento de ocho vicepresidentes, entre ellos el principal delegado de Barcelona, Antonio Tozzi, en aquélla que los consejeros de la Cámara más antiguos recordaban como una de las presidencias más cortas en la centenaria historia de la asociación, ya que el anciano dirigente pronto se jubiló dejando así su puesto obtenido sólo un año antes, a Elio Facchini, de la Banca Nazionale del Lavoro.

Mientras supervisaba optimista, junto a su mujer, las últimas obras de reestructuración del Hotel Picasso, en los agitados días que vieron temblar al régimen de Franco por las revoluciones de los meses anteriores en Grecia y Portugal, y al futuro soberano Juan Carlos asumir la dirección del Estado del 19 de julio al 2 de septiembre por la enfermedad del dictador, Manuel evitaba cualquier referencia a la política en sus conversaciones con algunos de los huéspedes más adinerados del hotel. Sin embargo, esperaba que aquel hijo apenas venido al mundo pudiera crecer en un país libre por fin de cualquier esclavitud política e ideológica, guiado por los valores de libertad y respeto recíproco de la recién creada Comunidad Económica Europea. Aquella Navidad reservó a nuestro hombre el mejor regalo que pudiera recibir jamás: Isabel le anunció la llegada de un segundo hijo para el siguiente verano. "¡Esta vez el nombre lo elijo yo!", respondió él bromeando, incapaz de contener la emoción.

Transcurridas las fiestas navideñas, el 29 de enero de 1975 la Cámara retomó las obras con una novedad en el Consejo: el ingeniero Camillo Ruggeri, recién llegado a Madrid como administrador delegado de Rumanca Siasa en sustitución de Toti Lombardozzi, jubilado, heredaba el puesto de consejero de la empresa turinesa, la principal empresa de abonos químicos en España. Junto a él, elegían también a su mujer Grazia como secretaria de la *Società Italiana di Beneficenza*, una bergamasca que había trabajado durante mucho tiempo en la empresa de confección de sus padres, antes de trasladarse con su marido, primero a Ceprano, cerca de Frosinone, luego a Sevilla y, por fin, a Madrid; a pesar de los trabajos domésticos, no había perdido su fuerte vena empresarial, tanto que en los últimos meses estableció una serie de contactos con varios comerciantes y compradores de seda para producir trajes de novia entre Como y Madrid.

Al igual que Ruggeri, justo en ese momento fueron muchos los directivos de empresas italianas que asistieron por primera vez a la Cámara. Entre estos destacaba el nuevo director de la agencia de viajes Polvani, el umbro Alfio Sensi, llegado en la primavera de 1975 a Madrid después de una larga experiencia en el grupo italo-argentino, primero en Génova, luego en las oficinas de Buenos Aires y Rio de Janeiro. Figura más que apreciada en las colonias italianas en América del Sur, Sensi había estrechado fuertes lazos con las Cámaras de Comercio italianas en todas las ciudades donde había vivido, por lo que no podía hacer excepción con la de la calle Factor, tanto que pocos meses después de su llegada ya era socio de la asociación.

La carrera contra reloj de la democracia en España acababa de empezar y no bastarían los dictámenes conservadores de Carlos Arias Navarro y Torcuato Fernández Miranda, presidente y vice-presidente del Gobierno, para dar marcha atrás a las manecillas de la historia de un país hambriento de derechos y libertad.Temerosa por inoportunas fisuras, la Cámara de Comercio navegaba prudente en aquellas semanas por las aguas políticas españolas sin tomar posiciones, a mitad de camino entre el franquismo de muchos exponentes de la vieja guardia y el liberalismo de los nuevos consejeros. El régimen estaba ya en las últimas y de poco sirvieron los intentos de seguir con decisiones más autoritarias; así que la Cámara tuvo que proclamarse leal a ambos bandos, para asegurarse los favores del vencedor de un conflicto en el que el resultado dependía más que nunca de las decisiones del futuro soberano, Juan Carlos I de Borbón.

Mientras contaban impacientes las horas que les separaban del nacimiento de su segundo hijo, Manuel e Isabel se indignaron ante la última crueldad del régimen: la condena a muerte, ejecutada el 27 de septiembre, de dos miembros de ETA y tres del FRAP, el Frente Revolucionario Antifascista y Patriota, a pesar de las protestas de una opinión pública cansada de aquel enésimo insulto a los derechos humanos. Indiferente ante el boicot, el régimen hizo ejecutar las condenas a muerte convencido de que respondía de forma ejemplar al reciente nacimiento de grupos, bien terroristas, como el GRAPO, bien demócratas, como las plataformas creadas en torno al Partido Socialista Obrero Español y el Partido Comunista de España. Mientras escuchaban la propaganda del No-Do sobre las reacciones extranjeras ante lo que se defendía como una cuestión política nacional, los dos esposos abrazaron a Clara y Maurizio que, también descompuestos, no encontraban las palabras para describir su estado de ánimo, cada vez más en vilo entre la indignación y la resignación. Como por arte de magia, unas semanas después, el nacimiento de Lorena les devolvió la serenidad recién perdida.

De vacaciones durante algunos días, Manuel intentaba recordar una tarde de agosto la fecha de la primera asamblea de socios del nuevo curso, logrando apuntarla en su agenda al día después gracias a su amigo Silvano Bonezzi, que competía por un puesto de consejero en la elección del año sucesivo. Igual que Putin, Ruggeri y otros exponentes de la comunidad de negocios italiana de entonces, Bonezzi había llegado a España en una fase de parcial apertura del régimen, tanto que más de un socio de la Cámara apostaba por que el futuro presidente pronto podría convocar las asambleas de socios y consejeros ya sin autorización de la Dirección General de Seguridad, órgano de competencia directa del Gobierno, con el que era mejor contar como amigo para evitar represalias por parte de las fuerzas del orden.

El 12 de noviembre, recién retirado de la presidencia de Fiat Hispania, Adolfo Braschi presentó a los socios y consejeros su dimisión un año antes del vencimiento de su mandato, confiando dicha presidencia al eterno número dos de la asociación, Elio Facchini, hasta las elecciones del año siguiente, que inauguraron la década del poder de Lamberto Toti Lombardozzi. Ocho días después, después de una larga agonía, el Generalísimo Francisco Franco Bahamonde se apagaba a los ochenta y tres años en el mismo hospital que, pocos meses antes, había nacido Lorena Reina Picasso.

Ante el incierto escenario político que se presentaba con la muerte del dictador, España era una presa fácil para extremismos de todo tipo, pero también un laboratorio artístico y cultural capaz de dar vida a momentos únicos como la Movida Madrileña o el renacimiento olímpico en Barcelona. En cualquier caso, la España que estaba emergiendo en aquellos años llamados de la Transición, podía por fin considerarse capaz de rivalizar en pocos años con las grandes potencias europeas salidas desde hacía más de treinta años de dictaduras similares, en una vuelta a la normalidad que todavía hoy asombra por su rapidez. Mientras, tanto, en un edificio cualquiera de la calle Ríos Rosas, acabadas las emisiones de los canales televisivos existentes, la noche del 20 de noviembre de 1975, una pareja como tantas otras se preparaba para dormir el sueño reparador del que sabe que el día siguiente será mejor, libre de los miedos de un pasado político y social a sus espaldas.

La cena de Navidad organizada por la *Camera di Commercio e Industria Italiana per la Spagna* para despedir el año 1978 no podía empezar mejor para Manuel Reina. Después de varios intentos sin éxito, el Hotel Picasso fue elegido por la asociación para celebrar el final de las labores de un intenso año y brindar sentidamente por un país que, después del plebiscito a favor de la nueva Constitución del 6 de diciembre, era miembro a todos los efectos de la comunidad internacional. El presidente Lamberto Toti Lombardozzi, elegido el 4 de mayo de 1976 en sustitución de Elio Facchini, fue el encargado de que nadie se encontrara a disgusto en aquella cena para socios y familiares de los consejeros de la Cámara en la que los presentes, en su mayoría parejas de mediana edad, protagonistas desde hacía tiempo del sistema económico italiano en la ciudad, pudieron contemplar asombrados los frescos, mármoles y cuadros que decoraban uno de los hoteles más solicitados del barrio de Chamberí.

Desde la destitución de Carlos Arias Navarro pasando por la legalización de los partidos políticos, hasta la abolición de los sindicatos verticales y la elección de una Asamblea Constituyente para la nueva Carta Magna, los tres años transcurridos desde la desaparición de Franco a la aprobación del texto, fueron muy intensos, en vilo entre opuestos extremismos y flagelados por el terrorismo y las tensiones localistas e independentistas que amenazaban el intento de la renovada monarquía de dar al país una legitimidad democrática. El Gobierno centrista de Adolfo Suárez aprobó una amnistía general para tender una mano a las fuerzas políticas extraparlamentarias y a los sindicatos y superar los inevitables enfrentamientos de una ráfaga de libertad que puso en peligro el nuevo ordenamiento.

La Cámara de Comercio, y más en general las instituciones y empresas italianas en España acogían con entusiasmo los progresos de la joven democracia, convencidas de que pronto el país ofrecería garantías suficientes a los empresarios interesados a invertir por primera vez; justo a partir de las últimas reformas, cada vez fueron más numerosas las peticiones de información en la calle Factor por parte de operadores interesados en aquel joven y dinámico mercado, tanto que Quadrelli y Toti Lombardozzi vieron con alegría que más de uno se interesaba vivamente por las actividades de la asociación.

La misma imagen en el mundo de una España en pleno *destape* cambió a través de los comic, revistas y películas de tipo político o erótico, una tendencia impensable sólo algunos años antes. Era un país en plena construcción, tanto que hasta las elecciones de 1982 que dieron el triunfo al PSOE, se produjeron numerosos cambios de escenario que tuvieron como protagonistas ya fuera a la Unión de Centro Democrático de Suárez, ya fuese a un grupito de fuerzas menores como Coalición Democrática, fundada por el ex ministro franquista Fraga, o el mismo Partido Comunista de España de Santiago Carrillo, hoy convertido en Izquierda Unida. Saturados por una información más que abundante, los electores y electoras, muchos de ellos en su primera cita con las urnas, mostraban un cierto desconcierto ante aquéllo que, a todos los efectos, parecía un feliz experimento de libertad y respeto colectivo: era la gran fiesta de la democracia en la que ninguno, ni elegidos ni electores, sería perseguido por el color de su voto.

Antes de aquella larga serie de reformas, en los últimos días de Franco, España intentó deshacerse de las colonias bajo su control en África, un anacronismo ya no tolerado por la comunidad internacional. Al día siguiente de aquella Marcha Verde que, convocada el 6 de noviembre de 1975 por el rey marroquí Hassan II, traspasó la frontera del Sáhara Español dando lugar al Acuerdo de Madrid del 14 de noviembre para una administración tripartita del territorio, por España, Marruecos y Mauritania, en febrero de 1976 España abandonó el territorio seguida poco después por Mauritania, dejándolo a merced de los conflictos, todavía vigentes, entre el Frente Polisario en lucha por la República Árabe del Sáhara Democrático y Marruecos. Los españoles estaban tan convencidos de que las prioridades de la renacida democracia eran otras, que ni siquiera en los días de la firma del Acuerdo de Madrid se produjeron criticas dignas de mención a la actuación de los ideadores de aquella cesión de soberanismo.

Restaurada la antigua sede del Instituto Farmacológico Latino, hoy ocupada en su totalidad por las Escuelas Italianas, la Cámara iba a establecerse en un local más adecuado, el pequeño edificio al amparo del Liceo y, sobre todo, del Consulado, que todavía hoy hospeda la asociación, después de un breve intervalo en la década del 2000.

La primera en trasladar al imponente edificio que domina la manzana comprendida entre las calles dedicadas a Agustín de Bethencourt, Antonio de los Ríos Rosas, Modesto Lafuente Zaballoa y Cristóbal Bordiú, fue la Escuela Primaria, seguida luego por la secundaria y la superior, cursadas por un millar de estudiantes entre los seis y diecinueve años, cuyos padres, a pesar del final de la dictadura, seguían considerando un oasis de libertad por su tradición académica laica y liberal.

A pesar de los costes de aquel traslado, que acabó en 1982, al mismo tiempo que el Mundial de Futbol y la mudanza del Consulado a la actual sede del Palacio de Santa Coloma, la Cámara miraba con esperanza aquel reunirse de los entes con los que había compartido oficinas en la calle Factor junto a un Instituto de Cultura que se quedaba como el único baluarte de italianidad en el centro histórico de Madrid. También la Sociedad de Beneficencia, hasta aquel momento en la planta baja de la Embajada de Italia, se trasladó a aquella manzana, junto al Consulado, completando la que es, hasta ahora, la mayor concentración de entes e instituciones italianas en Madrid y alrededores. Entre los mayores financiadores de la Sib, aparte del dirigente judío de origen triestino César Kajon, huido de las leyes raciales italianas en 1938 y relacionado durante mucho tiempo con Fiat, se encontraba el ex presidente de la Cámara, Caprile, que había vendido Femsa al gigante alemán Robert Bosch en 1978 para retirarse a su vida privada y a los amados experimentos mecánicos; muy sentido fue su discurso de inauguración de la nueva sede de la Cámara, con numerosos brindis en honor de una asociación casi centenaria.

A inicios de 1979, mientras los partidos políticos presentaban sus programas para las elecciones de marzo, la Cámara estaba ocupada por el viejo debate sobre la conveniencia o no de reabrir de forma completamente autónoma la antigua sede de Barcelona, cerrada desde hacía años por sus elevados costes de gestión y una falta de renovación generacional que la había privado de sus mayores energías año tras año. Presionado por más de uno de los viejos consejeros de Cataluña, Toti Lombardozzi respondía que no le correspondía a él resucitar el experimento fallido, pero que le parecería bien un proyecto renovado, si bien siempre dependiente de la casa madre. Lo que no imaginaba el presidente era que al poco tiempo nacería la Camera di Commercio Italiana de Barcelona en la elegante Avinguda Diagonal, separando definitivamente los destinos de la histórica asociación creada en 1914, pero volviendo a llevar a casa aquellas partes de presencia industrial italiana ausente por mucho tiempo de la segunda ciudad de España.

Acostumbrados a los frenéticos compromisos de papá Manuel y mamá Isabel, Alfonso y Lorena Reina Picasso pasaban en aquellos años más de un día en compañía de la abuela Clara que, aún habiendo cumplido hacía poco los setenta y cinco años, vivía con su pareja Maurizio una segunda juventud. Aunque pocos meses después entraría en la Escuela Italiana para frecuentar primero de primaria, el primogénito de casa Picasso Reina tenía las ideas claras: de mayor quería ser un cantante de éxito, como los ídolos musicales de su padre, de Nino Bravo a Cecilia, que entonaban por escenarios repletos de jóvenes las canciones recién compuestas. Lorena, de solo cuatro años, sin embargo estaba segura de una cosa: antes o después sería una famosa periodista, para poder dar a conocer todas las cosas interesantes que vivía a diario. Por su parte, Manuel estaba ocupado con las reservas de los muchos candidatos y su séquito que viajaban a Madrid para las inminentes elecciones, mientras que Isabel estudiaba para realizar por fin el sueño de ser contratada en el departamento de arte italiano del Museo del Prado, convencida de que más pronto o más tarde sus noches casi insomnes se darían por bien empleadas.

El 1 de marzo de 1979 muchos fueron los ciudadanos que acudieron a las urnas sin estar totalmente seguros de a qué partido votar; sin embargo, nadie dudaba de que unas elecciones eran algo realmente importante, por lo que desde las primeras horas de la mañana empezaron a formarse largas colas frente a los colegios y ayuntamientos llenos a rebosar de interventores, delegados políticos y fuerzas del orden para que no se produjeran incidentes. Como era de esperar, aquel día la UCD superó al PSOE como primera fuerza del país, si bien la distancia entre las dos formaciones se redujese a una cuarentena de escaños, una cifra inferior a las previsiones; más distanciados, en PCE y Coalición Democrática obtenían un discreto resultado, seguidos de cerca por un gran número de fuerzas locales que demostraban la vitalidad del sentir localista, por no hablar del independista, en buena parte de España.

El resultado de las elecciones fue acogido con satisfacción por una Cámara de Comercio que nunca perdía de vista el debate de la llamada Transición. En aquellos meses, los últimos de Quadrelli como secretario después de diecisiete años de servicio, la asociación desveló su vulnerabilidad frente a la tormenta que se cernía sobre Italia después de la última acción de las Brigadas Rojas, es decir, el secuestro y asesinato del primer ministro Aldo Moro, y de la renuncia al compromiso histórico que durante años había acercado a las dos principales fuerzas políticas de aquel período, la Democracia Cristiana y el Partido Comunista Italiano, para frenar el avance del Partito Socialista de Bettino Craxi, la primera fuerza de centro-izquierda que, al poco tiempo, conquistó el Gobierno después de cuarenta años de centrismo.

Cualquier debate, cualquier partidismo de la Cámara causaba en aquellos meses una especie de animada actuación entre seguidores y detractores de las dos grandes fuerzas políticas italianas de la época y, a pesar del claro predominio de los consejeros partidarios de las tesis democristianas, no eran pocos los que estaban a favor de los socialistas de Craxi, una fuerza pragmática e innovadora que contaba entre sus seguidores con un gran número de empresarios de éxito, entre los cuales estaba un joven Silvio Berlusconi. Quizás por la todavía más difícil situación española, debida a las enormes reformas políticas, económicas y sociales que necesitaba el país todavía en claro retraso sobre el resto de Europa, aquellos desacuerdos se convertían en verdaderas declaraciones de intenciones para apoyar las propuestas de desarrollo español más loables de entonces.

Además de la descentralización geográfica, con un gran número de cónsules honorarios y empresarios dispuestos a fundar, justo en esos años, otras tantas sedes locales, sobre todo en la costa mediterránea, preocupaba al Consejo el precario balance de una asociación que, en los últimos tiempos, debido a la devaluación de la lira, había visto disminuir todavía más sus pocos ahorros. Por este motivo, el presidente Toti Lombardozzi, en sólo tres años de mandato, llegó a pedir dos veces una cuota extraordinaria a los socios más acaudalados, esperando contener un déficit que mes tras mes se volvía más preocupante. Cada recorte, desde la supresión de la costosa participación en el Comité Hispano-Italiano a la del boletín periódico *Roma-Madrid* y, después de veintiséis años, de la *Hoja de Noticias*, parecía no surtir ningún efecto frente a aquellos dramáticos números que, si no se corregían a tiempo, habrían puesto en riesgo la supervivencia de la Cámara.

Mientras Manuel e Isabel acompañaban por primera vez a Alfonso al colegio, los dos pensaban en todos los retos que una pareja cualquiera tenía que afrontar entonces en España, sobre todo la creciente necesidad de dos sueldos para hacer frente a un coste de vida en continuo ascenso. Si bien podían considerarse afortunados por los amplios beneficios del hotel familiar y el hecho de tener dos casas en propiedad, no podían dejar de identificarse con aquella dura clase media que solicitaba al Estado que parase una inflación cada vez más alta con respecto al coste de la vida real, tanto que en más de una manifestación se pidió la revocación de los Pactos de Moncloa, una serie de acuerdos estipulados en 1977, entre las grandes fuerzas políticas y sindicales del país, para facilitar la Transición hacia la democracia.

Después de meses de preparación, a principios del año siguiente, Isabel aprobó el difícil examen de acceso a tres puestos como adjunto al departamento de arte renacentista italiano, un premio a años de preparación artística en los campos más variados, desde las primeras muestras experimentales organizadas en el Hotel Picasso hasta aquéllas, bastante más importantes, en pinacotecas de primera fila del centro de Madrid. Mientras tanto,

Manuel asistía a la primera reunión de los socios de la Cámara de la nueva década y bullían los preparativos para las elecciones del nuevo presidente de la Cámara, que se celebrarían al mes siguiente. Aunque la confirmación de Toti Lombardozzi se diera por descontada, había que elegir a los veintiún consejeros que le acompañarían en su tercer mandato, cinco de los cuales relacionados con la antigua delegación de Barcelona; entre estos, después de años en primera línea en el sistema económico italiano en Cataluña, ya no figuraban ni Oscar Ravà ni Antonio Tozzi, retirados desde hacía poco de la vida pública, mientras que los pocos empresarios locales que podían aspirar a sustituirlos hacía tiempo que habían tomado la decisión de separar el camino de la sede barcelonesa del de la casa madre.

La escisión se consumó en la reunión convocada para finales de febrero, en la que el secretario Quadrelli iba a ser con toda probabilidad relevado de su cargo y sustituido por Camillo Ruggeri, que había sucedido a Lombardozzi en la dirección de Rumianca Siasa antes de que la empresa turinesa fuese vendida en 1979 a una cadena española. Los cinco consejeros salientes para Cataluña anunciaron su decisión de crear una asociación autónoma, la actual Camera di Commercio de Barcelona, renunciando de hecho a participar en la elección del nuevo presidente y en la de los nuevos consejeros, que se celebraría un par de semanas más tarde. La cita puso fin a cuatro décadas de frustración e impotencia frente a la progresiva pérdida de influencia de Barcelona sobre el mundo empresarial italiano con respecto a la capital del país.

Reelegido Lombardozzi y sustituido Quadrelli por Ruggeri, la Cámara se vio obligada a aceptar la decisión de los consejeros rebeldes y, dado el incremento de los socios procedentes de otras partes del país, mantuvo la cuota de veintiún consejeros fijada en el último estatuto. Todo estaba preparado para una renovación interna que haría entrar en escena a dirigentes de enorme peso como

Alberto Putin, Learco Cossarini, Silvano Bonezzi y Alfio Sensi. Conscientes de los retos a los que se enfrentaba la Cámara, como por ejemplo la inscripción de nuevos socios capaces de mantener la costosa estructura organizativa, aquellos capitanes de empresa no tardaron mucho en ser considerados como hombres a la cabeza de una asociación que en esa década recuperaría lentamente la solidez económica perdida poco tiempo antes.

Mientras muchos debatían la legitimidad de la declaración de primeros de año, la nueva entidad creada por los consejeros en Cataluña marchaba viento en popa, tanto que a principios de noviembre aquel puñado de empresarios logró inaugurar la sede en el primero del edificio de seis pisos del número 419 de la Avinguda Diagonal. Poco después, el 10 de diciembre, llegó puntual la inscripción en el Registro Nacional de Asociaciones, además del reconocimiento del Estado español gracias a un Decreto del 19 de diciembre de 1980, basado a su vez en la normativa franquista sobre asociaciones del 28 de diciembre de 1964, hoy derogada. A pesar de los intentos de cada consejero de mantener viva una relación entre las dos cámaras, al poco tiempo éstas rompieron totalmente el dialogo entre delegaciones que fue la base de muchos de los éxitos de la presidencia de Caprile o, anteriormente, de Maccarini. Sintieron un gran vacío todos aquellos protagonistas del empresariado italiano en España que, de un día para otro se vieron aislados sin una verdadera razón, víctimas de la incomprensión de los altos dirigentes que, después de tantos años de unión, había causado el divorcio.

Ajenos a los últimos acontecimientos de la Cámara, Manuel e Isabel se preparaban en aquellos meses para inaugurar una serie de iniciativas dirigidas a garantizar al Hotel Picasso un futuro sin sobresaltos, dada la reciente formación en casi toda España de grupos hoteleros como NH Hoteles y el relanzamiento de otros como Husa Hoteles, que desde hacía unos años parecían haber quedado en punto muerto. El acercamiento de España al Mercado Común Europeo y la inminente celebración de los Mundiales de Fútbol, estaban haciendo renacer una industria hotelera no sólo limitada a Madrid y costa, sino bien extendida a toda una serie de centros menores descubiertos por miles de turistas en busca de unas vacaciones diferentes. Mientras tanto, bullían los preparativos para la firma de los grandes tratados que normalizarían de una vez por todas las relaciones exteriores españolas, favoreciendo un intercambio de recursos humanos, económicos y culturales que ayudarían a relanzar la economía y estabilizar una democracia amenazada por los rumores de un inminente golpe de estado neofranquista.

De hecho, antes de la adhesión a la OTAN el 10 de diciembre de 1981, España se conmocionó con el célebre asalto al Parlamento por un grupo de militares capitaneados por Antonio Tejero durante la investidura del primer ministro Calvo-Sotelo, truncado por un soberano dispuesto a disipar cualquier duda sobre sus convicciones parlamentarias. Al día siguiente del fallido golpe de estado, enorme fue el susto de una colonia italiana y extranjera desorientada sobre el incierto futuro de un país en vilo entre un pasado oscuro y un futuro lleno de interrogantes, empezando por la reconciliación entre vencedores y vencidos de la Guerra Civil y la sucesiva dictadura militar.

Durante aquel año, que vio al Hotel Picasso ceder una parte de su patrimonio a Cofir, o Corporación Financiera Reunida, una cadena de empresarios italianos y españoles dirigidos entre otros por Mario De Benedetti y los dos primos Alberto Alcocer y Alberto Cortina que saneó un balance con ligeras pérdidas en los últimos años, Lorena Reina Picasso cruzó por primera vez el umbral del Liceo Italiano de la calle Agustín de Bethencourt. La acompañó con la mirada hasta la suntuosa entrada del edificio un emocionado Manuel, que no podía dejar de pensar cuando, todavía adolescente, justo en aquella zona había conocido a Isabel casi un cuarto de siglo antes. A pesar del paso de los años, ésta última no había perdido la pasión infantil por la escritura y literatura, tanto que había logrado un acuerdo de colaboración con el periódico *Diario 16*, dirigido desde el mayo anterior por un periodista de Logroño, Pedro José Ramírez Codina que, en los cinco años precedentes había destacado como uno de los protagonistas de la renovación del diario *Abc*.

El encuentro entre Isabel y Pedro J., como se le conocía en el ambiente periodista, se celebró en julio en la redacción que fue considerada la digna heredera del *Diario Madrid*, periódico antifranquista, cuya redacción saltó por los aires en 1971, es decir, una publicación destinada al cierre por sus pérdidas. Dada la común amistad con el periodista y escritor turinés Josto Maffeo, corresponsal de la RAI, *Il Messaggero* y otros numerosos medios de comunicación y hasta hoy decano de la prensa italiana en España, los dos llegaron a un acuerdo según el cual Isabel redactaría de cuatro a seis artículos mensuales sobre el mundo del arte, la cultura y literatura en Madrid y alrededores, sin descuidar aquel movimiento, la Movida, que se estaba revelando como un verdadero fenómeno social. Isabel salió de aquel encuentro contenta y asustada por el importe pactado y aquella noche invitó a un brindis a su amigo Maffeo, que le había recomendado al nuevo número uno de *Diario 16* aunque se conocieran desde hacía unos meses, desde que el treintañero periodista turinés llamó a la puerta del Hotel Picasso para escribir un artículo sobre el empresariado italo-español en Madrid en la víspera de la nueva Constitución.

El primero de los numerosos artículos escritos por Isabel en sus ocho años de colaboración con *Diario 16* estuvo dedicado, como no podía ser de otra forma, al inminente traslado a Madrid del *Guernica*, quizás el cuadro más famoso de Pablo Picasso, que pudo admirarse primero en el Casón del Buen Retiro, antiguo salón de baile del Palacio del Buen Retiro del S. XVII, después desde 1992 en la sede actual del Museo Nacional Centro de Arte Reina Sofía, fundado en 1986 como sala de exposiciones y convertido seis años más tarde en un verdadero museo. Había en aquel primer artículo toda la satisfacción de una experta en arte al ver, después de tanto tiempo, hacerse realidad el presagio de uno de los genios de la pintura del siglo XX que, por motivos políticos, pasó en el exilio la mitad de su vida, falleciendo poco antes del final de régimen.

El inolvidable año de *Naranjito* y del Mundial de Fútbol organizado por España a los dieciséis años de su designación oficial empezó, presagio tras presagio, de la mejor forma para una Cámara de Comercio que en marzo acabó el traslado junto al Consulado de Italia desde la sede de la calle Factor a aquélla, mucho más moderna, de Cristobal Bordiú, donde todavía se encuentra en la actualidad, y donde emprendió toda una serie de iniciativas para dar a conocer a la comunidad de negocios italo-española sus modernos servicios de asistencia a las empresas y profesionales interesados en el mercado español.

Aquel año, el sexto de Lamberto Toti Lombardozzi en la presidencia de la Cámara, fue unánime la espera de una serie de contribuciones de Roma que, aprobadas en primavera, habrían podido sanear el precario balance de la asociación, permitiéndole despegar en un país ya propicio para invertir importantes recursos. La empresa que más apostó por el potencial español en aquellos años, a pesar de la inicial indecisión debido a las constantes amenazas al orden demócrata, fue una vez más Fiat, que en unos pocos años contó cerca del Manzanares con un total de quince sociedades, desde Alfa Romeo a Iveco, hasta grupos poco conocidos como Weber, Veglia, Bressel, Fiatagri, Sirma o Telettra, ofreciendo trabajo a cuatro mil personas relacionadas con sectores no sólo de la automoción, sino también de la producción de carburantes y aceites, climatizadores, cerámica, cementos, salpicaderos y relojes eléctricos, o también del mundo de la medicina y las telecomunicaciones. Era el triunfo de un grupo empresarial que, no obstante la ruptura de la larga colaboración con Seat, seguía siendo uno de los protagonistas de la reciente historia económica italo-española.

Acabadas las asambleas de primavera de la Cámara, llegó el momento del Mundial, una cita ampliada por primera vez a veinticuatro selecciones, y en cuya final, el 11 de julio, Italia derrotó a Alemania Federal en un Estadio Bernabéu atestado por noventa mil espectadores, sin contar con los que tuvieron que conformarse con ver el partido en las cercanías del templo de fútbol madrileño. España se contentó con una humilde participación, eliminada por alemanes e ingleses durante la segunda ronda eliminatoria. A pesar de su poca pasión futbolera, también Isabel y Manuel se alegraron por un éxito que tenía algo de increíble, sobre todo teniendo en cuenta el potencial de selecciones como la de Brasil de Zico y la Argentina de Maradona, y fueron muchos los españoles los que en aquella tórrida noche estival salieron a la calle a celebrar junto a sus amigos y conocidos italianos aquel triunfo indiscutible, contentos por igual por el éxito de un evento que durante un mes había ocupado las primeras páginas de las publicaciones deportivas de todo el planeta.

La vuelta al trabajo otoñal prometía para la Cámara, que con sus amplios espacios de la calle Cristobal Bordiú empezó a organizar un gran número de eventos y reuniones para dar a conocer la vitalidad del empresariado italiano en España. A uno de estos encuentros acudió el mismo presidente de Unioncamere, Piero Bassetti, que desde hacía cinco meses estaba a la cabeza de una asociación que, decía, pensaba dejar pronto y que al final presidió durante casi una década, hasta 1991. Ciertamente, Bassetti no podía prever que, en 1988, tres años antes de ceder a Danilo Longhi la presidencia de Unioncamere, habría llegado a crear la mayor red organizativa de las Cámaras de Comercio Italianas en el Extranjero, y denominada *Assocamerestero*, una asociación que llegó a presidir desde 1993 a 1999 y de la que la Camera di Commercio e Industria Italiana per la Spagna es miembro activo desde hace varios años.

En aquellos meses los consejeros de la Cámara seguían con interés la víspera de las elecciones parlamentarias del 28 de octubre, una cita que quizás cerró definitivamente el período de la Transición, dados los pronósticos que daban al PSOE una mayoría aplastante. Aquel día, el partido de Felipe González conquistó doscientos dos de los trescientos cincuenta escaños de la Cámara Baja, dando vida al primer Gobierno socialista de la historia española reciente, justo un año antes del ascenso al poder de Craxi en Italia. Excepto algunas circunscripciones de Cataluña y Euskadi conquistadas por los nacionalistas, y un puñado de provincias en Galicia y Castilla y León que quedaron para el partido de Manuel Fraga, Alianza Popular, aquella noche todo un país se descubrió socialista, ofreciendo a las fuerzas progresistas una oportunidad única de gobernar a España por primera vez, y encima en solitario.

El nuevo Gobierno fue acogido con un sentimiento general de estupor y curiosidad por toda la colonia italiana en España, acostumbrada a los dos anteriores ejecutivos de corte democristiano, herederos del franquismo más aperturista. La formación de Felipe González anunciaba una reforma política y generacional con respecto a los precedentes Gobiernos de UCD, formación que al poco tiempo desapareció, si bien las fobias de algunos de los notables italianos y extranjeros, temerosos de un golpe de estado popular, se desvelaron pronto infundadas. De hecho, el nuevo ejecutivo tenía la responsabilidad de mantener una democracia que había salido ilesa de la fase de la Transición. A pesar del incremento del terrorismo independista y del estallido de noticias de sucesos relacionadas con los ambientes más represivos de las fuerzas de orden público, como el Caso Almería, el país emprendió poco a poco aquel feliz viaje que, en sólo cuatro años, en 1986, le llevó a ingresar en compañía de Portugal en la Comunidad Económica Europea.

Tanto en 1983 como en 1984, España experimentó un ligero crecimiento que le hizo esperar igualarse a medio plazo con una Italia que parecía haber perdido el rumbo, atascada en una serie de diatribas entre democristianos, liberales, republicanos, socialistas y socialdemócratas, mientras que el Gobierno intentaba controlar la inflación y la evasión fiscal. En aquellos años de desenfrenado optimismo, el socialismo sedujo a flotas de emprendedores, políticos locales y divos del mundo del deporte que pronto se convirtieron en testigos de su inspiración en la sociedad italiana de esos años, ignorantes del triste destino de un partido, el dirigido por Craxi, que salió hecho pedazos en las encuestas de la llamada *Tangentopolis* de 1992.

En esos años de relativa prosperidad, el Hotel Picasso intentaba resistir ante las corporaciones hoteleras que, siguiendo el modelo anglosajón, ganaban cada vez más terreno en España. Después de haber rechazado durante mucho tiempo las lisonjas de operadores italo-españoles, interesados en cambiar la estructura o adquirir parte las acciones, Isabel y Manuel aceptaron ceder casi la mitad del patrimonio de la empresa familiar a Cofir, seguros de que así podrían sanear un balance no siempre positivo, fuera por el crecimiento de varias estructuras de la competencia por la zona, o por la necesidad de un cambio de modelo de gestión. La ampliación de las acciones de Cofir se firmó en primavera de 1983 y permitió a la corporación nombrar al director general y comercial del hotel y estipular eventuales acuerdos con otras estructuras. Si bien afectada por los numerosos achaques que desde hacía meses empezaban a sufrir Clara y Maurizio, Isabel celebró el acuerdo como un éxito y su satisfacción hubiera sido total si hubiera tenido tiempo de tomar parte en las decisiones más importantes sobre el futuro de la joya familiar.

Metida en miles de proyectos, desde hacía un tiempo Isabel descuidaba el diario de su bisabuelo, que había vuelto a leer todo de golpe en los meses precedentes, pero que no se había preocupado de poner al día. Si bien era libre de gestionarlas a su manera, sentía una especie de sentimiento de culpa por no poder prestar a las memorias de Giovanni Battista Picasso la atención que se merecían, como si su inspiración literaria estuviera reservada a los artículos para *Diario 16* o a las largas redacciones sobre obras de arte más dignas de mención del Museo del Prado. Segura de su capacidad, Isabel intentaba dar a las memorias aquel realismo mágico de moda entonces después de la concesión del Premio Nobel de Literatura al escritor colombiano Gabriel García Márquez y, sin embargo, se sentía incapaz de escribirlas, anclada en los recuerdos que le había transmitido su padre Juan en el gris Madrid de treinta años antes.

En aquellos años de emancipación socio-cultural, mientras España vivía un éxtasis colectivo acogido con benevolencia incluso por el alcalde de Madrid, el querido profesor y ensayista Enrique Tierno-Galván, cada vez más jóvenes escuchaban la música anárquica y dadaísta de la Movida, lanzada por grupos como Kaka de Luxe, Gabinete Caligari, Nacha Pop, Los Secretos, Radio Futura o los Zombies, mientras se daban a conocer figuras de primera línea de la contracultura como Alaska, Fabio McNamara y Pedro Almodóvar, autor de libros, comics y largometrajes, desde finales de la década anterior. Entre los protagonistas del movimiento había un joven, Bernardo Bonezzi, hijo del consejero de la Cámara Silvano Bonezzi, un alumno del Liceo Italiano que, con sólo diecisiete años, en 1981, ya había conseguido editar dos discos con su grupo, los Zombies, disuelto el año siguiente y que en esos meses estaba preparando un single en solitario y un disco con la cantante Didi St. Louis, antes de emprender una larga y exitosa carrera como compositor de bandas sonoras para la pequeña y gran pantalla. A los pocos años aquellas canciones serían fuente de inspiración para más de un trabajo de Alfonso con el grupo con el que habría de conquistar al público de media España a caballo entre dos siglos, antes de dedicarse a una experiencia como productor y colaborador de cine y televisión.

La pasión de Bonezzi por la música la maduró en los pupitres del Liceo Italiano a finales de los años setenta, cuando, junto a un grupo de amigos y compañeros de clase se unió a Morbus Acre, uno de los grupos pioneros del final de la década, para formar luego los Zombies, una banda entre las más recordadas de los albores de la Movida. Desde el primer, histórico concierto del 9 de febrero de 1980 en la Escuela de Ingenieros de Caminos de Madrid, que marcó el inicio del movimiento, el músico fue una de las caras más conocidas de una contracultura que influyó en el arte y la literatura de todo un país durante casi seis años, hasta la muerte, como algo simbólico, de uno de sus principales autores, el entonces alcalde de Madrid Enrique Tierno-Galván, el 19 de enero de 1986. Pronto, el músico de sangre italiana compuso las bandas sonoras de al menos tres películas de Pedro Almodóvar, entre ellas *Laberinto de Pasiones*, y de varias series para la pequeña pantalla como la inolvidable *Farmacia de Guardia,* una de las más vistas de los años noventa. Vista su importancia en el nacimiento y desarrollo de la Movida, más de un italiano residente en Madrid en esos años se hubiera sentido orgulloso de aquel precoz talento crecido en el Liceo Italiano, hijo además de uno de los dirigentes de la Cámara entonces más importante.

Una tarde, mientras veía como todos los días *La Bola de Cristal* en la televisión de casa de Clara y Maurizio, la pequeña Lorena se asustó al ver a la abuela perder el conocimiento y desmayarse sobre la gran alfombra que decoraba el salón, justo frente a la cocina; era uno de los primeros avisos de los problemas cerebrales que pronto abatirían, con una distancia de unos meses, tanto a ella como a su compañero más anciano. Después de este suceso, la anciana pareja fue asistida por una cuidadora, ya que ni Clara ni Manuel se podían ya mover con libertad en su casa de la Plaza de Olavide. Todo esto lo anotó Isabel en el diario heredado de su padre, mientras Lorena lloraba desconsolada por el susto y, de vuelta a casa, dedicó a la abuela un dibujo a lápiz inspirado en sus querido *Electroduendes*.

Después de siete años sin imprimir ningún texto corporativo, a principios de 1985 la Cámara decidió relanzar la antigua *Hoja de Noticias* en forma de un *Boletín Informativo* bastante conciso y en el que la información técnica prevalecía sobre la social, pero que cosechó mucho éxito por sus análisis y tablas sobre la economía italo-española. Redactado en ambos idiomas, la publicación salía cada tres meses, continuando veinte años de publicaciones de la Cámara en papel, que fueron suspendidas en abril de 2005, cuando las agotadas finanzas de la asociación obligaron al entonces presidente Luigi Michetti a suspender la más reciente de éstas, el bimestral en papel estucado *Tiepolo*. Más o menos inesperado, el boletín fue recibido con palabras de elogio también por la Camera di Commercio Italiana di Barcelona, felicitaciones devueltas por Toti Lombardozzi y compañía el siguiente verano, después del reconocimiento de la nueva entidad por parte de la Generalitat de Jordi Pujol que, con un decreto publicado el 19 de julio, aprobó el Texto Refundido de la Compilación del Derecho Civil de Cataluña, en otras palabras, la Biblia del derecho privado catalán para los años venideros.

Además de promocionar las excelencias italianas en España, uno de los objetivos de la revista era contribuir a crear una opinión favorable a la firma española y portuguesa del Tratado de Adhesión a la Comunidad Económica Europea, que tuvo lugar el 12 de junio de 1986 en el Palacio Real de Madrid; después de ocho largos años de negociaciones, el acto afianzó el ingreso de la Península Ibérica entre las potencias que movían buena parte de la riqueza del continente y contaban, con excepción de Grecia, de un régimen democrático de décadas. Con el paso de los meses cada vez era más intensa la campaña socialista y democristiana para la admisión de los dos estados, tanto que a la vista de la última etapa, los periódicos, radios y las dos televisiones entonces existentes, emprendieron una masiva acción de información para evitar posibles protestas o reivindicaciones en contra del Tratado.

La otra gran finalidad del renacido boletín, la promoción de las excelencias italianas en España, fue sin duda una de sus obras maestras, gracias a las numerosas informaciones sobre ferias y eventos en todo el país. Aficionados a sus artículos mensuales en *Diario 16*, en el intento de suplir a una de las principales carencias del bimensual, debido a la ausencia de redactores profesionales, varios notables de la Cámara apoyaron la colaboración periódica y retribuida de Isabel como directora de los contenidos, redactora y correctora de artículos y entrevistas, y se lo recordaban al marido Manuel, que con las letras era un desastre y declinaba una eventual presencia en el *Boletín Informativo* con la excusa de tener que cuidar de los hijos y los suegros. Seguro de que su mujer colaboraría con la revista, nuestro hombre le pidió conceder a la Cámara una especie de préstamo a fondo perdido para asegurar la supervivencia del periódico, idea que Isabel aceptó enseguida, con la condición de garantizar al Hotel Picasso al menos un par de recuadros publicitarios y una larga reseña que se publicaría en unos meses, aumentando así la visibilidad y buen nombre del negocio.

Mientras intentaba organizar su pluriempleo, Isabel no perdía de vista el estado de salud de Clara y Maurizio, que recientemente habían sufrido varias complicaciones respiratorias. Fue justamente en el domicilio de su madre y padrastro, una tarde de junio, cuando Isabel se enteró por la televisión del ingreso español en la nueva Europa de los Doce, que sería efectivo en algo más de seis meses, el 1 de enero siguiente: numerosas fueron entonces las manifestaciones de júbilo de una población por fin aceptada en aquel grupo de países que en 1962 y en 1964 le habían rechazado en dos ocasiones por el carácter antidemocrático del régimen de Franco, antes de admitir su solicitud, presentada una década antes, el 28 de julio de 1977, por el entonces primer ministro Adolfo Suárez.

Finalizada la presidencia italiana del Consejo de la Unión Europea, ejercida en la primera mitad de aquel año, y sabedor de los cambios de estrategia de la Cámara que la entrada de España en la nueva Europa de doce requeriría, la oficina de la calle Cristóbal Bordiú era, en el otoño de 1985, un hervidero de propuestas dirigidas a coordinarlo con las realidades económicas más importantes de entonces. La presencia española en el mercado común impulsó los contactos y limó las diferencias entre la economía italiana y la española, haciendo superflua la gestión de ciertos servicios o la asociación de algunas empresas a la Cámara.

Las nuevas estrategias del ente, dirigidas a personalizar y agilizar los contactos con cada asociado, no convencieron del todo a algunos socios históricos, que dejaron la Cámara en unos meses, pero atrajeron a numerosas empresas y emprendedores recién llegados a España, que querían una relación sin oropeles y poco costosa con la asociación en un mercado local italiano dominado desde hacía tiempo por gigantes del sector de la banca, seguros y automoción. Por su parte, Manuel e Isabel aplaudieron en una de las reuniones extraordinarias de socios el cambio de rumbo que olía al inicio de una nueva etapa, ya que el presidente Lombardozzi, en el cargo desde hacía más de una década, anunció que no se presentaría a las elecciones del año siguiente.

Justo el día de su décimosegundo cumpleaños, Alfonso escuchó por primera vez la música de Bernardo Bonezzi y un puñado de otros autores alternativos de la época en una colección de canciones que le había regalado Virginia, la chica que se sentaba en el pupitre de al lado y que tanto le gustaba, pero a la que no se atrevía a invitar ni siquiera a tomar un helado por miedo a que le dijera que no. Aquel viernes por la mañana, último día de colegio del año, los dos asistieron en el gimnasio del Liceo Italiano al breve concierto de un grupo de extraño nombre, pero que, según Virginia se haría famoso en poco tiempo en toda España: Hombres G. Esa misma tarde, nuestro hombre compró una guitarra usada en una tienda que todavía existe en la calle Postigo de San Martín con las cuatro perras ahorradas en los meses anteriores: quería ser un artista famoso, bello y maldito para enamorar a la muchacha y ofrecerle, una vez por todas, los mejores helados de la ciudad.

Unas semanas después, nuestro protagonista vio por televisión el funeral del alcalde de Madrid, Enrique Tierno-Galván, que mamá Isabel le había descrito, conteniendo las lágrimas, como el mejor político de aquellos años. Desde ese momento empezó el declive de la Movida misma, que pronto fue fagocitada por una serie de movimientos artísticos de diverso origen, el último de los cuales, el *grunge*, dominó la escena independiente desde finales de los ochenta hasta la primera mitad de la siguiente década. Aquella tarde, la hermana Lorena, que tenía diez años, no prestó atención a aquel desfile de caras tristes, absorta en los juguetes que le habían traído un par de semanas antes los Reyes Magos, aunque también ella se convirtió en seguidora apasionada de la música alternativa de aquellos años, aún sin llegar nunca a los excesos del hermano.

IX

Mientras España cruzaba por fin las puertas de la Comunidad Económica Europea y el Gobierno de Felipe González convocaba y ganaba un *referéndum* no vinculante para conocer la opinión del electorado sobre la permanencia en la OTAN, a la que el PSOE se había opuesto cuatro años antes y que reivindicaba ahora con orgullo, una agotada Isabel se preparaba a inaugurar una de las muestras más completas dedicadas en los últimos años al arte italiano del S. XVIII, junto al que desde 1983 y por ocho largos años intentó llevar al Museo del Prado hacia la modernidad, el director Alfonso Pérez Sánchez. Este se convirtió en aquellos meses en protagonista de un vehemente debate en contra de la cesión del Palacio de Villahermosa, usado por el Museo del Prado para muestras temporales, al futuro Thyssen-Bornemisza, inaugurado en octubre de 1992 después de cuatro años de intensas obras. Había en aquella presentación a la prensa y autoridades de bocetos y grabados de dos siglos antes, toda la sensibilidad hacia el arte de una mujer que, recién cumplidos los cuarenta, se consideraba feliz y realizada, en la plenitud de una vida que, después de décadas de desastres familiares y nacionales, estaba colmando a los Picasso de satisfacciones similares a las de los felices años veinte y treinta.

Por su parte, Manuel asistía orgulloso, pero cansado, al habitual desfile de clientes ente los pasillos de un Hotel Picasso, que vio aumentar los alojamientos del extranjero gracias a la entrada española en la CEE y la apertura en Madrid de varias delegaciones de empresas europeas. Muchas veces, Isabel notaba con bastante preocupación el desaliento de un marido al que no estaba acostumbrada a ver así, totalmente apático ante el trabajo diario y, por primera vez, pensó en sugerirle un cambio de aires para recuperar las ganas perdidas. Por suerte y sorpresa para los dos, el entusiasmo reapareció unas semanas después, cuando, tras una larga negociación, la Compagnia Italiana Grandi Alberghi, CIGA, decidió comprar las acciones del Hotel Picasso en manos de Cofir con una oferta imposible de rechazar, tanto que los representantes de los Picasso llegaron a pensar que se trataba de una broma de mal gusto e informaron a Manuel e Isabel sólo en un segundo momento, cuando estaba claro que la oferta era seria y se llevaría a cabo unas semanas después. La única condición impuesta por el grupo milanés, fundado en 1906 y comprado desde hacía poco por el príncipe Karim Aga Khan, era la restauración de las habitaciones más lujosas, incluida aquélla donde encontró la muerte Alfonso Picasso, que se convirtió en la Suite Presidencial, ya sin aquel suelo enmoquetado tan en boga en las casas y hoteles de toda Europa hasta unos años antes.

Cuarenta años después de su creación, gracias a su estratégica ubicación y la fuerte inyección de liquidez garantizada por el nuevo propietario, el Hotel Picasso tuvo el honor de convertirse en la primera pieza de la expansión de CIGA fuera de las fronteras italianas, poco antes de que esta comprara, en 1989, nada menos que el Hotel Palace, fundado en 1912 y considerado, junto con el Ritz, dos años más antiguo, el más lujoso de la capital española. Debido a los cambios de la dirección que se produjeron, Manuel vio disminuir su presencia en el hotel, encargándose de las relaciones institucionales, un cargo que le llevaría a ocupar durante unos años, ¡quién lo hubiese dicho!, el rol de consejero de la *Camera di Commercio e Industria Italiana per la Spagna.*

De hecho, en la víspera de las elecciones a la presidencia de la Cámara, más de un socio relacionado con el sector hotelero propuso a Manuel para cubrir el puesto del dimisionario Mario Banchelli, presidente de Cofir y considerado de alguna forma como el consejero más afín al mundo del turismo, un sector no representado adecuadamente en una asociación que, desde hacía tiempo, contaba con muchos representantes del universo bancario, financiero e industrial italiano en España. Su nombramiento fue acogido con gran interés por más de un consejero veterano, condición imprescindible para su integración en el Consejo de la Cámara, ratificado a principios del verano, pocas semanas después de la elección del banquero del Banco Popular, Giorgio Stecher, como nuevo presidente, el 12 de junio de 1986. En su nuevo rol de consejero y representante del sector turístico italiano en la Cámara, Manuel sentía el peso de las generaciones de dirigentes de empresa, algunos de los cuales pertenecientes a la familia Picasso que, en setenta años, habían contribuido a hacer grande la Cámara; apellidos de prestigio como Pirelli, Fadini, Caprile y Stecher pesaban en una asociación que poco tenía que envidiar a las Cámaras de Comercio de países desde siempre relacionados con Italia, como Francia, Alemania o Suiza.

A pesar de los años, Manuel no olvidaría la composición de aquel primer Consejo al que asistió en diciembre de 1986. A las órdenes de Stecher y Ruggeri había tres vicepresidentes de prestigio como los consejeros delegados en España de Zanussi, Fiat y el Banco di Roma, Learco Cossarini, Luigi Michetti y Carmelo Pettinato, seguidos por los cuatro miembros del Consejo de Presidencia apenas nombrado por Stecher: el director general de Alfa Romeo en España, Ettore Anzini, el presidente de Cofisa,

Mario Caprile, hijo de Emilio, el consejero delegado de Agip España, Mario Frassanito y el director de la Banca Nazionale del Lavoro, Giuseppe Vincenzino. Completando el cuadro de los veintiún consejeros de entonces estaba el apoderado de Italmolinos, Silvano Bonezzi, el director general de Alitalia, Flavio Diotallevi, el representante del Bufet Enseñat, Sebastián Enseñat, y muchos otros exponentes de empresas relacionadas con el sector bancario, legal, agroalimentario y automovilístico.

Además de Bonezzi y Cossarini, con los que hacía tiempo mantenía una relación de amistad, el consejero con el que Manuel hizo mejores migas fue Fernando Orlando, un fascinante emprendedor y literato a la cabeza de la homónima marca de conservas y productos marinos en salazón entonces con sedes en Madrid, Euskadi y Génova. Gracias a la pasión común por la literatura, los dos entablaron amistad intercambiándose opiniones acerca de *Las Ciudades Invisibles* de Italo Calvino, desaparecido hacía poco, y sobre una serie de poesías y textos políticos de Pasolini recién publicados en España. También Fernando sentía una sincera admiración por aquel sólido dirigente hotelero capaz de resistir a los frenéticos ritmos del sector del turismo, correspondido por el interés que ejercía sobre Manuel aquel vasco relacionado desde siempre con la cultura italiana en España y exponente de la mejor burguesía industrial española de aquellos años.

La biografía de Fernando Orlando era por otra parte ejemplar para todas aquellas familias que, como los actuales Picasso-Reina, representaban con éxito desde hacía generaciones, lo mejor del empresariado italo-española en la Península Ibérica. Nacido en San Sebastián en 1930 y cuarto hijo de Salvatore Orlando, nuestro hombre aprendió desde pequeño la conservación del pescado de su padre nacido en Terrasini, cerca de Palermo, en 1897, y llegado con un sólo año de vida a Euskadi con los padres Giuseppe y Maria y sus cuatro hermanos, todos mayores que él. Mientras que su padre se abría camino poco a poco en el mercado de las anchoas y, en general, del pescado del Mar Cantábrico en salazón, fundando desde 1917 una tras otra las históricas fábricas de Guetaria, Hondarribia, Bermeo, Laredo, Santoña y Castro Urdiales, los Orlando se convirtieron en una familia cada vez más importante en los alrededores de San Sebastián, hasta que en 1926 Salvatore fue nombrado delegado para Guipúzcoa y las Comunidades de La Rioja y Navarra, un encargo que dejó en los años más oscuros de los "veinte años" y retomado en la posguerra, antes de lanzar, hacia la segunda mitad de los sesenta, el producto estrella de la empresa familiar: una línea de conservas vegetales que, dado la acogida de la comida de rápida preparación en las familias españolas de aquellos años, hizo que las ventas del grupo se dispararan en sólo un lustro.

Siguiendo el ejemplo del testarudo padre, con sólo veintidós años, el joven Fernando decidió abrir una filial de la empresa familiar en Italia y, gracias a los contactos establecidos años antes por el progenitor, fue a Génova con el hermano Salvatore, un año mayor, donde abrió una pequeña empresa denominada Olasagasti, el apellido de su madre Simona. Allí, durante cuatro largos años, nuestro hombre aprendió lo básico de un idioma, el italiano, que en realidad no abandonaría nunca en su vida; una vez de vuelta a San Sebastián y sustituido por el hermano más joven, Ignazio, Fernando se enteró del compromiso de éste y Salvatore con las hermanas Isetti, con las que se casarían poco después, dando origen a una emigración a la inversa y el inicio de una larga serie de viajes a Génova por su parte.

Amigo y coetáneo del embajador italiano en España de entonces, un Raniero Vanni d'Archirafi llegado ya a la mitad del primero de sus dos mandatos, Orlando contaba entre sus méritos empresariales con el de haber lanzado en España a finales de los años cincuenta el célebre cubito para cocinar Starlux, del grupo lombardo Star, además de haber reforzado y diversificado los negocios familiares que daban menos beneficio garantizándolos con el salazón de anchoas, y se preparaba para dirigir las complejas negociaciones que llevarían a vender a los Orlando la empresa fundada por el abuelo Giuseppe a Heinz Ibérica en 1988, cerrando de la mejor forma posible una aventura que había durado poco más de setenta años. Su próximo paso fue la publicación de una serie de memorias poéticas, una decisión que vería la luz un tiempo después, sin descuidar su trabajo dentro de la industria alimentaria que nunca disminuyó en el curso de los años.

Gracias a la afinidad con aquel grupo de notables, Manuel pronto se adentró en los complicados mecanismos que regulaban el funcionamiento de la Cámara y aprendió una serie de normas y comportamientos no escritos que, desde hace décadas, la han permitido adaptarse y sobrevivir incluso a los cambios económicos y políticos más bruscos. Cercana a muchas de las políticas del socialista Felipe González, lejos parecían los tiempos en los que la Cámara había apoyado a Mussolini, si bien sin entrometerse en las decisiones de la Segunda República española; después al Movimiento de Franco, sin comprometer las relaciones con la República Italiana, más tarde aliada del Gobierno de transición de Carlos Arias Navarro y del democristiano de Adolfo Suárez, en un continuo e imprevisible cambio de escenarios que, en los últimos años, la vieron apoyar abiertamente las decisiones de un Gobierno socialista gracias a su discurso europeísta y el pragmatismo mostrado por González a la cabeza del país.

La sintonía instaurada en el seno de aquel Consejo permitió a la Cámara obtener durante el breve bienio en el que la mayor parte de aquellos notables estuvieron en sus cargos, hasta la primera mitad de 1988, un gran reconocimiento por parte de las principales empresas españolas e italianas de Madrid y alrededores, que competían por presentar a la asociación los mejores proyectos de colaboración, seguras de obtener una gran visibilidad nacional. Mientras Italia vivía el declive de los partidos protagonistas de las últimas décadas, en España la estabilidad política facilitaba la llegada de empresas decididas a expandirse en un mercado descuidado durante mucho tiempo por las inversiones extranjeras. Terminados los oscuros años en los que estuvo al borde de la bancarrota, a pequeña escala, la Cámara se había convertido en una pieza cada vez más importante entre los dos países que a pesar de los crecientes encuentros bilaterales, no se conocían todavía del todo desde el punto de vista económico y se mostraban atentos a las oportunidades de la reconversión industrial y a los créditos infraestructurales europeos.

El tiempo transcurría más imprevisible que nunca en aquellos años en Madrid, una ciudad que, desde mayo de 1988, se preparaba para convertirse en Ciudad Europea de la Cultura de 1992 y que con Barcelona y Sevilla, a cuatro años de las Olimpiadas y de la Exposición Universal, constituiría uno de los pilares del así llamado año de España. La capital española sería irreconocible ante los ojos de aquellos aventureros, literatos y hombres de negocios que, como los *cuñadísimos* Giovanni Picasso y Emanuele Maucci, décadas antes habían llegado a ella después de un largo y cansado viaje en tren, siendo atrapados por su fascinación silenciosa y su aspecto de catedral en el desierto de una meseta inexplorada y hostil. El aeropuerto de Barajas, sus modernas autopistas y reformados ferrocarriles, comunicaban ahora en pocas horas gran parte de la geografía local e internacional, un progreso que, junto a su rol de primera fila en la Transición política y social del país, constituía unos de los motivos del reciente nombramiento como Ciudad Europea de la Cultura.

Hacia finales de julio, después de meses de sufrimiento, se apagaron con unos pocos días de diferencia Clara Puig y Maurizio Boldrini, una pareja que intentó vivir con discreción y autonomía hasta el último momento, cuando era evidente que necesitaban una enfermera día y noche. En aquellos duros momentos, Isabel lloró con su pérdida también el ocaso de una generación familiar que conoció lo mejor y lo peor de la España de su tiempo, llamada a escribir una de las más bellas epopeyas editoriales de esas décadas, antes de escapar de Barcelona al final de la Guerra Civil. Consciente de sus nuevas responsabilidades, como la portadora más antigua del apellido del bisabuelo Giovanni, la noche siguiente Isabel casi no pudo dormir, y tal fue el ímpetu de esos momentos que transcurrió gran parte de la noche en el salón de casa para plasmar en el diario inaugurado por el cabeza de familia, la sensación de pérdida y desconsuelo que la estaba devorando.

De vuelta al colegio, con sólo quince años, el joven Alfonso Reina se acordó del momento en que, junto a sus compañeros Mario, Pietro y Rubén, fundó el primero de los muchos grupos musicales de su adolescencia. Compañeros de pupitre durante el año anterior, Alfonso y Mario compusieron los textos que en unos años constituyeron el repertorio más clásico de los *Delirium Tremens* para reclutar después un bajista y un cantante, Pietro y Rubén, que se revelaron como colaboradores fundamentales, antes de dejar el grupo, por polémicas con los fundadores. Inspirados por las canciones de la Movida y los primeros indicios del movimiento *grunge* que conquistó la escena musical internacional de los años futuros, Alfonso y Mario creían haber hecho algo grande, como la historia reciente de la música alternativa española demuestra.

Al mismo tiempo, Manuel asistía a una de las principales reuniones de la Cámara de esos años, la que decretó la adhesión a Assocamerestero, la Unión de las Cámaras de Comercio italianas en el mundo, totalmente a semejanza de Unioncamere, el órgano que desde décadas reúne a las Cámaras de Comercio en la *Bota*. En aquellos delicados momentos, Manuel sentía todo el peso de los dirigentes de la Cámara con más visión de futuro, los que años antes ya habían entendido que la unión hace la fuerza, motivo por el que las Cámaras se asociaron para hacerse oír y promover sus actividades en Italia y el resto del mundo. El presidente Stecher fue uno de los más entusiastas defensores de un modelo de gestión horizontal que, a pesar de la ubicación del organismo en Roma, permitiría a cada Cámara expresar sus propuestas sobre su gestión de forma inmediata, sin depender de las directrices de la capital italiana.

En el último año del Muro de Berlín, la colonia italiana en España seguía el debate político previo a las elecciones de octubre de 1989, una dialéctica exacerbada desde hacía un tiempo por las acusaciones procedentes de varios frentes hacia el Partido Socialista por haber creado una asociación paramilitar, los Grupos Antiterroristas de Liberación o GAL que, desde 1983 a 1987 llevaron a cabo una especie de terrorismo de estado para aniquilar de cualquier forma a ETA y sus seguidores. Mientras que la formación en el poder negaba los hechos, un grupo de periodistas residentes en Euskadi y Madrid, incluido el director de *Diario 16*, Pedro J. Ramírez, intentaba investigar sobre un asunto que empezaba a tomar la forma de un escándalo de trascendencia nacional, mientras que el terrorismo independentista reivindicaba algunos de sus delitos más atroces, desde el atentado a un vehículo militar en 1986 en la Plaza de la República Dominicana de Madrid, al del año después en un centro comercial de Barcelona.

Sin embargo, en aquel clima de tensión, España presentaba unos datos económicos muy alentadores y se preparaba a ejercer por primera vez la presidencia de turno del Consejo de la Comunidad Económica Europea para el primer semestre de 1989, todo a tan sólo tres años de la esperada inauguración de las Olimpiadas de Barcelona, el evento que muchos esperaban que cambiaría de una vez por todas la percepción del modelo de vida y desarrollo español en el mundo.

Con dichas premisas, el nuevo año fue recibido con extremado optimismo por un país que no quería resignarse a ocupar las primeras páginas de los periódicos extranjeros sólo por los atentados separatistas que tan frecuentemente sufría. Mientras la principal formación conservadora, Alianza Popular, confiaba su dirección a uno de los astros nacientes de la política nacional de esos años, José María Aznar López y cambiaba ahora su denominación a la de Partido Popular, y el Partido Socialista se presentaba a los nuevos comicios seguro de poderle ganar por tercera vez, hervía el debate entre seguidores y detractores de una alternancia política inmediata. Las elecciones al Parlamento Europeo del 15 de junio de 1989, aparte de dar visibilidad a grupos menores como Izquierda Unida, heredera del Partido Comunista, o la catalana Convergencia i Uniò, cuando no originales, como el Partido del Trabajo y Empleo del empresario José María Ruiz-Mateos, fueron un válido indicador de las intenciones de voto del electorado ante la cita con las urnas de octubre, que favoreció de nuevo al Partido Socialista.

Muchos eran entonces los periodistas que no se resignaban a callar ante los escándalos de los varios bandos políticos que agitaban la campaña electoral, empezando por Pedro J. Ramírez, que el 8 de marzo fue obligado a dejar la dirección de *Diario 16* por sus revelaciones por el presunto escándalo de los Grupos Antiterroristas de Liberación. En compañía de otras firmas del periodismo español de aquellos años, éste pensaba fundar un periódico capaz de dar visibilidad y protección a sus delicadas pesquisas sobre la cara oculta del socialismo en el poder; el 23 de octubre de ese año, a sólo seis días de los comicios, nació *El Mundo del siglo XXI*, actualmente *El Mundo*, periódico del que fue director durante un cuarto de siglo. Cual fue la sorpresa de Isabel, que hacía unos meses había dimitido como colaboradora de *Diario 16* en solidaridad con Ramírez y los otros periodistas despedidos, el día en que éste le ofreció una columna mensual en *El Mundo* para sus artículos sobre el mundo de la cultura.

Durante aquel invierno, la Cámara decidió rendir homenaje a un antiguo amigo, desaparecido en trágicas circunstancias a primeros de año, muerto por un cable de acero mientras esquiaba en el Estado de Colorado, en la víspera del Mundial de Esquí Alpino de ese año. Se trataba de Alfonso de Borbón y Dampierre, duque de Cádiz además de descendiente de Jaime de Borbón y Battenberg, segundo hijo de Alfonso XIII que se vio obligado a renunciar a sus derechos dinásticos porque era sordomudo desde los cuatro años, a favor del hermano menor Juan, padre de Juan Carlos I. Nacido en Roma en abril de 1936 durante el exilio italiano de la Casa Real española y un año mayor que su hermano Gonzalo, él también ligado a la Cámara, en 1954, seis años después de la llegada de su primo Juan Carlos, Alfonso fue autorizado por Franco para completar su formación en Bilbao, Valladolid y Madrid, donde gracias a su fluido italiano entró en contacto con una Cámara en plena expansión y se convirtió en consejero, cargo que dejó en 1969, cuando fue nombrado embajador español en Suecia, siendo sustituido por su propio hermano.

Aquel año en Estocolmo, su futuro suegro Cristóbal Martínez-Bordiú le presentó a su hija Carmen, la nieta preferida del Caudillo, con la que estuvo casado entre 1971 y 1982. También en 1969, Alfonso fue fundamental para evitar una fractura en la Casa Real el día siguiente del nombramiento del primo como sucesor de Franco, una decisión que enfureció a su padre Jaime. Conscientes del bien supremo del país, Alfonso y su hermano manifestaron su apoyo al futuro monarca incluso después de 1975, una vez reinstaurada la monarquía, y no hubo evento o foro en el que escatimaran palabras de elogio a favor de su primo, elogios que tiempo después serían apreciados también por legitimistas, carlistas y seguidores en general de otras líneas de sucesión dentro de la Casa Real española.

Aquel año, el último de Stecher a la cabeza de la Cámara, la asociación recibió con los brazos abiertos la vuelta a Madrid de Piero Bassetti, desde hacía años en la dirección de Unioncamere y uno de los mayores autores, si no el principal, de la nueva Assocamerestero, de la que se convirtió en presidente entre 1993 y 1999, regresando a Madrid con aquel cargo dos veces durante las presidencias de Giulio Alberto Chiodarelli y Luigi Michetti. Desde hacía poco nombrado miembro del Consejo Nacional de Economía y Trabajo, en septiembre Bassetti voló a España para participar en la firma de un acuerdo entre la Cámara de Comercio de Milán, presidida por él desde 1982, y la entidad presidida por Stecher, para favorecer las relaciones comerciales entre los dos países en pleno despegue de la globalización, un proceso que desde hacía tiempo estaba relegando a un rol cada vez más minoritario al Estado nacional. De hecho, los máximos dirigentes de la Cámara eran conscientes de la importancia de la unión entre operadores en una economía cada vez menos financiada por el estado, y en la que cada uno debe superar los retos globales haciendo hincapié en la capacidad de adaptarse a las nuevas tecnologías y formas de producción.

A principios de noviembre, ganadas por tercera vez las elecciones por el Partido Socialista de Felipe González, cayó el Muro de Berlín, una herida abierta en el corazón de Europa que, desde 1961 había separado el oeste capitalista del este comunista. Mientras veían los telediarios de los dos canales entonces existentes, Lorena preguntó atónita a Alfonso que hacían todas esas personas inmóviles sobre el muro no muy sólido, a juzgar por los golpes de pico que poco a poco lo derribaban, a lo que el hermano mayor respondió con desenvoltura que huían de un sistema al otro, una explicación que sólo tiempo después, caída la URSS, la hermana entendió totalmente, asombrándose además de no haberlo hecho un par de años antes.

La llegada de la nueva década coincidió con la llegada a España de una de las empresas italianas más brillantes de aquellos años, la Fininvest de Silvio Berlusconi, ya propietaria del equipo de fútbol del Milan y los supermercados Standa, además de innumerables medios de comunicación, entre ellos las televisiones privadas nacionales italianas Rete Quattro, Canale Cinque e Italia Uno. Al día siguiente de la concesión, en agosto de 1989, de las primeras tres licencias para la emisión de canales privados a Antena 3, Prisa Tv y Telecinco, los artífices de esta última crearon rápidamente el grupo Gestevisión Telecinco S.A., del que Fininvest tenía la cuarta parte, el límite permitido a un operador extranjero, ampliado en 1999 al cuarenta por ciento en poder ahora de Mediaset España, la rama de Fininvest dedicada al sector de las telecomunicaciones.

Junto a la financiera de Berlusconi, aterrizó en España en aquellos años un gran número de dirigentes, presentadores y azafatas que, después del comienzo oficial de las emisiones de Telecinco, el 3 de marzo de 1990, tuvieron la no fácil tarea de hacer arrancar aquella especie de apuesta personal del *Cavaliere*, más arriesgada teniendo en cuenta las malas experiencias con Le Cinq en Francia y Tele 5 en Alemania, que cerraron sus puertas en 1992 después de poquísimos años. A pesar de las dificultades iniciales, aquéllos leales de Berlusconi consiguieron lograr para el canal un lugar en las preferencias del público español, un éxito que les permitió entrar en la siempre exigente comunidad de negocios italiana en tierra ibérica. El administrador de la concesión de publicidad del grupo, Giulio Alberto Chiodarelli, fue así elegido en 1992 presidente de la Cámara, un nombramiento consecuencia del poder adquirido por Fininvest en la sociedad española de aquel tiempo.

Un par de años antes de la elección de Chiodarelli, el 23 de mayo de 1990, los socios se presentaron en masa en la calle Cristóbal Bordiú para elegir al nuevo presidente de la asociación en sustitución del dimisionario Stecher y renovar un Consejo que, después de la última modificación del Estatuto, sería ampliado de veinticuatro a treinta y cinco miembros. Después de una votación que el mismo Manuel siguió más atento de lo normal por los fraudes que numerosos consejeros decían que se habían producido en algunas de las más exaltadas reuniones de la década anterior, fue elegido presidente Luigi Michetti, desde hacía tiempo responsable de Fiat Ibérica, en una especie de alternancia entre un representante de las finanzas como el banquero Stecher, y uno de aquella industria que tanto prestigio había dado a la *Bota* en España en las décadas precedentes; fue elegido vicepresidente el leal Ettore Anzini, representante para España de Invest International Holdings y al poco presidente *ad interim* antes de la elección de Chiodarelli.

Sólo un puñado de consejeros salientes decidieron no optar por un nuevo mandato; todos los demás, desde Bonezzi, Cossarini y Orlando al presidente de Cofisa, Mario Caprile, hijo del ex presidente de la Cámara Emilio y padre del famoso estilista Lorenzo, sin olvidar a Manuel y el presidente saliente, Stecher, quisieron seguir una aventura que hasta ese momento les había dado grandes satisfacciones, tanto que cada mes el número de potenciales aspirantes a un puesto de consejeros había crecido hasta niveles antes impensables.

Del economista Aldo Olcese al director de Generali, Pietro Pispisa, del censor de cuentas y abogado Sebastián Enseñat a los representantes de Olivetti, Moto Vespa, Ceoe y Banca Commerciale Italiana: todos los consejeros reconfirmados constaban con curriculos de alto nivel haciendo de la Cámara un conjunto de excelencias en los diferentes sectores de la economía y el comercio. Entre las quince caras nuevas del Consejo, destacaban figuras no menos importantes como los directores de Alfa Romeo y Alitalia, el consejero delegado de Agip España e incluso el fundador y presidente de Ipiac, aquel Alberto Putin que por fin pudo ocupar el rol de prestigio que le correspondía en la Cámara.

Los primeros meses de Michetti en la presidencia de la Cámara estuvieron repletos de reuniones, eventos e iniciativas de todo tipo, señal de la voluntad del nuevo número uno de no desmerecer ante los éxitos del predecesor. Más adelante, después de la larga pausa estival, los ritmos de trabajo disminuyeron lenta pero constantemente, dando a muchos la sensación de un cambio inminente, cosa que ocurrió el 28 de febrero de 1991, cuando Michetti, que volvió a Italia, fue sustituido por el abogado Paolo Annibaldi, apenas nombrado presidente de Fiat Ibérica e Iveco-Pegaso justo en su lugar, además de ser ex presidente de Confindustria.

Con el pasar del tiempo y el reinicio de los compromisos de la Cámara, la asociación vio como se reducía el número de los consejeros de treinta y cinco a treinta y uno, tanto por la vuelta a Italia de algunos, como por la salida de otros de empresas socias o sólo relacionadas con la Cámara por recíproca amistad. Este fue el caso de Fernando Orlando, desvinculado desde hacía poco tiempo de la empresa familiar y de su nueva propietaria, Heinz Ibérica, o de aquellos dirigentes de bancos italianos que de repente cerraron su actividad en España. Al mismo tiempo, en aquellos meses llegaron a la calle Cristóbal Bordiú numerosos nuevos exponentes de relieve de la economía italiana en Madrid, como el nuevo director de los electrodomésticos Merloni para España, Italo Garbero y, sobre todo Giovanni Alberto Agnelli, conocido como Giovannino, heredero directo del presidente de la Fiat, Umberto, y director desde 1991 a 1993 en España de Moto Vespa, filial de una empresa, Piaggio, ligada directamente a su madre, Antonella Bechi Piaggio, hijastra del gran Emilio.

Nacido en 1964 en Milán, Giovannino demostró grandes dotes de emprendedor y se sabía que el padre Umberto y el tío Giovanni pensaban en él para relanzar la Fiat en pocos años, una vez cumplido su período de aprendizaje en las empresas familiares. Por eso, Manuel no daba crédito a sus ojos seis años después, en diciembre de 1997, cuando llegó en la prensa italiana el fallecimiento, con sólo treinta y tres años, de aquel joven tan lleno de energía, abatido en pocos meses por un raro tumor. Así, dos meses después de haber llorado la muerte del ex presidente Emilio Caprile, la Cámara se unió al duelo por la muerte de uno de los más brillantes consejeros de su historia, un hombre que para muchos hubiera podido participar en el destino de una Fiat en transición hacia una decidida renovación generacional.

Desde su probada experiencia en el sector automovilístico, tanto Annibaldi como su sucesor, Ettore Anzini, presidente en el verano de 1992, a la espera de las elecciones para la renovación de la cumbre de la Cámara en octubre, intentaron en su breve mandato mantener el predominio de las dos o cuatro ruedas en el empresariado italiano en Madrid y alrededores, conscientes de que se acercaba el momento en el que una figura extraña al sector asegurador, industrial o bancario, los tres pilares de la Cámara, tomaría las riendas de la asociación. Esta figura, encarnada en Giulio Alberto Chiodarelli, fue elegida como presidente en octubre de 1992 tras un largo pero relajado debate interno entre los partidarios de la continuidad y los más ardientes seguidores del modelo empresarial de Fininvest, la verdadera realidad emergente italiana en España de los primeros años noventa.

La llegada de Fininvest no fue la única novedad importante en la economía italiana en tierra ibérica. Un año antes de la elección de Chiodarelli, en mayo de 1991, la casa editorial Rizzoli-Corriere della Sera compró la mitad de las acciones de Unedisa, propietaria de *El Mundo*, una inversión que marcó el inicio de la escalada del grupo milanés en el periódico fundado un par de años antes por Pedro J. Ramírez. Atenta a los cambios societarios de los periódicos para los que escribía, Isabel apreció la tenacidad del nuevo accionista mayoritario, una empresa que, desde 1974 dirigía el más clásico de los rotativos italianos, y esperaba poder inyectar pronto una cierta liquidez en los siempre precarios balances del periódico, una condición impensable para garantizar la independencia política e ideológica. El marido, también él alerta frente las novedades empresariales, recibió con alegría el aterrizaje de Rizzoli en España en su primer, aplaudido informe junto a Learco Cossarini sobre las peticiones y ambiciones de los principales socios y colaboradores de la Cámara.

Tres días después de la elección de Chiodarelli a la presidencia del organismo, Manuel fue enviado a Génova como observador de los eventos de cierre de la Expo'92, que celebraban los quinientos años del día en que Cristobal Colón pisó por primera vez las Américas, el 12 de octubre de 1492. El viaje representó para nuestro hombre una ocasión única para conocer junto a su mujer la tierra natal del bisabuelo paterno de ella, emigrado, según había sabido hacía tiempo por el diario familiar, en el lejano 1872, cuando Italia era un joven Reino que se acababa de unificar bajo el dominio de los Saboya, y los italianos tenían toda una nación por construir.

La primera impresión de la capital ligur no fue fácil: a los dos les costó acostumbrarse a una pertinaz lluvia que no les abandonó hasta dos días después. Entonces, le tocó el turno al particular sentido de hospitalidad genovés, incluidos no sólo dependientes o hoteleros con los que se encontraron, sino también los empresarios con los que estaban citados para presentar la actividad de la Cámara de Comercio. Las impresiones de Manuel e Isabel mejoraron poco a poco, una vez conocido el lado marinero y abierto de la ciudad, siempre en primera línea en las luchas políticas y sociales del país, y las bellezas de su centro histórico, sus fortalezas en las colinas, sus plazas y un puerto recién restaurado gracias a los fondos de aquella gran exposición, las *Colombiadi*, y el proyecto de recalificación del arquitecto local Renzo Piano.

En Génova, los dos cónyuges se encontraron con su amigo y ex consejero de la Cámara Fernando Orlando, que les enseñó los lugares en los que, cuarenta años antes, empezó su carrera de emprendedor y visitaron algunos de los pueblos más típicos, como Camogli, Portofino, Rapallo o Sestri Levante. No menos emocionante, sobre todo por el contraste entre las descripciones del bisabuelo y su aspecto actual, fue para Isabel la visita a la antigua localidad de Sampierdarena, hoy barrio al oeste de la ciudad, en el que todavía se vislumbraban las villas de la nobleza de los siglos anteriores, signo de un antiguo esplendor, que fue sacrificado en nombre de urbanizaciones y oficinas para la industria pesada. Al día siguiente del cierre de las *Colombiadi*, grande fue la satisfacción de Manuel e Isabel por haber conocido los lugares de origen del que dio vida a una noble saga familiar, así como la pena por no haber disfrutado durante más tiempo de aquellos instantes y de los placeres de la cocina local. Isabel anotó todo esto con nerviosismo pocos días después en las memorias familiares que se dio prisa en releer, para respirar con la mente los lugares y atmósferas descritas años antes por el bisabuelo Giovanni Battista y por el abuelo Antonio, que varias veces viajó a Liguria por motivos de trabajo. El año de los Juegos Olímpicos de Barcelona, de la Exposición Universal de Sevilla y de Madrid Capital Europea de la Cultura acababa, y todos estaban seguros de que esos doce meses en la cresta de la ola habían ofrecido al mundo la imagen de una España a la vanguardia en todos los aspectos de la modernidad, empezando por una libertad y democracia ya no amenazadas por un puñado de fascistas nostálgicos. Mientras Isabel estaba en Italia, uno de los artífices de Madrid Capital Europea de la Cultura, Tomás Llorens Serra, pensó en ella en la tarde del 8 de octubre de 1992 mientras, ante el rey de España, pronunciaba el solemne discurso de inauguración del Museo Thyssen-Bornemisza, que completaba el nuevo Paseo del Arte junto con el Museo del Prado y el Museo Nacional Centro de Arte Reina Sofía. Fue el inicio de una nueva etapa profesional para aquélla mujer considerada como una de las mayores expertas en arte italiano y europeo en España.

A principio de 1993 en el que el Partido Socialista preparaba con calma su cuarta y última victoria electoral y seguía la cuenta atrás para la entrada en vigor del Tratado de la Unión Europea firmado en Maastricht, Holanda, en febrero de 1992, Alfonso aparecía en las secciones de cultura por la estrepitosa acogida del público juvenil del primer disco de *Delirium Tremens*, el grupo que fundó unos años antes junto a tres compañeros del Liceo. Alfonso, Mario, Pietro y Rubén, respectivamente guitarra, batería, bajo y cantante, desbancaron sorprendentemente la lista de música alternativa de esa primavera con un estilo propio, heredero en parte del *grunge* de Seattle y de la Movida, convirtiéndose en poco tiempo un modelo imitado con éxito por muchos grupos de la época.

Mientras intentaba convivir con la imprevista fama y las compañeras del colegio le pedían una tras otra un autógrafo del hermano, Lorena seguía en sus estudios aquel año en el que debía hacer el examen de *maturità* de junio, momento en el que empezaría a pensar en lo que le gustaría hacer de mayor, aunque ya se sintiera mayor desde hacía tiempo. Amaba la comunicación y todo lo relacionado con las relaciones públicas y eventos, razón por la que se inscribió en la Facultad de Ciencias de la Información de la Universidad Complutense. El día en que comunicó la esperada decisión a sus padres, notó en ellos un alivio al pensar que al menos ella, antes o después, traería a casa una licenciatura, un premio en parte también para ellos, que nunca escatimaron en la cultura y educación de los hijos.

Mientras un satisfecho Manuel seguía de cerca la evolución de los balances de la Cámara y ésta renovaba el acuerdo de representación con Fiera di Milano, en virtud del cual desde hacía tiempo era la sede española del ente lombardo, pocas fueron las novedades de importancia en la Cámara de Comercio aquel año, el último de Ruggeri como secretario, exceptuando algunas despedidas como la de Giovanni Agnelli, vuelto a Italia y sustituido por Pedro Quijada en la dirección de Moto Vespa en España. Uno de los más importantes eventos de aquel año sería la Asamblea General del 29 de junio, a la que asistió el nuevo presidente de Assocamerestero, Piero Bassetti, que justo entonces lanzó la idea, adelantada, de crear una red entre las Cámaras Italianas en el Extranjero para ampliar los recursos y objetivos.

Retomadas las obras en otoño, justo pocos días después de haberse despedido del hijo Alfonso, que se iba a una gira de conciertos por Sudamérica, Manuel decidió que había llegado el momento de sustituir los frenéticos ritmos del Hotel Picasso con un nuevo reto profesional, quizás peor retribuido, pero capaz de calmar su latente amor por la literatura y las artes. Los continuos problemas que debía afrontar como responsable del hotel, lejos de entrar en sus funciones, creaban a su vez luchas internas entre la vieja guardia y los nuevos socios de la estructura, aquella Ciga que estaba por venderse al grupo estadounidense Starwood Hotels & Resorts Worldwide por los problemas de liquidez del propietario, el príncipe Karim Aga Khan. Mientras esperaba el momento adecuado para retirarse y dimitir como consejero de la Cámara, nuestro hombre seguía con curiosidad los primeros pasos de Lorena en la Universidad y los de Isabel dirigiendo la última muestra en el Museo del Prado: la dedicada a los escultores Leone y Pompeo Leoni, padre e hijo, originarios de Arezzo, pero emigrados en 1556 a Madrid para dedicar sus mejores obras a los Hasburgo de España.

El año llegaba a su término, pero bajo el árbol de Navidad de la casa Reina Picasso, en aquellos días de frío inusitado, se encontraba la esperanza de de nuevos horizontes laborales para Manuel e Isabel y, en el caso de Lorena, de las primeras inquietudes hacía un mercado de trabajo que, según los telediarios, tenía cada vez más parados a causa de los malos resultados económicos del bienio que acababa de terminar. De hecho, el final de las grandes inversiones públicas realizadas para los eventos en Barcelona, Madrid y Sevilla en 1992, junto a las consecuencias de la crisis inmobiliaria en Japón y la petrolífera en Iraq, incrementaron el paro en España a un cuarto de la población activa, un dato inimaginable meses antes. Participó entonces en aquella euforia que indujo a muchos a creer en un nuevo milagro económico, como sucedió quince años después, durante la explosión de la burbuja inmobiliaria. En esos días de luces y sombras para el país, se encontraba a sus anchas en un mundo, el universitario, en el que por fin lograba seguir de cerca los acontecimientos que interesaban a la España de entonces, tanto gracias a una manifestación contra los recortes del sistema educativo, como gracias a las interesantes clases de algunos docentes.

Mientras ultimaba los preparativos para la muestra dedicada a Leone y Pompeo Leoni, en una de las tantas tardes transcurridas hasta altas horas en su oficina, Isabel supo por primera vez del interés del conservador jefe del Museo Thyssen-Bornemisza, Tomás Llorens Serra, por su estrecha colaboración. Ya encargado del Museo Nacional Centro de Arte Reina Sofía, Llorens Serra conoció a Isabel en uno de los muchos encuentros informales en los que tomó parte en los años anteriores, y se encontraron siempre de acuerdo sobre los numerosos aspectos de la gestión de los museos. Sin embargo la mujer nunca pensó en una llamada de aquel ilustre histórico del arte para trabajar a su lado, con un sueldo más que duplicado con respecto a las óptimas ganancias que ya recibía.

La casualidad quiso que un par de años antes, después de la dimisión de la figura que durante ocho años había dirigido el Museo del Prado, Alfonso Pérez Sánchez, Isabel fuera rebajada a mera co-organizadora de muestras temporales, perdiendo muchas de sus antiguas prerrogativas en la política artística del museo.

Aquella llamada con la que Llorens Serra le invitaba a colaborar inmediatamente con él llegaba en el momento más oportuno, y fue respondida positivamente en menos de tres semanas, antes de que Isabel se convirtiera a todos los efectos en conservadora del Museo Thyssen e inaugurase su nueva oficina, a un centenar de metros de distancia de la precedente.

El año del victorioso aterrizaje de Berlusconi a la cabeza de Forza Italia, 1994, vio cómo se deterioraban por unos momentos las relaciones italo-españolas por una competición de fútbol, aunque no por una cualquiera: estaban en juego las semifinales del Mundial organizado en los Estados Unidos, y las dos selecciones se enfrentaron en un duro partido del que salió vencedora Italia a tres minutos del final, gracias a un gol de Roberto Baggio. Lo que hizo enfadar a los españoles fue una empujón de Mauro Tassotti a Luis Enrique no visto por el árbitro, una acción taimada que alimentó el revanchismo futbolístico de España ante Italia hasta el encuentro de 2008 en los Campeonatos Europeos que se disputaron en Austria y Suiza, donde Italia fue eliminada.

En los difíciles momentos después del pitido final, cuando todo el país gritaba frustrado por la suerte sufrida, fue difícil para Manuel y sus amigos y socios de la Cámara con los que vio el partido, controlar la ira y recordar que el fútbol es sólo un juego, y si no se le escapó ni una palabra de más fue quizás por las raíces italianas de su mujer, presente aquel día a su lado y, en el fondo, indecisa por el equipo al que apoyar, aunque a ella en el fondo no le interesaba el partido.

Viendo aquella tarde el encuentro en casa de Chiodarelli estaban los tres dirigentes que, desde el 22 de marzo sustituyeron a Ruggeri. Alessandra Alla, la primera mujer en asumir un cargo importante en la Cámara, Paolo Oldano y Enrico Forzato, en la dirección de la asistencia de los socios y de la comunicación, no habían tenido tiempo de familiarizarse con los ilustres consejeros, que ya vivían con ellos una de las competiciones más emblemáticas de aquellos años, seguramente una de las derrotas de España antes de una inversión de tendencia que rentó a la Roja tres títulos consecutivos: el Mundial de 2010 y los Europeos de 2008 y 2012.

La cuenta atrás para la elección del sucesor de Chiodarelli, que desde hacía tiempo había anunciado querer dejar la presidencia de la Cámara una vez cumplidos los dos primeros años de su mandato, ya que volvía a Italia, fue larga y accidentada, con un gran número de voces que, en las semanas anteriores a la vuelta del trabajo de la asociación, mostraban su preferencia por la candidatura de un hombre cercano a Fininvest, es decir una figura procedente del mundo bancario, en línea con la última presidencia de una cierta importancia, la de Giorgio Stecher, y con el ascenso de numerosos consejeros relacionados con muchas filiales bancarias italianas existentes entonces en Madrid y Barcelona.

Al final surgió un nombre ya conocido, aquel Luigi Michetti que presidió la Cámara durante menos de un año, entre 1990 y 1991, y que acababa de volver a Madrid como presidente de Fiat Hispania, dirigiendo la reconversión industrial del grupo turinés en España. Lejos de abandonarse a los triunfalismos, aquel que durante más de una década habría presidido la asociación, se dirigió aquel 17 de octubre a los socios y consejeros con tono tranquilizador, dirigido a persuadir a los escépticos sobre las virtudes de su proyecto, que quería reforzar las instituciones del ente restituyéndoles la continuidad interrumpida en los últimos cuatro años. Sus palabras fueron acogidas con un largo aplauso de los presentes, incluido el de Manuel que, crítico con la presidencia de Michetti de cuatro años antes, expresó su preferencia por el presidente de Cofisa, Mario Caprile, elegido vicepresidente.

Si la decisión de Michetti se adoptó después de un largo tira y afloja entre los consejeros más influyentes de aquel periodo, igual de complicado fue llenar el vacío dejado por Ruggeri en la secretaría de la Cámara, tanto que de poco o nada valieron los sondeos del presidente entre los treinta y dos miembros del Consejo. Si el 5 de julio de 1994 Enrico Forzato fue nombrado secretario general, cargo que devolvió a Michetti, el 29 de noviembre de ese mismo año, cuando todo parecía preparado para la elección de Ettore Anzini, que había estado en la dirección de Alfa Romeo Española y había sido presidente de la Cámara *ad interim* en 1992, éste decidió echarse atrás, haciendo que, por primera vez, la asociación se encontró sin secretario, una situación que terminó con el nombramiento de Mario Mazzali, el 23 de noviembre de 1995.

Mientras seguía con creciente desinterés aquel vacío de poder, Manuel supo por los periódicos económicos la compra definitiva de Ciga por parte de Starwood Hotels & Resorts Worldwide, que puso en marcha una ambiciosa campaña para expandir la nueva marca The Luxury Collection. Como era previsible, los nuevos propietarios no tardaron en llamar a la puerta del Hotel Picasso, tanto que, en una reunión de urgencia celebrada en la sede madrileña del grupo americano, sufrida pero obvia fue la decisión de Isabel y Manuel de vender a los nuevos socios en mayoría las acciones del hotel que aún poseían, acabando con una epopeya que había durado medio siglo, fruto del tenaz trabajo del difunto Antonio Picasso Mezzalama.

Aquel día, nuestro hombre sentía una mezcla de melancolía y alivio; si, por una parte, abandonaba de hecho el oficio que lo había visto crecer y establecerse, por otro lado era totalmente libre de establecerse como editor, profesión que desde siempre le fascinaba, pero a la que no tuvo el valor de dedicarse, tanto que invirtió sus ahorros de juventud en una pequeña finca en Ávila, cerca de la casa paterna, que ahora podía restaurar con Isabel gracias a una parte de la liquidación de él y de lo obtenido por la operación financiera de ella.

El paso siguiente, lo sabía bien, fue su dimisión del Consejo de la Cámara, desde el momento que había salido de una de las empresas relacionadas con la asociación; lejos de asustarle, el retiro, si bien temporal, del empresariado italo-español, le invitaba a concentrar sus esfuerzos en la nueva profesión y los contactos a entablar para dar sólidas bases a la naciente Nueva Maucci. Ciertamente, no tenía tiempo que perder, anotaba radiante Manuel en aquellas semanas en las venerables memorias iniciadas por Giovanni Picasso que, desde hacía unos meses, había cogido prestadas a Isabel para inundarlas de reflexiones sobre los últimos acontecimientos familiares. Después de haber asistido con el vicepresidente Paolo Oldano a la Convención de Génova de las cincuenta y ocho Cámaras Italianas en el Extranjero existentes en 1994, nuestro hombre renunció a todos los efectos a las cargas de socio y consejero en febrero de 1995. Después de una breve consulta, en su puesto fue elegido como representante del turismo italiano en España Gabriele Burgio, nombrado hacía poco consejero delegado de Cofir y futuro presidente de NH Hoteles de 1997 a 2011.

La Nueva Maucci puso las bases de su historia de decenios un día de primavera de 1995, cuando su fundador la inscribió formalmente en el registro de las casas editoras de la Comunidad Autónoma de Madrid. Aquello que, en las intenciones de Manuel, era una especie de capricho personal todavía por definir, poco a poco se convirtió en realidad, en una de las novedades más interesantes del siempre dinámico mercado del libro de la capital española, editora de algunas de las renombradas guías turísticas y de museos nacionales a caballo entre los dos siglos. Al éxito de aquel proyecto contribuyó también Isabel que, una vez acabada su larga colaboración con *El Mundo*, logró dedicar parte de su tiempo libre a facilitar los contactos entre Manuel y algunos de los más importantes museos españoles, además de favorecer la apertura de una verdadera oficina, cerca, por cierto, del domicilio familiar de la calle de Ríos Rosas, en la esquina de las calles Espronceda y Modesto Lafuente.

Satisfecho por los rápidos pasos de la nueva casa editorial, Manuel logró poco a poco dar a la nueva sede una conexión a internet - ¡Una de las primeras en la ciudad! - y a llenarla de jóvenes apasionados por el arte, los viajes y la literatura, las principales esferas de interés del nuevo proyecto. Se sentía feliz nuestro hombre, satisfecho por el hecho de emplear sus últimas energías laborales en aquella aventura soñada desde hacía mucho tiempo y por los buenos resultados obtenidos por su recién nacida criatura, uno de cuyos objetivos era el de retomar los fastos de Maucci & Picasso, escribía una de esas tardes Manuel en el diario familiar, prestado una vez más por Isabel. A pesar de los compromisos universitarios, Lorena ayudaba de vez en cuando a su padre con los complicados catálogos mensuales y anuales, mientras que Alfonso, de vuelta de una gira de conciertos por Sudamérica y después del tercer disco publicado con *Delirium Tremens*, se ocupaba del lanzamiento de una colección sobre la música española reciente, seguro de que el público apreciaría el intento de la casa editorial de atraer a los lectores más jóvenes.

Unas semanas después de la salida de Manuel, mientras España se preparaba para inaugurar el nuevo semestre de Presidencia del Consejo de la Unión Europea, la Cámara de Comercio se hizo promotora de un encuentro que, por cuarta vez en pocos años, vio aterrizar en Madrid al presidente de Assocamerestero, Piero Bassetti. El 15 de junio de 1995, en un Consulado de Italia atestado de numerosos trabajadores y responsables de las cámaras de toda Europa, el consejero saliente del CNEL propuso la creación de un grupo de Cámaras de Comercio particularmente importantes en todo el Viejo Continente, una idea que quería la Cámara de Luigi Michetti, protagonista a nivel económico y directivo, pero que encontró varios obstáculos en su camino, el primero de todos la dificultad de coordinar el gran número de asociaciones que estaban dispuestas a tomar parte. A pesar del encuentro, en el que participaron los dirigentes de las tres delegaciones entonces en Valencia, Zaragoza y Las Palmas de Gran Canaria, se demostró el más que discreto estado de salud del sistema de las Cámaras de Comercio en el Extranjero, en plena expansión, a caballo entre dos siglos, y se evidenció la presencia de numerosas asociaciones-guía en su interior, una de las cuales era justamente la octogenaria *Camera di Commercio e Industria Italiana per la Spagna*.

Mientras tanto pasaban los meses y el debate sobre la elección del nuevo secretario general, junto al presidente Michetti, asumía aspectos cada vez más dramáticos, vistas las continuas renuncias de éste o aquel favorito por los motivos más diversos. "¡Al final te van a elegir sin siquiera avisarte!", bromeó una tarde Manuel con el amigo Bonezzi. "¡Nunca jamás!", le respondía el cremonés con tono jocoso, invitándole a dejarse ver más a menudo, ahora que casi todos los consejeros de la Cámara más veteranos se habían retirado para hacer sitio a sangre nueva. El Consejo, ampliado a treinta y cuatro miembros incluidos los seis vicepresidentes, contaba, en efecto, entre sus filas con numerosas figuras aterrizadas desde hacía poco en España, como los delegados de Reale Mutua Assicurazioni, Monte dei Paschi di Siena y Nikols Iberia, respectivamente Fulvio Norse, Paolo Punchina y Carlo Clavarino, y Valeria Curcio, responsable de Telecom Italia en Madrid.

La búsqueda de un nuevo secretario general de la Cámara se resolvió con éxito a finales de octubre, cuando un entusiasmado Michetti propuso a los consejeros la elección de una figura con un vasto *curriculum* como Mario Mazzali, nacido en Reggio Emilia en 1943 y llegado a España en 1986 como director general primero de Iveco España y luego de Iveco Pegaso. Asesor e importador autónomo desde hacía un par de años de todo terrenos entre Italia y España, Mazzali era una persona con un gran sentido del humor, cosa que no escatimó el 23 de noviembre sucesivo durante su discurso de investidura, cuando recordó que hasta ese momento el único contacto que había mantenido con la Cámara consistió, a su pesar, en un anticipo de financiación para la asociación, en una carta enviada a su oficina. En dos años y medio transcurridos en la Cámara, aquel emiliano de armas tomar sería recordado por su informal estilo, tan lejos de los cánones que existieron durante tantos años en la calle Cristóbal Bordiú, convirtiéndose en el primer secretario que asistía a la entrega anual del Premio Tiepolo, que en 1996 inauguró una nueva etapa en las relaciones entre la Cámara de Comercio Italiana para España y las principales instituciones políticas y económicas de Madrid y alrededores.

La misma tarde en la que el nombramiento de Mazzali cerró un vacío de poder de un año y medio, la Cámara de Comercio se aseguró los servicios de un asesor de imagen de prestigio como José Gómez Mar, quinta de 1933, director de 1968 a 1985 de la primera oficina de prensa en una empresa española, la de Seat, antes de dirigir las relaciones exteriores de la recién constituida Fiat Ibérica hasta principios de 1995, momento en el que se convirtió en asesor autónomo de estas y otras empresas, incluida la Cámara de Comercio Italiana para España.

Aragonés de Teruel y apasionado de los motores, en los años sesenta Gómez Mar fue fundamental en un sector, el de las dos y cuatro ruedas italianas en España, muy potente pero incapaz de vender una imagen moderna y atractiva de sí mismo. Se decía que suya fue la idea de sugerir a los Agnelli que exportaran a España no el Quinientos sino el Seiscientos que, si para muchos italianos era ya un segundo coche, en España era sin embargo el primer vehículo comprado por las familias locales. Futuro sucesor de Mazzali en el segundo y último triunvirato de la Cámara, el transcurrido entre 1998 y 1999, Gómez Mar fue fundamental para promocionar el Tiepolo gracias a sus contactos con el empresariado italiano en España.

Mientras, reforzados sus vínculos con entes de importancia como Fiera di Milano o con las cámaras italianas de otros países, la asociación de Michetti inauguró dos nuevas delegaciones, en Málaga y Sevilla, debido al creciente número de italianos, trabajadores sobre todo en el sector turístico o jubilados a la búsqueda de un buen clima donde pasar el invierno, que se habían mudado en los últimos tiempos. Mientras la primera, que fue confiada a Guido Garnieri, sobrevivió sólo algunos años, la otra, dirigida por el abogado y cónsul honorario italiano local, José Carlos Ruiz-Berdejo y Sigurtà, marido de la fotógrafa y pintora bresciana Clelia Muchetti, todavía lleva el buen nombre de la Cámara por Andalucía Occidental y Extremadura.

En tanto que España se preparaba para las elecciones legislativas del 3 de marzo que, después de dos intentos frustrados, dieron el poder a José María Aznar, del Partido Popular, con la victoria sobre el Partido Socialista después de catorce años al poder, todo el país exhibía con orgullo los progresos económicos de los últimos años, que le habían transformado en un apetitoso mercado para los inversores extranjeros. Eran los años de la construcción y mejora de puertos, autopistas y aeropuertos, gracias a los generosos fondos de la Unión Europea para adecuar el nivel de vida local al de los países europeos más prósperos, a pocos años de la esperada introducción de una moneda única, el euro, que según economistas y políticos favorecería la circulación de los trabajadores, mercancías y capitales dentro de los estados miembros.

La persistencia de las monedas nacionales, en un período en el que internet todavía no era capaz de sustituir servicios para los que era imprescindible ir a una sucursal bancaria, había generado, ya desde la década precedente, un manojo de filiales bancarias italianas en Madrid, Barcelona y Valencia, una política que ofrecía un prestigio enorme a institutos de crédito, una decena en total, en fuerte expansión como la Cassa di Risparmio di Genova o Carige y la de las Provincie Lombarde o Cariplo, el Monte dei Paschi di Siena, la Banca di Roma, ya presente en Barcelona antes de la Guerra Civil y donde había vuelto en 1981, o el Banco San Paolo di Torino. Por su parte, la Banca Nazionale del Lavoro, abierta en Madrid en 1941 y en Barcelona en el 1976, en los primeros meses de 1996 abrió una tercera filial en Valencia y era una de las cuatro entidades extranjeras que operaron en tierra ibérica en los años incluidos entre el Alzamiento franquista de 1936 y la liberalización del sector bancario de 1978 junto a Crédit Lyonnais, Banco de Londres y América del Sur, cerrado en 1986, y la Société Générale.

Debido al creciente intercambio económico italo-español, el ya extendido Consejo de la Cámara se amplió, una vez retocado el Estatuto corporativo, a cincuenta miembros, incluidos los cuatro vicepresidentes, con caras nuevas como Mario Sposi, nuevo presidente de Sindibank o Piero Bondesan, llegado en 1991 en Madrid después de la compra de Pegaso por parte de Iveco y nombrado responsable desde hacía poco de la entidad. También estaba Rafael de Ansorena, administrador delegado de New Holland, división de máquinas agrícolas del grupo Fiat, o Víctor Montes Argüelles por ADA Ayuda del Automovilista, José Luis Coloma por Fiat Lubrificanti Iberia, Fernando Burgos Zapatero por Piaggio España, Luciano Bray por Coopers & Lybrand Galgano y el concesionario de coches y motos Guido Garnieri, delegado de la Cámara de Málaga. El gran número de consejeros obligaba a la asociación a celebrar sus reuniones en el más espacioso Consulado de Italia o en los salones del *Istituto Italiano di Cultura* de la calle Mayor, como ya ocurría algunas décadas antes y recordaban los consejeros antiguos, no sólo por razones de espacio, sino de prestigio.

Justo mientras Michetti era reelegido presidente por otro bienio, la Cámara ultimaba los preparativos para la primera edición del Premio Tiepolo, que reunió en la Embajada de Italia un gran número de dirigentes empresarios italianos y españoles, los representantes diplomáticos italianos y las máximas autoridades locales, incluidos el alcalde José María Álvarez del Manzano y el presidente de la Comunidad, Alberto Ruiz-Gallardón. El jurado, formado por los responsables económicos de la Agencia Efe y de los periódicos *El País*, *El Mundo*, *Abc*, *Negocios* y *La Vanguardia*, además de los corresponsales de *Il Giornale, Il Messaggero, Corriere della Sera, La Repubblica,* Rai y el responsable del grupo Rizzoli en España, doce miembros en total, decidió conceder el premio a los presidentes de El Corte Inglés, Isidoro Álvarez, y Fiat, Cesare Romiti.

Mientras Mazzali y Michetti asistían satisfechos pero nerviosos a la bienvenida del embajador Vanni D'Archirafi, Josto Maffeo, jurado del premio, se preparaba a presentar a los importantes huéspedes y marcar los tiempos de la velada, tarea que poco a poco le consagró como figura fundamental para el evento. Años después, Maffeo confesó a Isabel que, nervioso por la envergadura del acto, aquella mañana decidió relajarse unas horas contemplando la colección de arte italiano del Museo Thyssen, admirando con calma las pinturas de varios Piero della Francesca, Tiziano o Caravaggio, lejos de presiones y preocupaciones de cualquier tipo. "¿Pero, al menos sabías quien era Tiepolo?", le preguntó Isabel medio en broma, medio en serio.

Sin duda lo sabía Maffeo, aunque esa noche por precaución evitó cualquier mención al pintor veneciano, temeroso de incurrir en cualquier inexactitud histórica, limitándose a recordar que aquel año se celebraba el tercer siglo del nacimiento del artista, que se produjo en Venecia en 1696, muriendo en Madrid en 1770. En cualquier caso, la mayoría de los presentes ignoraba que Giovanni Battista, llegado a la corte de Carlos III en 1762 y autor de frescos del Palacio Real de Madrid y de la Iglesia de

San Pascual de Aranjuez, hoy trasladados al Museo del Prado, además de ser uno de los primeros embajadores del arte italiano en España, desembarcó con dos pintores excepcionales de la época, los hijos Giovanni Domenico y Lorenzo, que después de la desaparición del padre se separaron para siempre, el primero regresando a Venecia, el segundo quedándose en Madrid, donde murió en 1776, con sólo cuarenta años.

Relanzado en 2000 en estrecha sinergia con la Cámara de Madrid, el Premio Tiepolo, concedido cada doce meses a una personalidad española y a otra italiana que hubieran destacado en las relaciones económicas entre los dos países, se convertiría poco a poco en una cita imprescindible para la comunidad de negocios italo-española, inaugurando una nueva etapa en las relaciones entre la Cámara de Michetti y las autoridades, tanto españolas como italianas. En una coyuntura marcada por la progresiva abolición de las barreras a la circulación de las mercancías, entre los países de la Unión Europea y los firmantes de los Acuerdos de Schengen, la cooperación entre los varios actores económicos y políticos ya era una necesidad, además de una oportunidad para llegar más lejos que la feroz competencia procedente de áreas como China, India, Brasil, Rusia y la Península Arábica. Con sus trescientos veinte socios, la asociación de Michetti estaba cada vez más en manos de empresarios importantes como Fiat, que ayudaba a hacer de Italia el cuarto colaborador comercial de una España en la que operaban cuatrocientas empresas de capital italiano y llegaban tres millones de turistas italianos al año, el triple respecto a la década precedente.

Cortadas las relaciones con la colonia italiana en España, los Reina Picasso vivían en aquellos años de crecimiento económico general los deseos y preocupaciones cotidianos de gran parte del país, protagonista de un endeudamiento cada vez más alentado por bancos e inversores. Sin embargo, debido a la estupenda venta del Hotel Picasso, rebautizado hacía un año como Hotel Zurbano, y los buenos sueldos de Manuel e Isabel, estos lograron reformar, piedra a piedra, la antigua casa solariega de la familia de él y ayudar a Alfonso para comprar un tercer piso familiar en Madrid, justo entre las calles Príncipe de Vergara y Ortega y Gasset, sin recurrir a ninguna hipoteca o préstamo, una decisión de la que se alegrarían poco tiempo después. Después de cuatro discos editados entre 1993 y 1996, Alfonso y los otros componentes de *Delirium Tremens* se tomaban un tiempo de descanso para volver a los escenarios con el mismo entusiasmo de cuando, todavía menores de edad, animaban las fiestas y reuniones del Liceo Italiano de Madrid.

En los años de oro de las series televisivas como *Médico de familia*, *El príncipe de Bel Air*, *Los vigilantes de la playa* y *Expediente X,* de grupos musicales como Extremoduro o Héroes del Silencio y de mitos del deporte como Miguel Indurain, Andoni Zubizarreta o Julen Guerrero, el grupo de Alfonso empezó a sentir el desgaste de los años transcurridos componiendo y dando conciertos con los ritmos frenéticos impuestos por las casas discográficas, además de la pérdida de interés del público alternativo hacia el *grunge* de Seattle, sustituido poco a poco por la fusión de estilos representados por Manu Chao y las agitadas melodías de grupos como Ska-P o Negu Gorriak. "¡Tienes que cambiar de oficio!", le sugería Lorena al hermano socarronamente cada vez que le notaba ensimismado, sin saber que años más tarde seguiría de verdad aquel consejo, convirtiéndose en asesor de la televisión pública española en materia musical y colaborando con la casa editorial del padre, antes y después de la compra por parte de Unidad Editorial. Mientras tanto, Lorena, a punto de licenciarse en Ciencias de la Información, se preparaba para asistir durante cinco meses a la Universidad de Roma - La Sapienza como estudiante del programa Sócrates-Erasmus, que justo el año anterior celebró sus primeros diez años de existencia. Era la ocasión, estaba segura, para salir por primera vez del nido familiar y, al mismo tiempo, mejorar la lengua de Dante, que aprendió en el Liceo Italiano y que había dejado de hablar a su pesar desde hacía casi un trienio.

El día en que se despidió de su adorada hija, Isabel contuvo las lagrimas en silencio, como un siglo antes hicieron sus tatarabuelos Tommaso y Lucia la mañana en la que el hijo Giovanni Battista, su bisabuelo, zarpó de Génova para no volver hasta años más tarde, al menos eso había escrito en sus memorias el comendador Picasso. En aquellos momentos, a pesar de la aparente entereza, también Manuel, que cedió a la mujer la tarea del último saludo, notaba dentro de sí el vacío interior de quien de repente se da cuenta de que los hijos ya son maduros para viajar y decidir su propio camino. No es que los dos estuvieran tristes; al contrario, contentos por la iniciativa de la hija, poco antes de su regreso empezaron a decorarle el piso en la planta superior que los anteriores inquilinos había dejado libre.

Durante una cena familiar organizada en la nueva casa de Alfonso, Manuel e Isabel le preguntaron en broma cuando conocerían a su nueva pareja, ya que varias revistas de cotilleo habían publicado en aquellas semanas sobre sus presuntas relaciones con actrices y modelos. "Pronto, pronto...", decía él, sin importarle las habladurías de la prensa rosa. Sólo tenía veinticuatro años, pero el éxito obtenido desde su primer disco de *Delirium Tremens,* publicado poco después del examen de *maturità* científica, le hacía parecer mucho más maduro. Deseaba un momento de calma para disfrutar del éxito, el dinero y, por qué no, de la fama adquirida durante aquellos años, sin la urgencia de tener que componer nuevas canciones ni de volar de una parte a otra con los ritmos impuestos por las casas discográficas.

Mientras la Cámara añadía a las sedes de Valencia, Zaragoza, Las Palmas de Gran Canaria, Sevilla y Málaga una sexta delegación en Pamplona, a las órdenes del cónsul honorario para Navarra, el abogado italo-español Carlo Tamburri, el Premio Tiepolo lograba una creciente atención en los medios de comunicación españoles e italianos. La importancia de los premiados era todo menos secundaria: desde Giorgio Fossa, presidente de Confindustria, a su homólogo de la CEOE, José María Cuevas; de los gobernadores de los bancos centrales italiano y español Antonio Fazio y Luis Ángel Rojo, a los presidentes de honor de Fiat, Giovanni Agnelli, y de la Fundación BBV, José Ángel Sánchez. Cada año, la Embajada de Italia reunía durante una velada de gala, a la *créme de la créme* del empresariado italo-español, logro del concienzudo trabajo realizado durante semanas por la Cámara.

Acabada la beca Erasmus y una vez obtenida la licenciatura en la primavera de 1998, Lorena había vuelto a Roma para las pruebas de acceso al Máster en Comunicación de la Universidad de La Sapienza. "¡Nos vemos en cinco meses!", dijo a sus padres el día en que salieron las listas del curso. No volvería de forma estable a Madrid hasta tres años después, acompañada de un novio con el que acaba de empezar una relación: Mario Stoico, asegurador del grupo Generali, romano e hincha del Roma, solía matizar, con una debilidad por el cine español, tanto que había visto casi todas las películas de Buñuel, Berlanga o Almodóvar. El día en que Mario conoció a los padres de ella, inolvidable fue el plato de *cocido* que éstos le prepararon, viendo luego *Todo sobre mi madre*, pocos días después de su reconocimiento como mejor película en lengua no inglesa, en la ceremonia de los Oscar del 26 de marzo de 2000 en Los Ángeles.

Justo en esos meses, la Cámara recaía en una crisis interna que parecía haber acabado hacía unos años. Después de una serie de sinsabores con más de un consejero, Mazzali presentó su dimisión como secretario general a principios de 1998 y, por el desacuerdo sobre la elección de su sucesor, ésta recayó unos meses más tarde, el 24 de junio, en un triunvirato compuesto por Mauro Palombi, Pierluigi Zai y José Gómez Mar, dirigentes respectivamente de la empresa de calderas Joannes, del grupo Fiat e de la empresa de comunicación Sec & Gómez Mar Asociados. La solución duró hasta finales de 1999, cuando el presidente de Future Space, Almerino Furlan, consejero de la Cámara desde hacía unos años, aceptó la llamada de Michetti, poniendo fin a un vacío de poder que resultaba cada vez más preocupante.

A pesar de la inestabilidad, en enero de 1998, la asociación lanzó su primera página web oficial, *www.adv.es/ccis*, una plataforma gracias a la cual, según Gómez Mar, los socios tendrían una formidable plataforma para sus negocios, pudiendo contactar con operadores de cualquier parte del planeta sin moverse de la oficina. Las novedades eran tales que, en breve tiempo, los ocho puestos de trabajo con conexión a la red comprados por la Cámara y puestos a disposición de empleados y socios fueron monopolizados por éstos últimos, por lo que fue necesario separarlos en dos ambientes diferentes, creando dos direcciones de correo electrónico diferentes: *ccis@adv.es* para unos e *italcamera@adv.es* para los otros.

Mientras se preparaban para atravesar el umbral de los ochenta años de historia, la Cámara celebraba la inauguración de una séptima delegación regional, la de Jaén, constituida en Linares y destinada a servir al norte de Andalucía y las provincias de Ciudad Real y Albacete, áreas hasta entonces inmunes a la presencia italiana que, en los últimos tiempos, habían atraído a muchas empresas gracias a los menores costes de producción con respecto a otras zonas de España. De empresas como Ipiac, de Alberto Putin o Fiat, capaces de ofrecer trabajo a diez mil personas en sus veinte empresas controladas en tierra ibérica, hasta las pequeñas y medias empresas llegadas desde hacía pocos meses en Madrid y alrededores, el sistema empresarial italiano en España ya era tan amplio y variado que ni siquiera los estudios de la Cámara lograban etiquetarlo en toda su complejidad, limitándose a trazar un balance aproximado.

Más precisos eran los datos macroeconómicos mensuales de los dos países, en los que podía verse que las exportaciones italianas a España superaban a las españolas hacia Italia en casi todos los campos, excepto la siderurgia, ya que la *Bota* importaba enormes cantidades de hierro y acero de las fábricas del norte de España, y el sector automovilístico, si bien los operadores del sector recalcaban que, prácticamente, todas las fábricas de vehículos del país estaban en realidad en manos de empresas extranjeras como Peugeot, Renault y la misma Fiat, establecidas en España por el menor coste de la mano de obra local. Todos los análisis explicaban las pocas aventuras empresariales italo-españolas por la semejanza, en tipo y volumen de exportaciones, de dos economías que invitaban a los operadores a crear o absorber una filial en otro país, más que a aliarse con ésta.

Bajo la dirección de Michetti y Furlan, la Cámara se preparaba para recibir al año 2000, el año del temido Y2K o *Millennium Bug*, un cortocircuito que al sonar las campanadas del 31 de diciembre de 1999, se decía que haría caer los servicios informáticos de medio mundo. En la última cena social antes del final de año, el presidente confesó al secretario su preocupación por un sistema informático, el de la Cámara, que acababan de renovar con la apertura de una nueva dirección: *ccis@mad.servicom.es*, temor que Furlan, ingeniero a la cabeza de la seguridad digital de varias sociedades españolas, escuchó con escepticismo. De la misma opinión eran muchos de los consejeros presentes en el banquete en el Hotel Villa Magna, en el que el presidente, con una gran sonrisa en la cara, decidió brindar por el nuevo año en compañía de los numerosos invitados asistentes.

En aquel preciso instante, un par de kilómetros más al norte, Alfonso y Lorena, que había vuelto por unos días de Roma, brindaban en casa Reina Picasso con los padres por otro año a punto de acabar estupendamente para ambos: un nuevo disco de éxito para el grupo de él, y un contrato indefinido en la Camera di Commercio, Industria e Artigianato de Roma para ella, en la que había empezado unas semanas antes como becaria, al terminar el Máster el año anterior. Por su parte, Manuel e Isabel estaban satisfechos por la reciente conclusión de las obras de reforma de la antigua casona de los padres de él cerca de Ávila, donde al poco tiempo empezarían a pasar algunos fines de semana. Era el digno epílogo de una década que, empezada no muy bien para ambos, se reveló a fin de cuentas como más que benévola, con la llamada de Isabel a trabajar con Llorens Serra y las nuevas actividades de Manuel después de la venta del Hotel Picasso a la Luxury Collection.

El nuevo año se presentó rico en novedades para la Cámara y su presidente, indeciso todavía sobre si retirarse de la primera línea de la asociación, según algunos rumores. De hecho, en junio tuvo lugar en Turín un encuentro entre las sesenta y dos Cámaras de Comercio Italianas en el Extranjero, una ocasión para tomar el pulso al estado de salud de Assocamerestero con el presidente Danilo Longhi, en el cargo durante un bienio en el lugar de Piero Bassetti y al que se esperaba en Madrid justo unos diez días después, por invitación del mismo Michetti. Mientras tanto, el 12 marzo, José María Aznar fue reelegido presidente derrotando al candidato socialista Joaquín Almunia y garantizando al Partido Popular la mayoría absoluta en el Parlamento, una victoria que la Cámara recibió con alivio, dados los contactos con varios miembros del partido en el poder, que habían establecido en la legislatura anterior.

Como si no fuera suficiente, en diciembre se reunió en Roma la Conferencia de los italianos en el mundo, con el respaldo del Ministerio de Asuntos Exteriores y órganos como el Comité General de los Italianos en el Extranjero o el Consejo Nacional de Economía y Trabajo, a pocas semanas de la aprobación en el Parlamento del borrador de la ley Tramaglia. Después de años de intentos, el histórico diputado del Movimiento Social Italiano consiguió que la

Cámara y el Senado aprobaran un borrador de ley de modificación de los artículos 56 y 57 de la Constitución italiana, que comportó el 23 de enero de 2001, el añadido en la Carta Magna de dos párrafos que fijaban en doce y seis escaños los reservados a los diputados y senadores en representación de los ciudadanos italianos residentes fuera de la *Bota*. Si bien el acontecimiento no afectase directamente a la actividad de la Cámara, grande era la curiosidad por una normativa que, con toda probabilidad, cambiaría en profundidad, politizándolas, a las colonias italianas en el extranjero.

Poco después de las celebraciones por el aniversario de la proclamación de la República Italiana del 2 de junio, el estado mayor de la Cámara voló a Piamonte para el encuentro entre los máximos dirigentes de las sesenta y cuatro Cámaras de Comercio Italianas en el Extranjero entonces existentes, una cumbre que subrayó el constante crecimiento de Assocamerestero en los cinco continentes, si bien con fuertes diferencias internas. Como ya unos años antes, las Cámaras que contaban con el mayor número de socios eran las de Frankfurt, Paris, Zúrich, Caracas y Chicago, mientras que a la de Madrid le faltaba crear lo antes posible un sólido sistema en tierra ibérica, pensaban para sí los más veteranos de la asociación mientras volvían a España.

El primer paso adelante en este sentido fue el acuerdo entre la Cámara de Michetti y la Cámara de Comercio de Madrid por el cual, justo desde 2000, esta última colaboraría en la organización del Premio Tiépolo, financiando una parte de los costes y teniendo la última palabra en la elección del premiado español. Aquel día, un 19 de junio, Michetti envió a Paolo Pucci di Benisichi, embajador en Madrid desde hacía un par de años, y al presidente de Assocamerestero, presente en el acto, un mensaje de agradecimiento por el trabajo de mediación entre las dos Cámaras que habían dejado de colaborar desde hacia tiempo, perdiendo la oportunidad de establecer importantes contactos de trabajo.

En un mes de junio nunca antes tan intenso como aquel, tres días después del importante acuerdo con la Cámara de Madrid, Michetti fue reelegido como presidente por un nuevo bienio durante una breve votación celebrada en los locales del Comites, en el sótano del Consulado de Italia, en el que Silvano Bonezzi fue nombrado censor de cuentas, un premio a su dedicación a la Cámara nunca disminuida a pesar de los años y sus compromisos como director de Italmolinos. En los años precedentes, éste había tenido varios cargos de importancia incluso en el Liceo Italiano, destacando la presidencia del Consejo Escolar, y había viajado a Brasil, México y otros países para dirigir el crecimiento de las instalaciones de Ocrim, de la que era director general desde 1963.

Pero no es oro todo lo que reluce. De hecho, a pesar de la unidad demostrada por la mayoría de los presentes, el puesto de secretario general de la Cámara era más inestable que nunca, tanto que el 22 de junio fue la última reunión importante en la que tomó parte Almerino Furlan antes de su dimisión en septiembre y sustitución, el 29 de noviembre, con otro hombre fuerte del grupo Fiat, Beniamino De Santis, justo un año después del inicio de su mandato. Era como si la carismática figura de Michetti, muchas veces invocado después del vacío de poder dejado por Stecher, hubiera inculcado una especie de temor reverencial en los secretarios, que uno tras otro ponían su cargo a disposición del Consejo de la asociación. Movía la cabeza en aquellos momentos Bonezzi, consciente de que el desfile de secretarios que había empezado seis años antes con la renuncia de Ruggeri no traería nada bueno, como pudo comprobar Lorena el día en que parte del techo de la sede de la Cámara cayó a un palmo de su mesa, envolviendo en un denso polvo todo el piso superior de un edificio en ruinas, imposible de reformar por falta de fondos.

X

Desde hacía ya tiempo, la Cámara deseaba sustituir su estancada revista corporativa con un nuevo trimestral capaz de conquistar al público más exigente, informando con lenguaje distendido y una atractiva presentación, aportando información de todas las actividades realizadas durante el año. Desde hacía unos meses, el equipo de Michetti intentaba dar un nombre y una cara a un proyecto que, si hubiera tenido éxito, habría garantizado óptimos ingresos publicitarios gracias también a la expansión de internet y de las tecnologías de comunicación. Por sugerencia del ex jefe de prensa de Fiat y Seat, Gómez Mar, el secretario De Santis publicó un anuncio de trabajo para contratar a una persona a la que encargar la redacción, gestión publicitaria y paginación del naciente periódico, además a la comunicación de las actividades de la Cámara en general.

La casualidad quiso que, justo unos días antes del vencimiento del anuncio, en una de sus frecuentes charlas con Manuel, Bonezzi le contó el importante presupuesto destinado a un órgano que, según sus artífices, quizás saldría a la luz con el nombre de *Tiepolo*, en honor al premio organizado cada año por la asociación. Nada más colgar el teléfono, nuestro hombre no lo pensó dos veces y, sea porque un padre siempre se preocupa por el futuro de sus hijos, sea por intentar tener cerca a su niña que desde hacía años estaba viviendo en Roma, le comentó a Lorena aquella oportunidad ofreciéndole el billete de avión para la eventual entrevista en Madrid, que de hecho tuvo lugar dos semanas después. "¿Cómo te ha ido?", le preguntó Manuel a la hija al llegar a casa tras el coloquio. "No me ha ido mal", respondió ella, temerosa de tener que renunciar al buen empleo que había encontrado en Italia, pero también con ganas de comenzar una nueva etapa de su vida con Mario en la ciudad donde había nacido y crecido, sólo si el novio consiguiera el traslado de su puesto de trabajo a España y siempre que hubiera convencido a la comisión examinadora de sus óptimas dotes de comunicadora y organizadora de eventos, adquiridas en la Cámara de Comercio de Roma.

La respuesta a las dudas de la joven llegó menos de dos días después, cuando pocas horas después de su regreso a Roma, una de las empleadas de la asociación de Michetti la llamó a casa. "Buenos días, soy Alessandra D'Ambrosio de la Camera di Commercio Italiana. ¿Hablo con la Srta. Reina?". "Soy yo". "¡Enhorabuena! Ha sido seleccionada para el puesto de trabajo al que se presentó. ¿Puede empezar a trabajar con nosotros el lunes 5 de marzo?". "¡De acuerdo!", dijo ella, consciente de que en aquel instante su vida estaba cambiando de golpe, así como la de su chico, que en menos de dos meses aterrizaría en Madrid para vivir con Lorena en la antigua casa de los abuelos de ella, arreglada a toda prisa por unos solícitos padres.

Mientras Gabriel Batistuta, Francesco Totti y Vincenzo Montella acercaban con sus goles a la Roma a la tercera liga de fútbol de su historia, un éxito que Mario celebró en su nuevo trabajo en Generali en Madrid con un puñado de hinchas del Roma expatriados como él y deseosos de rescatar el triunfo parecido del Lazio de doce meses antes, Lorena volvía a la capital española para iniciar una nueva aventura en la Cámara. Antes de incorporarse a su puesto, a pocas semanas del lanzamiento de la nueva revista trimestral *Tiepolo*, la joven ya pensaba en cómo enfocar la gráfica y contenidos, ideas que luego propuso a los responsables del proyecto.

Había en ella las ganas de hacer las cosas bien como al principio de su experiencia en Roma, que luego había perdido en los últimos años por varios motivos, sobre todo por los pocos medios de los que disponía en la cámara local. A pesar de que todavía había mucho que mejorar en este sentido, en Madrid tendría medios más modernos y rápidos, además de una mayor autonomía; su principal temor era por el éxito de una revista ambiciosa, pero con muchas incógnitas. En el fondo valía la pena volver a casa, escribió un tiempo después en aquellas memorias familiares que, desde hacía meses, sus padres le habían cedido en herencia, convencidos de que había llegado el momento de que las escribiera el miembro más joven de esa quinta generación de los Picasso en España, además del único ligado entonces a los intereses italianos en el país.

La nueva *Tiepolo* vio la luz en junio de junio de 2001, justo un mes después de la elección de Silvio Berlusconi como primer ministro en sustitución de Giuliano Amato, tras unos meses transcurridos organizando hasta los más mínimos detalles, la apariencia y el contenido. Impresa en papel satinado y vendida a quinientas pesetas, la nueva revista ambicionaba modernizar una comunicación corporativa ya emancipada de los formalismos de la anterior publicación. Lorena intentaba, con su criatura, aportar aquella fuerza femenina que tanto faltaba en una Cámara desde siempre dirigida por hombres, mientras justo al inicio del milenio, las empleadas superaban, por primera vez en la historia de la asociación, a los empleados, en una inversión de fuerzas que no ha cambiado hasta hoy.

Al día siguiente de la vuelta de *Delirium Tremens* al escenario musical, el hermano Alfonso había madurado en ese tiempo un creciente interés por la televisión y el cine, que lo llevó a dirigir varios documentales sobre la música pop española de las últimas décadas. Durante una de estas incursiones, nuestro joven se encontró con un amigo e ídolo musical de su infancia, Bernardo Bonezzi, un mito con el que siempre había querido trabajar, si sus desatinados ritmos artísticos se lo hubieran permitido. No pasaron muchos meses desde la última vez que le vio, en casa de los padres de él, en una cena organizada por los respectivos progenitores, en honor de los buenos momentos trascurridos en el Consejo de la Cámara de Comercio; juntos descubrieron tener muchas afinidades, despidiéndose con la promesa de poner en marcha en algún momento una iniciativa artística común.

A las órdenes de José Gómez Mar y del secretario De Santis, Lorena lanzó una importante campaña de promoción de *Tiepolo* entre las empresas asociadas a la Cámara, un trabajo que le ofrecía la posibilidad de conocer a numerosas personas importantes de la comunidad italo-española de esos años, incluida una dirigente de Cesena apenas llegada a España como administradora delegada de Generali. Era Monica Mondardini, para muchos un perfil ideal para la presidencia de una Cámara ahora consciente del potencial de la otra mitad del cielo, durante mucho tiempo consejera e inspiradora de iniciativas dirigidas a sanear un balance corporativo cada vez más gris.

Mientras las nuevas delegaciones de la entidad abiertas en Oviedo y Santiago de Compostela se unían a las sedes históricas de Valencia y Las Palmas de Gran Canaria y las más recientes de Sevilla y Málaga, esta última veía ascender a un ex dirigente del grupo Benetton que había sustituido desde hacía poco al fundador, Guido Garnieri. Se trataba de Walter Ciastellardo, retirado desde hacía unos años con su mujer a Benalmádena, en la Costa del Sol, y que había entrado enseguida a formar parte del sistema de intereses italianos en España, tanto que de allí a cinco meses, el 2 de octubre de 2001, fue llamado por Michetti para sustituir a De Santis. Aquel nombre, hasta entonces desconocido entre los más estrechos colaboradores del presidente, fue recibido con cierta sorpresa por los consejeros el día en que este propuso su nombramiento para secretario y, sin embargo, muchos de ellos, confiando en las dotes de estratega del presidente de Fiat, eliminaron sus reticencias, eligiéndole como nuevo secretario de la Cámara al poco tiempo.

Pocos días después de establecerse en Cristóbal Bordiú, Ciastellardo empezó a preparar su bautismo de fuego, es decir su discurso de bienvenida para leer en público en la ceremonia de entrega del Premio Tiepolo 2001, un evento que el año anterior fue ensombrecido por el terrible atentado de ETA que la mañana del 30 de octubre de 2000 asesinó a cuatro personas. Bajo la conducción de Josto Maffeo, aquella tarde, los presidentes de Pirelli y Endesa España, Marco Tronchetti Provera y Rodolfo Martín Villa, tomaron el relevo de Luciano Benetton, presidente del homónimo grupo trevigiano, y Luis Alberto Salazar Simpson de Amena, en una ceremonia que confirmó el éxito del año anterior, gracias también a la presencia de la Cámara de Comercio local, del alcalde de Madrid, José María Álvarez del Manzano, y del presidente regional, Alberto Ruíz-Gallardón.

El celo y buena voluntad de Ciastellardo en aquellos primeros meses al frente de la Cámara fueron tales que, entre un compromiso y otro, no se dio cuenta de las grietas y goteras que tenía la sede de la asociación hasta primavera, cuando la primera tormenta de la estación hizo gotear más de lo normal las tuberías del edificio dañando el techo de la fachada oriental y haciendo impracticables los baños durante unos días. Fue en ese momento cuando las dos empleadas que sufrían más de cerca aquellas incomodidades, Alessandra D'Ambrosio y Begoña Pardo, además de Lorena misma, que veía su mesa de trabajo recubierta por un sutil manto de cemento cada vez que el viento se colaba por las ventanas del edificio, presentaron un escrito solicitando soluciones urgentes a un problema de años, conocido por todos los consejeros, pero al que nunca nadie había puesto remedio. A pesar de los elevados costes destinados a los eventos y comidas de trabajo más variadas, parecía que el ente nunca tenía fondos suficientes para resolver el daño de imagen que aquella sede vieja y peligrosa estaba provocando a la asociación; no por casualidad, desde hacía tiempo los consejos y reuniones importantes se celebraban en salones alquilados para la ocasión, frecuentemente muy caros.

Mientras la Cámara concentraba sus esfuerzos en la inminente entrada en vigor de una moneda única europea, el euro, que poco influyó en las relaciones comerciales italo-españolas, el consejero y ex secretario de la Cámara, Furlan, seguía con interés los trabajos parlamentarios que dieron lugar a la ley 459 del 27 de diciembre de 2001, para reglamentar el derecho de voto de los ciudadanos italianos en el extranjero, que entró en vigor en 2003, tres años antes de las elecciones de abril de 2006 en las que resultaron elegidos en la Cámara y el Senado italianos dieciocho parlamentarios para el extranjero, entre ellos seis diputados y dos senadores para el parlamento europeo.

La normativa culminaba un proceso de reconocimiento institucional de la emigración italiana en el extranjero, iniciado una quincena de años antes con el nacimiento de los Coemit en 1985, transformados seis años después en los actuales Comités de Italianos en el Extranjero o Comites, renovados en 1997, 2004 y 2014 y presentes dentro de España en Barcelona, Madrid y Santa Cruz de Tenerife. La otra gran novedad de aquellos años fue el Registro de los Italianos Residentes en el Extranjero o Aire, creado en 1988 y destinado a incrementar su influencia; de hecho, gracias a la nueva ley, los italianos expatriados registrados en dicho ente pudieron votar a sus representantes directamente en los países de residencia, sin los viajes forzosos que marcaron las elecciones parlamentarias italianas los años anteriores.

La llegada del euro en Italia y España no cambió significativamente las relaciones entre dos sistemas en plena sintonía también desde el punto de vista político, tanto que el presidente italiano Berlusconi, amigo del homólogo español Aznar, asistió el 5 de noviembre de 2002 a la boda de su hija Ana, en el célebre Monasterio de San Lorenzo del Escorial. Lejos de causar sobresaltos, la nueva moneda aceleró una serie de dinámicas ya en curso, como el cierre de las sedes y sucursales bancarias italianas abiertas en Madrid, Barcelona y Valencia, sustituidas por oficinas de representación y acuerdos de cooperación con entidades bancarias locales, más sostenibles desde el punto de vista financiero. A pesar de las declaraciones, después de la liberalización del sistema bancario español de 1978, en sustancia disminuyó aquella función de representación y prestigio que la apertura de una filial extranjera garantizó durante años a institutos de crédito, sobre todo de carácter local o provincial que podían concentrarse ahora en las fusiones que pronto desbaratarían el panorama bancario italiano.

La inauguración, en abril de 2002, de la actual dirección *info@italcamara-es.com* y de la página *www.italcamara-es.com*, con un dominio finalmente propio, fue vista como un éxito por una dirección que, a pesar de las ambiciosas perspectivas, al poco tiempo se encontró con una crisis de balance de inmensas proporciones. Mientras España ejercía una presidencia de la Unión Europea basada en la lucha contra el terrorismo, el reto del euro y la inminente entrada en la Unión de diez nuevos países, la Cámara se reestructuraba con los cinco empleados a su disposición, a los que muchas veces Ciastellardo reiteraba la imposibilidad de ofrecerles grandes mejoras salariales, debido a varias facturas todavía no cobradas por servicios ofrecidos a importantes organismos públicos en los doce meses anteriores. Lo que no sabían ni el secretario, ni sus empleados era que, tres meses más tarde, aquella sede pequeña y necesitada de urgentes retoques, caería sobre sus mesas un caluroso viernes de verano, transformándose en la triste metáfora de un calvario que acababa de empezar.

El 19 de julio de 2002, pocas horas antes de empezar sus vacaciones, Lorena fue a trabajar un poco antes de lo normal: quería terminar asuntos urgentes, para no tener que hacerlo a toda prisa a su vuelta, dos semanas después, ni encargárselas a algún compañero, consciente de la gran carga de trabajo que todos tenían esos días. Todo estaba tranquilo aquella mañana, demasiado tranquilo, hasta que poco antes de terminar la jornada laboral, hacia las dos de la tarde, el techo justo sobre su cabeza empezó a crujir primero tímidamente, luego de forma más alarmante hasta que de repente, por puro instinto, ella y su compañera Begoña, que tenía su mesa al lado, se fueran corriendo, pocos segundos antes de que un bloque de cal y vigas de madera cedieran y las cubrieran de polvo y astillas. "¡Menos mal que era mi último día!", desdramatizó Lorena poco después, conmocionada por lo sucedido. Igualmente de conmocionada estaba la secretaria Carmen Martínez, cuya mesa se había casi desintegrado por la onda del impacto generada por la caída. "¡Y era casi nueva!", bromeó.

Desde ese momento, la Cámara empezó seriamente a buscar una sede social de prestigio y no lejos del corazón económico de la ciudad. Después de una serie de propuestas descartadas por sus altos costes, más de un consejero juzgó aceptable un traslado en una de las calles más importantes del barrio de Salamanca, a un kilómetro escaso de la Embajada de Italia y de las tiendas de moda más conocidas de la capital: se trataba de un amplio local en el número 90 de la calle Príncipe de Vergara, disponible desde el mes siguiente una vez acabada las reformas.

El año llegaba a su fin sin más sobresaltos para una Cámara que, acabado el semestre de presidencia español de la Unión

Europea, se preparaba a coordinar los esfuerzos diplomáticos de cara al italiano, entre julio y diciembre de 2003. Bajo la protección de Amedeo De Franchis, nuevo embajador italiano en España, en octubre la asociación concedió por primera y única vez el Premio Tiepolo a tres candidatos, es decir, Pier Luigi Fabrizi, presidente del Monte dei Paschi di Siena, Gabriele Burgio, presidente de NH Hoteles y Josep Vilarasau Salat, presidente de Caixa, en un acto marcado por un largo aplauso al representante de Generali por la reciente compra de la compañía aseguradora local La Estrella. Aquella tarde, Lorena y Mario tomaron alguna copa de más, tanto que Ciastellardo en persona tuvo que afearles la conducta cuando, después del enésimo brindis en honor de la italianidad en España, empezaron a besarse justo a dos pasos de Monica Mondardini, nueva número uno de Generali en España. "¡Menos mal que no se ha dado cuenta!", les espetó el secretario general.

2003, el año de la Guerra de Iraq contra Saddam Hussein, no fue muy diferente, para la Cámara de Michetti, del siguiente, a no ser por el traslado a la nueva sede de la calle Príncipe de Vergara, unas oficinas con fuertes tonos anaranjados reformadas tras un gran desembolso. A unas manzanas de distancia, Alfonso Reina componía en su casa las últimas estrofas de su último single inédito de *Delirium Tremens*, que salió en verano, poco antes de la publicación del disco de despedida de la banda tras una década de actividad.

Lejanos eran los tiempos de los cansados viajes para dar cada noche un concierto en una ciudad diferente, así como las gloriosas críticas de las revistas musicales primero y televisiones nacionales después, acompañadas siempre por importantes ventas de discos, en España y el extranjero. En los días del epílogo de aquella aventura no faltaron los desacuerdos por la herencia del grupo, y, sin embargo, Alfonso estaba seguro de una cosa: había valido la pena emprender aquel largo viaje en compañía de un grupo de amigos del liceo con los que conoció primero los problemas de la autoproducción y luego el momento de la fama y de los ingresos millonarios garantizados por cada disco nuevo.

Adiós amigos, la última recopilación que saldría en breve, en línea con el disco de despedida de los veteranos Ramones, cerró la carrera del grupo de la mejor forma posible, sin añoranza y sin sueños incumplidos. Un año después, como etapa final de una serie de conciertos de despedida, Lorena aplaudió en un Palacio de Deportes lleno hasta la bandera la última aparición de Alfonso, y aún más: al final de una de sus canciones favoritas, *Groenlandia,* prestada por los Zombies del amigo Bonezzi, Mario se decidió a pedirle que se casara con él, propuesta que aceptó sin pensarlo dos veces, antes de darse un largo beso durante el último bis del concierto.

Después de unos meses saneando el balance empresarial, de repente precario por toda una serie de razones, entre ellas la creciente presencia de libros, revistas y películas descargables por internet, Manuel creyó que había llegado el momento de invertir en una serie de ediciones de calidad inspiradas en la desaparecida Maucci & Picasso. Un día, reunido con uno de los máximos artífices de la Feria del Libro de Madrid, este le informó del creciente interés de Unedisa por su empresa, interés que se hizo evidente menos de un mes después, con la primera llamada a la oficina de uno de los emisarios de la casa editorial del grupo Rizzoli. La enésima suculenta oferta para comprar Nueva Maucci y contratar a todos los empleados hizo capitular a nuestro hombre, que aceptó un acuerdo que le permitió transcurrir la última parte de su vida sin ningún tipo de dificultad económica, rodeado por el cariño de su familia y amigos de siempre, libre para dedicar su tiempo a las lecturas y paseos por el Parque del Retiro o en los alrededores de la casa de Ávila.

Justo entonces Isabel preparaba los requisitos para la jubilación, un momento que esperaba desde hacía tiempo con ansias, después de toda una vida trabajando para organizar todo tipo de iniciativas artísticas. En 2005, calculaba, los requisitos para beneficiarse de la esperada jubilación, se cumplirían plenamente, y quizás hubiera seguido un tiempo en su puesto, incapaz de estar mano sobre mano, si la dimisión de Tomás Llorens Serra, el hombre que la llamó a su lado en aquella aventura, no la hubiera convencido de que había llegado el momento de dejar sitio a sangre nueva y retirarse a su vida privada, a los afectos familiares que tanto había sacrificado por la gloria profesional.

El día en que, por primera vez, después de tanto tiempo, descubrió el placer de desconectar el despertador por la mañana y levantarse a las diez en un día laboral, casi se sintió culpable en casa, libre por fin para dedicarse a pasiones dejadas de lado como la pintura y el teatro. Aquel día llegó al cabo de un año, justo el tiempo necesario para que Manuel firmara los últimos acuerdos con los compradores de Nueva Maucci, que desde ese momento se constituyó en una de las principales empresas de Unidad Editorial: la editora La Esfera de los Libros, especializada en biografías, ensayos y novelas históricas, algunas de las temáticas preferidas de Manuel en su breve pero intensa experiencia como pequeño editor.

Finalizada la presidencia italiana de la Unión Europea, un suceso que hizo a la Cámara organizar durante meses numerosos encuentros bilaterales italo-españoles, la asociación dio en 2004 un nuevo cambio de rumbo con la dimisión del secretario Ciastellardo que, desde el 15 de noviembre, fue sustituido por Paolo Pavone, dirigente de Euphon España, gigante europeo de la comunicación multimedia para la industria cultural, el cine y la televisión. En el año marcado por la masacre de Madrid del 11 de marzo y el regreso del Partido Socialista al Gobierno después de ocho años de oposición, Lorena y Mario organizaban una boda civil que celebrarían a principios de septiembre, y a la que invitaron a muchos de los compañeros de trabajo de Generali y la Cámara misma, además de la familia de él al completo y numerosos amigos. Al día siguiente de la ceremonia, la pareja se fue de luna de miel a Estados Unidos, de donde volvieron la víspera de una edición del Premio Tiepolo, que aquel año se concedió a los presidentes de Ferrari y del Real Madrid, Luca Cordero di Montezemolo y Florentino Pérez, dignos sucesores de Vittorio Mincato y Alfonso Cortina, presidentes de Eni y Repsol.

Justo en aquellas semanas, siete años después de su ingreso en el Comites de Madrid en calidad de consejero, Almerino Furlan se convirtió en su presidente, cargo que todavía desempeña actualmente. Cumpliendo una de sus promesas electorales, el empresario véneto instituyó aquellas navidades la ceremonia de entrega de cinco placas a la italianidad dedicadas a premiar los méritos de otros tantos italianos residentes en España en los sectores de la industria, la cultura, el deporte, el empresariado privado y la solidaridad social, ceremonia que, en un par de años, pasó a celebrarse en los salones del Consulado de Italia. La revista de la Cámara dedicó un gran espacio a Furlan, que dos años antes de la primera, esperada elección de dieciocho entre diputados y senadores en representación de los italianos en el extranjero, puso en evidencia la importancia de los Comites, a su parecer fundamentales para conservar el sentimiento de italianidad fuera de la *Bota*. Mientras revisaba la entrevista, una perpleja Lorena se preguntaba si no sería necesario reducir los ya altos costes de la política italiana, y sin embargo decidió guardarse para sí ese pensamiento, convencida de que esa postura podía desencadenar un escándalo.

Mientras la economía española, cada vez más arrastrada por la especulación inmobiliaria, vivía sus últimos momentos de gloria antes del desastre del otoño de 2008, el sector hotelero nacional se convertía en protagonista de importantes éxitos por obra de algunos de los grupos más sólidos del país. Uno de ellos, NH

Hoteles, relevó justo ese año a las cadenas Krasnapolsky, Astron y Crystal Hoteles y estableció un acuerdo de colaboración con Luxury Collection en virtud del cual compraba sus hoteles en España, entre ellos el histórico Hotel Picasso, que en verano sería renombrado a todos los efectos con el nombre de NH Zurbano por los nuevos propietarios.

En tanto la Cámara seguía con su calvario financiero de difícil solución, Michetti anunció su inminente abandono de la entidad a causa de su dimisión de la presidencia de Fiat Hispania, por cuestiones de edad, que sería efectiva a principios de verano. A pesar de los presagios de que había llegado la hora de la verdad entre las diferentes almas de la asociación, le sustituyó, al menos hasta el final de su sexto mandato, previsto para finales 2006, Piero Bondesan, elegido presidente de Fiat Hispania justo en su lugar. Después de una primera reacción de perplejidad, los socios más longevos, acostumbrados a peores golpes, convencieron el 18 de julio a los indecisos para que votaran a favor de aquel dirigente véneto de gran prestigio, al servicio de Fiat desde 1973 en Europa, Estados Unidos y América Latina y, desde hacía tiempo, a la cabeza de Iveco Pegaso, cargo que mantuvo junto a la presidencia de la Cámara y la de Fiat Hispania.

En los días que siguieron a la despedida de Michetti, a Lorena no le costó mucho entender que su futuro en la Cámara de Comercio tenía los días contados. Junto a un joven becario contratado desde hacía poco con contrato indefinido, Paolo Luisetto, que hasta entonces la había ayudado a redactar numerosos artículos y comunicados promocionales de la revista *Tiepolo*, la joven entendió que el nuevo recorte de gastos conllevaría la desaparición, en abril, del boletín de apenas cuatro años de vida y dieciséis publicaciones. Así, el boletín se preparaba para cerrar, dados sus altos costes, no cubiertos por la venta de espacios publicitarios ni por un volumen de ventas muy por debajo de lo previsto; al mismo tiempo, la competencia de las publicaciones digitales gratuitas se hizo feroz, tanto que en mayo de 2005 la Cámara sustituyó *Tiepolo* con la actual *newsletter* quincenal digital.

Superada la inicial tristeza por el cierre de la revista y el posible cambio de sus funciones, Lorena comprendió que aquella era la señal que la empujaba a dinamizar la búsqueda de un nuevo trabajo. Presentada por su marido, hizo una entrevista de trabajo con una vieja conocida, la consejera de la Cámara Monica Mondardini, administradora delegada de Generali en España, desde hacía cuatro años, que pocos días después la invitó a formar parte de su equipo en las oficinas de la calle Orense, 2. Recibida la oferta de la dirigente, Lorena no se lo pensó dos veces y, a pesar de los buenos momentos pasados en compañía de Alessandra y Begoña, y en los últimos tiempos también de Paolo, en junio, poco después de la salida del último número de *Tiepolo*, terminó una relación de cuatro años de la mejor manera posible, quedando como amiga de la mayor parte de sus ex compañeros y entrando además a formar parte de una de las empresas asociadas más prestigiosas de la misma Cámara. "¡No lo tendrás fácil!", la felicitó con ironía su marido en cuanto Lorena le dijo que la habían contratado. "¡Estás hablando con tu nueva responsable de prensa!", le contestó ella, entusiasmada por los medios de los que dispondría, sobre todo la coordinación de la comunicación a las empresas que habían contratado un servicio de menos de un año y por ello no estaban del todo fidelizadas.

Mientras tanto, la austeridad de Bondesan, controlando personalmente todas las cuentas de la Cámara, surtió los primeros efectos aquel otoño, con una ceremonia de entrega del Premio Tiepolo más sobria que nunca, tanto que varios presentes fruncieron el ceño ante aquel minimalismo, acostumbrados a un *glamour* que en los años anteriores había hecho de la embajada un escenario palaciego. Lo que boicoteó definitivamente el éxito de esa edición fue la ausencia, por primera vez en la historia del premio, de uno de los galardonados, el *técnico* Mario Monti, llamado de urgencia para gobernar Italia algunos años después y presidente desde 1994 de la Universidad Bocconi de Milán, dando el protagonismo de la ceremonia de entrega al otro premiado, Rodrigo Rato, ex ministro de José María Aznar y director del FMI, que se podía considerar como de la casa ya que era un fijo de la ceremonia de entrega del Premio Tiepolo desde hacía varias ediciones.

Mientras la Cámara seguía con altibajos el saneamiento de las cuentas y Bondesan recordaba a los cuatro vicepresidentes que la situación era tan grave que podría provocar el colapso económico de la asociación, un sector del Consejo presentó durante la primera asamblea del nuevo año una propuesta en principio provocativa, pero que a largo plazo fue aprobada por unanimidad y condujo, desde el mes de julio, a una importante mejora de la situación. Se trataba del enésimo traslado de la entidad, esta vez a una modesta oficina sin escaparates ni salas de reuniones, con un alquiler más económico, en el primer piso de un edificio en plena Glorieta de Quevedo.

A pesar de las iniciales dificultades por el poco prestigio y claustrofóbico tamaño de la nueva oficina, más de uno era partidario de un traslado más que simbólico, como si se tratara de expiar las culpas de despilfarro de los últimos años en una sede que, a los consejeros más antiguos, les recordaba por su modestia a la de la calle Factor, cerca del Instituto de Cultura. El 1 de julio de 2006, día del traslado, mientras la colonia italiana celebraba el paso de la selección de fútbol a las semifinales del Mundial que se jugaba en Alemania, donde pronto derrotaría nada menos que a los anfitriones, no muchas fueron las manifestaciones de júbilo en la Cámara por la nueva sede que todavía tenía ese aire de degradación, por lo que la única inauguración de los locales, si se puede decir así, fue un frugal almuerzo organizado por los empleados en la cocina para recibir al nuevo secretario *ad interim* Guido Griffini.

Administrador de Comtec, una empresa de máquinas para el cableado destinado a la telefonía, automoción y electrodomésticos, siendo consciente que el suyo, como el de Bondesan, era un mandato con fecha de caducidad, Griffini quería además dejar su huella y exhortar a los consejeros a respetar la austeridad de la Cámara, comenzada bajo la gestión de su predecesor. En una de las pocas asambleas en las que participó, deseoso de mostrarles los beneficios de medidas impopulares adoptadas en los meses anteriores, como por ejemplo renunciar a varios proyectos considerados demasiado caros, el nuevo secretario les comunicó con orgullo que el primer semestre del año se había cerrado con una fuerte contención de los costes. Mientras degustaba el insólito menú de bienvenida preparado por los empleados, a Griffini, gran amante del fútbol e hincha del Inter y de la selección, se le escapó una promesa que se cumplió una semana después: si Italia ganaba el Mundial, al día siguiente, el lunes 10 de julio, daría medio día de vacaciones a todos los empleados; de golpe un bramido acogió la propuesta, buen augurio para una Cámara y un grupo de trabajadores en busca de incentivos y seguridad para superar aquellos difíciles momentos.

Al final del verano del cuarto título mundial para la selección de fútbol italiana, mientras S.E. Pasquale Terracciano tomaba el timón de una Embajada que, en breve, bajo su dinámico mandato, se convertiría en un acorazado, la Cámara intentaba volver a emerger del momento más oscuro de su historia reciente y se acercaba a las elecciones de su nuevo presidente. En las intenciones del nuevo jefe de la misión diplomática italiana en España, y de algunos de los máximos dirigentes italianos de Madrid y alrededores, el nuevo número uno de la Cámara tuvo el difícil trabajo de remolcar a la asociación hacia una poco bulliciosa destructuración, única salida de una crisis que a la mayoría le parecía irreversible. "Es cierto que tenéis muchas pretensiones", glosaba con ironía el presidente saliente Bondesan, cada vez que los pocos consejeros que todavía confiaban en una posible salvación de la Cámara trazaban el perfil de su posible sucesor: con una larga y prestigiosa carrera directiva a las espaldas, conocido en Madrid y en la Cámara, no demasiado joven ni demasiado mayor, con experiencia en el exterior, capaz de hablar al menos tres idiomas... El uno y el otro todavía pedían, sin saber que la solución a sus dilemas respondía al nombre de un banquero bergamasco, Marco Silvio Pizzi, llegado a Madrid en 2003 como responsable de área del grupo Sanpaolo Imi y cercano a la presidencia del naciente grupo Intesa – Sanpaolo Imi para España y Portugal.

Con el fin de conjurar el más que probable cierre de la Cámara, mientras se acercaba la elección del nuevo presidente, un pequeño grupo de dirigentes y consejeros del ente había organizado una recogida de fondos sufragada por el nuevo embajador, y por las empresas patrocinadoras, que querían retrasar lo que parecía el triste sino de la institución. Empresas del calibre de Afeinsa, Com Tec, Tiscali, Saras, Bnl, Sanpaolo Imi, Generali, Ies, Ada, Fmr, Agip, Fiat e Iveco, pilares de la economía italiana en España, hicieron importantes donaciones en un gesto de extrema generosidad para hacer menos amarga la eventual disolución de la asociación y atenuar el daño de imagen de los intereses italianos en el país en general. El noble ejemplo fue seguido por otras empresas que orbitaban alrededor de la Cámara, que quisieron ofrecer su contribución a la causa; un gesto que no pasó desapercibido un tiempo después, cuando la Cámara logró, poco a poco, resurgir de sus cenizas.

Como banquero viajado que era, nadie mejor que Pizzi hubiera podido remolcar a la Cámara hacia una especie de solución decorosa que, aunque no mucho más, gracias a aquellas manifestaciones de solidaridad a fondo perdido, permitieron liquidar las facturas más importantes, pensaba la mayoría. Pero en su interior, el futuro presidente albergaba una cierta esperanza, como si de alguna forma, como protagonista de finanzas que era, no pudiera aceptar la liquidación de aquella venerable entidad, fundada casi un siglo antes, sin darle siquiera una oportunidad.

Como ex jugador de baloncesto y amante de los juegos de equipo en general, Marco Silvio Pizzi sabía que, tanto en los deportes como en la vida real, la unión hace la fuerza; por ello, desde los instantes sucesivos a su nombramiento en el minúsculo despacho que le había sido asignado en la Glorieta de Quevedo, sabía que si deseaba salir del colapso económico de los últimos años, la Cámara tendría que adoptar una estrategia no muy diferente de la que acababa de seguir el amado equipo Atalanta en Serie A: se trataba de defender y atacar todos juntos, intentando sacar partido de las pocas ocasiones disponibles, aunque fuera con un juego algo menos brillante. Mientras leía a los consejeros su discurso de investidura, aquel 19 de diciembre de 2006, en el que habló por primera vez de su proyecto de sacar a la Cámara fuera de la tormenta, se dirigió con entusiasmo a los atentos consejeros, convencido de que la asociación todavía tenía una oportunidad para mantenerse a flote, a cambio de que todos, empezando por el presidente, tomaran parte en aquel enorme objetivo, dedicando un tiempo imprescindible que restarían a sus propias actividades profesionales.

Nacido en 1959 en Bérgamo, Pizzi estuvo siempre ligado al mundo bancario, tanto que entró a temprana edad en la Banca Provinciale Lombarda hasta dirigir, desde 1990, varias filiales en toda Lombardía. Después de la absorción de la entidad, en 1993, por el Istituto Sanpaolo Imi, en 1997 fue trasladado a Nueva York para dirigir después la expansión del grupo en América Latina, donde rápidamente abrió dos oficinas de representación en Buenos Aires y Santiago de Chile, entre 1999 y 2001. Cuatro años después de su llegada a España, se convirtió en protagonista de la restructuración de las oficinas del primer grupo bancario italiano, tanto en Madrid como Barcelona, un proceso que, como le gustaba reconocer, nunca hubiera sido posible sin la colaboración de empresarios, políticos, economistas, Cámaras de Comercio e institutos de crédito tanto españoles como italianos.

Transcurridas las Navidades, la fusión entre los dos auténticos colosos como la milanesa Banca Intesa y el grupo bancario y asegurador turinés Sanpaolo Imi ya era una realidad y, antes del 2 de enero, fecha del nacimiento del primer grupo bancario italiano por número de clientes, Pizzi sabía que su nuevo rol de responsable del grupo para la Península Ibérica le obligaría a maratonianos viajes entre Italia, España y Estados Unidos. Justo en las primeras semanas del año, volando a Roma por una reunión con la cumbre de la red de Cámaras italianas, mientras ojeaba los numerosos curriculos que representaban el gran número de pretendientes para dirigir la asociación, se detuvo por primera vez en las competencias de un tal Giovanni Aricò, empleado en la Camera di Commercio Italiana de Barcelona desde 2002 y candidato en aquella selección sin saberlo. Atraído por una idea que muchos les parecería arriesgada, Pizzi estaba decidido a dar una oportunidad a aquel candidato treintañero, pero con una empatía y un espíritu de iniciativa apasionante, como decían los que habían trabajado con él en los últimos años. Su instinto le incitaba a preferir un experto del sistema de las cámaras como Aricò, antes que perfiles con más experiencia, pero totalmente ajenos a aquel sector; "las cartas están echadas", pensó Pizzi, antes de marcar el número de teléfono del actual secretario general.

Después de un primer contacto telefónico en el que el nuevo presidente le informó de la cuestión a un desconcertado Aricò, los dos quedaron en encontrarse en Madrid para una segunda entrevista unas semanas después: estaba claro que el nuevo presidente quería apostar por una persona joven, haciendo de la entidad una asociación viva, dinámica, en contraste con una larga tradición de secretarios con un prestigioso pasado profesional. Así, una vez acabadas las cuestiones relacionadas con la fusión que acababa de dar vida al gigante Intesa - Sanpaolo Imi, Pizzi fijó para finales de febrero el tan esperado segundo encuentro entre los dos, que fue cordial y distendido, tanto que enseguida empezaron a hablar de otras cosas, como del 1-1 de aquel Reggina-Atalanta disputado pocos días antes, de forma que resurgió en ellos el innato espíritu de pragmatismo y competición que, al poco tiempo, superadas las complejas negociaciones que llevaron a Aricò a la directiva, ambos pusieron al servicio de la causa y la institución.

Nacido en Reggio Calabria en 1971, Aricò era uno de los astros nacientes de aquel sistema de cámaras italiano en el extranjero, basado ahora en la presencia de un restringido grupo de centros locomotora con un gran número de socios, además de una colaboración reticular entre entidades esparcidas por todo el planeta que permitía, a cámaras desde hacía poco tiempo con dificultades, como la de Madrid, recuperar rápidamente el tiempo perdido gracias a colaboraciones puntuales, frecuentemente digitales, con cámaras de igual peso. Acostumbrado a viajar desde que terminó su bachillerato lingüístico, Aricò aportó pragmatismo y dinamismo desde los primeros años de formación, tanto que, mientras estudiaba para licenciarse en Ciencias Políticas en la Universidad de Messina, logró especializarse y trabajar en más áreas del norte de Italia, España, Portugal y Alemania, compaginando períodos de estudio e investigación en Madrid y Coimbra con experiencias profesionales en Parma, Milán o Heidenheim.

Después de la licenciatura y un breve regreso a Reggio Calabria, Aricò continuó su formación en Turín y Ginebra antes de volver a abrazar un viejo amor, España, donde vivió algunos de los momentos más importantes de su formación universitaria.

Sin embargo, esta vez, no le acogieron las aulas rebosantes de juventud de la Universidad Autónoma de Madrid, sino las amplias calles dispuestas como un tablero de ajedrez de la poco conocida Barcelona, que aprendió a querer desde el momento en el que la sobrevoló por primera vez, y en la que se afirmó profesionalmente en la Camera di Commercio Italiana de Barcelona donde, entre 2002 y 2007 desempeñó rápidamente, por este orden, los puestos de becario, responsable de comunicación, vicesecretario comercial, vicesecretario general y secretario general en funciones, poco antes de que Pizzi decidiera llamarle para refundar la Cámara con sede en Madrid.

A pesar de que la mayoría conocía su estilo abierto e informal, el 26 de marzo de 2007, día de su nombramiento al timón de la asociación, no pasó desapercibido aquel tono suyo serio pero relajado, consciente de la gravedad de la situación de la Cámara, pero dispuesto a bromear sobre ello, desdramatizando, convencido de que incluso la más titánica de las empresas podría lograrse con el sacrificio de todos los actores. No se equivocaba, tanto que aquel mismo año la Cámara logró un cómodo balance equilibrado, el primero de una larga serie de méritos que, sólo tres años después, el 29 de abril de 2010, hicieron que el entonces embajador Pasquale Terracciano le condecorara con el título de Caballero del orden de la Estrella de la Solidaridad Italiana.

En su oficina de la calle Orense donde trabajaba desde hacía ya un par de años, Lorena Reina Picasso no daba crédito a sus oídos cuando le comunicaron el resultado de la votación del jurado del Premio Tiepolo 2007 que, a principios de noviembre, recayó en el presidente de Mapfre, José Manuel Martínez, y en el de Generali, Antoine Bernheim, razón por la que se puso en contacto con la nueva responsable de eventos de la Cámara, Luisa de la Torre, y el antiguo Paolo, para preparar juntos el comunicado de prensa sobre el perfil de Bernheim. “¿Cómo estás querida?”, le preguntó Luisetto en cuanto reconoció su voz al teléfono. "No estoy mal, con tus paisanos", le respondió, olvidando de repente que él era véneto y no friulano. "De la sede central de Generali de Trieste llegan buenas noticias. Parece que vamos a absorber a sus compañías de seguros españolas", comentó ella, sin añadir más. Prudente, sabía que, aunque Luisetto fuese una tumba, no convenía dar demasiados detalles sobre una fusión que no se haría realidad hasta 2010, cuando, ironías del destino, se convertiría en la responsable de las relaciones con las extinguidas compañías La Estrella y Banco Vitalicio de España, recién absorbidas por la nueva marca comercial de Generali España, Sociedad Anónima de Seguros y Reaseguros.

La tarde en que Bernheim y Martínez sucedieron a los presidentes del Istituto Europeo di Design y del grupo Sos, Francesco Morelli y Jesús Salazar Bello en el libro de oro de los ganadores del Premio Tiepolo, Lorena sentía una alegría especial: después de casi trece semanas de embarazo, aquella mañana el ginecólogo le confirmó que hacia primeros de mayo daría a luz a una niña. Por esto y a pesar de la enorme satisfacción por el premio de su presidente, todo parecía carecer de importancia ante el misterio de la vida y aquel sosegado deseo de maternidad que sentía desde hacía tiempo, y que ningún premio ni incentivo laboral podría sustituir. En los chispeantes salones de la Embajada de Italia saludó a las antiguas compañeras de la Cámara, en compañía de su marido, Mario, también él muy desenvuelto aquella tarde, aunque ambas tenían la cabeza y el corazón en otra parte, precisamente en aquel día de mayo en el que se convertirían en padres de Susana.

A finales de año, en la tradicional cena de Navidad con Alfonso, Manuel e Isabel, Lorena, que les había dicho lo de su embarazo sólo un mes antes, notó su entusiasmo e impaciencia por convertirse en abuelos y tío, y cuidar de la pequeña cada vez que fuera necesario. Por su parte, Alfonso, que mientras tanto había retomado la relación con una vieja conocida de los tiempos de *Delirium Tremens*, no quería ni oír hablar de la paternidad, celoso de su libertad sentimental y principales pasiones, la música y la televisión, decía.

El año del inicio de la recesión más fuerte desde 1929 comenzó para Italia y España con los mejores augurios. Acabada la larga campaña electora, los mercados financieros parecían dar su conformidad a la vuelta al poder de Berlusconi por un lado y la reelección de Zapatero por el otro, seguros de que era lo mejor para dar estabilidad a dos economías en ligero parón en los últimos tiempos. Aunque desde hacía tiempo Italia no mostraba grandes indicios de crecimiento, culpa también de su atávica fragmentación política, en el caso español se entreveían los primeros síntomas de una crisis de dimensiones no claras, con el creciente endeudamiento de muchas familias y empresas, y numerosas quiebras de pequeñas constructoras que anunciaban el desplome de la principal fuente de riqueza nacional de los últimos años. Aunque no faltara quien, desde hacía tiempo, hablaba de lo inadecuado de un modelo de desarrollo que inducía a endeudarse e invertir en el ladrillo, un sector incapaz de generar valor añadido y al que se dedicaban numerosos jóvenes y menos jóvenes, sin estudios ni experiencia en otros sectores, donde el progresivo crecimiento de los precios de las casas incitaba a la gente a una carrera desenfrenada para agenciarse un inmueble antes de que la inflación aumentase todavía más, sin saber que ese mismo bien perdería pronto gran parte de su valor, convirtiendo en humo los ahorros de millones de ciudadanos.

Poco antes del estallido de la burbuja inmobiliaria y la entrada en recesión de gran parte de los países europeos, la Cámara de Aricò emprendió una amplia acción comercial dirigida a ganarse las simpatías del gran número de pequeños empresarios italianos emigrados al país en los últimos años, y que no sólo habían oído hablar de la Cámara por sus problemas financieros. Mientras parte del equipo de Aricò intentaba adecuar los muchos servicios ofrecidos por la asociación a las exigencias de las empresas, los nuevos empleados se encargaban de contactar con, al menos, un millar de potenciales nuevos socios, tanto que al mismo Manuel, ¡caprichos del destino!, le llamó la actual responsable de la secretaría de la Cámara, Michela Dell'Acqua, declinando este la invitación de forma respetuosa pero firme. "¿Pero está seguro, Don Manuel?", insistió Michela, a lo que nuestro hombre le respondió con un elocuente: "Señorita, si usted supiera todo lo que yo he hecho por la Cámara...".

En aquellos días de finales de abril, marcados por una ligera neblina que anunciaba un tiempo pésimo para el puente madrileño del primero de mayo, no había otra preocupación para Manuel e Isabel que el parto de su hija Lorena, llegada a su última semana de gestación. Comenzadas las fiestas del segundo centenario de la sublevación anti-napoleónica del 2 de mayo de 1808, durante la solemne fiesta de la Comunidad de Madrid, por fin comenzaron las contracciones, hasta que nació la primogénita Susana. A pesar de la baja por maternidad que la tuvo lejos del trabajo durante meses, consagrada a sus compromisos, la nueva mamá intentó en ese tiempo mantenerse al día acerca de las actividades de Generali y del empresariado italiano en Madrid y alrededores. Mientras España y Europa iban directas a la recesión, aquel verano Lorena se alegraba de no tener deudas con ningún banco, caja de ahorros o constructora, aunque tenía un montón de amigas desesperadas por los desmesurados precios que tenían las casas por las que se habían hipotecado. En septiembre, la caída de la bolsa estadounidense primero y la europea después, provocaron el brusco despertar de millones de ciudadanos que, de repente, se vieron obligados a empezar desde cero. Ni siquiera tuvo tiempo de entender el porqué de un fenómeno que, durante algún tiempo, redujo los beneficios de Generali; la baja por maternidad de Lorena había terminado.

Recién incorporada a su puesto de trabajo, en octubre supo que la número uno de Generali en España, Monica Mondardini, la que, más que nadie, la había querido a su lado, había dejado Madrid por Roma para emprender una nueva aventura como administradora delegada de un gran grupo editorial italiano; Lorena sintió entonces tristeza por la pérdida de una de sus mayores valedoras en el grupo, pero también satisfacción por haber coincidido con una de las figuras más importantes de la colonia italiana en España de los últimos años. Justo en aquellas semanas, caprichos del destino para la que temía la pérdida de su principal punto de referencia en aquella importante colectividad, Lorena se enteró de los primeros, tímidos intentos de la Cámara para realizar, en el sucesivo mes de junio un nuevo proyecto capaz de ampliar las celebraciones relacionadas con la Fiesta de la República italiana, transformando, consolidando y patentando un evento que, hasta entonces, tenía un carácter institucional entre empresarios y altas esferas diplomáticas y militares italianas en España, en la Embajada de la calle Lagasca. En 2009, de acuerdo con el jefe de la misión italiana en Madrid, el Liceo Italiano y demás instituciones en España, nació *Passione Italia*, un evento que, según los deseos de sus creadores, representaría un momento de unión entre la comunidad italo-española, las instituciones italianas y las empresas interesadas en promocionar productos propios ante un público en constante incremento cada año.

El año siguiente, después de un largo intercambio de opiniones entre Aricò y Pizzi, la Cámara emprendió una nueva, profunda reforma interna dirigida, por una parte, a optimizar una vez más los costes de gestión, y por otra a hacer más ejecutivos los órganos de decisión, concentrando los cargos y las delegaciones en un grupo de consejeros mucho más restringido con respecto a los anteriores treinta y dos. Así, el nuevo Consejo lo formarían a principios de 2009 caras como Andrea Brentan de Enel, Gabriele Burgio de NH Hoteles, Paolo Vasile dei Telecinco o Jaime Anchústegui de Generali. Los representantes de las otras empresas presentes en el Consejo, es decir, Ubi Banca, Ipiac, Fincorp, Fiat Iveco, Fmr, Future Space, Saras, Unidad Editorial, Ada y Agip, ya eran figuras consolidadas y expertas en una Cámara ya en línea con aquel balance en positivo fijado por Aricò como uno de los puntos principales de su programa, imprescindible para el correcto funcionamiento de la asociación.

En los momentos más duros de la crisis, mientras España e Italia vivían una recesión impensable pocos años antes, sobre todo en el caso ibérico, tanto la Cámara como muchas de sus empresas asociadas lograron, a pesar de las previsiones de principio de año, mostrar números positivos, debido a una extraordinaria capacidad de adaptación a los contextos económicos más difíciles. Era el caso de Generali, que reforzó el control sobre empresas como Europ Assistance, totalmente en manos del grupo triestino en la actualidad. Desde 2010, después de un cortejo de varios meses, el mismo marido de Lorena, Mario, fue ascendido a responsable de recursos humanos de la sede central de Europ Assistance, en la calle Orense 4, a pocos pasos del anterior despacho, un traslado que le pareció toda una epopeya, decía bromeando, ¡él que adoraba los mecanismos repetitivos pero seguros de la cotidianidad!

Mientras el director general de Enel, Fulvio Conti, y el presidente de Telefónica, César Alierta, sucedían a los máximos dirigentes de Telecinco y del grupo Planeta, Paolo Vasile y José Manuel Lara Bosch, en el cada vez más célebre y prestigioso Premio Tiepolo, la Cámara ya estaba trabajando para la enésima nueva iniciativa dirigida, también ésta, a convertirse en una cita tradicional de la comunidad de negocios italiana en Madrid: el *Christmas Happening*, un encuentro informal y distendido que se celebraría a mediados de diciembre en el Palacio de Santa Coloma, sede de un Consulado que a finales de 2008 se había transformado en Cancillería Consular, directamente dependiente de la Embajada de Italia. Por ello, el equipo de Aricò no perdió el tiempo en un evento que se celebró junto con la entrega de los tradicionales Premios a la Italianidad del Comites y que, por deseo de su secretario, representaba sobre todo un momento de reunión y acercamiento, además de lúdico, con el sorteo de numerosos premios aportados por los socios. A la velada asistieron también Lorena y Mario, fieles también al Premio Tiepolo y a *Passione Italia*, que reúne cada año a numerosos profesionales, encargados, socios, simpatizantes y simples curiosos en el patio del Liceo Italiano que, años antes, había visto a Isabel y Lorena, madre e hija, corretear felices entre una clase y otra, y donde pronto jugarían Susana y... Carlos.

De hecho, poco después del evento, a unos pocos metros de distancia, durante la tradicional cena de Navidad en casa de los padres, Lorena y Mario anunciaron a Isabel, Manuel y Alfonso que pronto nacería su segundo hijo, quizás un niño, esperado para mediados de julio. "¡Mira tú, justo cuando el Mundial!", dijo riendo Mario, chiste al que la mujer respondió con un resoplido; nunca le había importado mucho el fútbol, aunque se alegró la noche del 11 de julio, cuando el gol de Iniesta, en la final contra Holanda en el estadio Soccer City de Johannesburgo hacía vibrar de alegría al país. Después de los victoriosos Campeonatos Europeos de 2008 que dieron a España un éxito internacional, ausente desde 1964, el viento había cambiado para la antigua Roja, transformada ahora en un equipo ordenado y despiadado, cuya furia inútil de las anteriores décadas había dado paso a la precisión y capacidad para darse por satisfechos con un 1-0. A catorce años de distancia del reto del mundial de 1994, la selección entrenada por Luis Aragonés consiguió ganar a los *azzurri*, aunque fuera en los penaltis, superando al mismo tiempo a la bestia negra de las últimas décadas y la barrera psicológica de los cuartos de final de las grandes competiciones en las que había participado entretanto.

Mientras seguía con su segundo embarazo, unos días después de poner al día las memorias familiares comenzadas por el tatarabuelo Giovanni, Lorena pensó por primera vez en publicarlas en un único, gran tomo, segura de hacer algo bueno por la memoria de quien las había escrito y guardado por tanto tiempo. A pesar del escepticismo de Isabel, según la cual sería difícil, incluso para los miembros de la familia, entenderlas y enmarcarlas en los diferentes contextos históricos, Lorena deseaba dar forma a aquellos doce volúmenes escritos desde 1872, antes con plumas de oca, luego estilográficas y por último con bolígrafos, muchas veces de forma apresurada, difícil de descifrar, en páginas amarillentas por el tiempo y las peripecias, supervivientes a los diferentes traslados y a la Guerra Civil que, en un determinado momento, diezmó a los Picasso-Maucci.

"¿Quién va a querer leer ese ladrillo?", preguntó Isabel a su hija. "Quien tenga ganas de saber más sobre la historia de una familia casi cualquiera", respondió convencida Lorena, pensando cómo dar vida a su ambicioso proyecto. Saldría, estaba segura, un volumen único en su género, bastante largo para hacer entender a los bibliófilos y curiosos quiénes fueron Giovanni Picasso y Emanuele Maucci y qué representaron las instituciones y empresas italianas en la Barcelona liberal de la primera mitad del siglo anterior y en el Madrid de Franco.

Fue justamente la Cámara la que dio a Lorena el apoyo decisivo para la redacción del libro, mientras esta volvía a casa de uno de sus paseos de la tarde junto a Isabel y Susana. La ex empleada fue contactada telefónicamente por su amigo Paolo Luisetto que, en calidad de responsable de comunicación de la asociación decidió hacerle una entrevista para publicar en el número de finales de mayo de la *newsletter* corporativa, ¡y qué sorpresa, cuando pocos días después vio su foto destacar en uno de los cinco artículos de aquel boletín quincenal enviado a miles de suscriptores! Gracias al encuentro con Luisetto y su becario, Giorgio Basso, Lorena se dio cuenta de que su biografía familiar y profesional era todo menos banal para la colonia italiana, motivo por el que, pensaba, nadie desdeñaría las epopeyas de figuras, para ella legendarias, como los fundadores de la casa editorial familiar, sin contar con que reconstruir la historia de sus antepasados significaba sacar a la luz la poco conocida biografía de la propia *Camera di Commercio e Industria Italiana per la Spagna* y de todos los protagonistas de los acontecimientos que la acompañaron.

Carlos Stoico Reina nació una noche de verano en una España más que nunca en vilo, entre el éxtasis por la victoria del Mundial de fútbol y los rumores insistentes de un rescate económico del país por parte de la Unión Europea. Mientras Lorena atendía a los niños, Mario dividía su tiempo entre el cariño familiar y los compromisos de trabajo en Europ Assistance, donde se había convertido en referencia para los dirigentes procedentes de La Estrella y Banco Vitalicio de España, recién recolocados en el grupo. En su nuevo cargo de responsable de comunicación de una entidad en constante crecimiento en el mercado de la asistencia en carretera, Mario era ya, como su mujer, un invitado habitual en las celebraciones italo-españolas de la capital, como en el caso de la gran recepción ofrecida en septiembre en honor del nuevo embajador, Leonardo Visconti di Modrone, después de la presentación de sus credenciales al rey Juan Carlos I, el 21 de julio de ese año.

Mientras asistían a la presentación oficial del último modelo de Maserati en un Palacio de Amboage inusualmente abarrotado de socios, notables de la Cámara y curiosos, los cónyuges conocieron por fin a todo el equipo de Aricò, un grupo de jóvenes y veteranos de los que habían oído hablar muy bien en los últimos meses. De la milanesa Michela Dell'Acqua a la siciliana Donatella Monteverde, hasta la sarda Claudia Cabras, sin olvidar al pullés Sabino Mesaroli y el romano Marco Baciarlini, aquella noche no faltaba ninguno de los pilares de la asociación, junto a las figuras históricas con los que hacía tiempo los dos habían establecido sólidas relaciones de recíproca estima.

El año glorioso de la conquista del primer título mundial para la selección de fútbol española y de la victoria de la Liga de Campeones y de la Copa Uefa por el Inter y el Atlético de Madrid, en el que los dos presidentes, Massimo Moratti y Enrique Cerezo, fueron premiados, no por casualidad, en octubre con el premio Tiepolo, llegaba a su fin con una esperanza colectiva pronto truncada, la de ver un 2011 con empleo y recuperación económica. Doce meses y un cambio de Gobierno más tarde, el ejército de los desocupados españoles llegó a cinco millones, en lo que empezaba a parecer un circulo vicioso sin fin, un proceso de destrucción de puestos de trabajo que minó las bases de la economía y las posibilidades de recuperación a medio y largo plazo.

Acabada la segunda baja por maternidad, pronto Lorena se encontró en la incómoda situación de tener que hacerse cargo del trabajo de compañeros despedidos en ese tiempo o recolocados en otros departamentos debido a las políticas de austeridad adoptadas poco tiempo antes por su empresa. Así, además de gestionar casi sola gran parte de la comunicación corporativa de Generali Seguros, se encargaría al poco tiempo de la gestión de eventos que antes no eran de su competencia, como la celebración de los ciento ochenta años del grupo. Mario afrontaba como mejor podía sus días más largos y difíciles dirigiendo al personal de Europ Assistance, frecuentemente con la ingrata tarea de comunicar a éste u otro trabajador un despido o un cambio de tareas, que sonaban a engaño para quien durante años había trabajado con lealtad para la causa de la empresa y se veía ahora obligado a empezar su vida laboral desde cero o casi. Conscientes de los arduos momentos que estaban viviendo, los dos se sentían solidarios con aquellos compañeros caídos en desgracia, además de divididos entre el sentimiento de rebelión hacia un sistema injusto y el miedo de ser también ellos víctimas.

Realizada con éxito una nueva edición de *Passione Italia*, la Cámara dedicó los días precedentes a la asamblea general de primeros de julio a una carrera contrarreloj para terminar uno de los grandes proyectos de la presidencia de Pizzi: el regreso a la que durante veinte años fue su antigua casa, el edificio de las puertas arqueadas, hecho construir por el conde de Santa Coloma, propietario del palacio homónimo, hoy sede de la Cancillería Consular de la Embajada de Italia, para que sus importantes huéspedes pudieran guardar las calesas que les habían llevado hasta allí, medios de transporte entre los más prestigiosos de principio del novecientos. Seguros de que el regreso a su antigua sede daría un mayor prestigio y capacidad de operación a la Cámara, Pizzi y Aricò pensaron en hacer de aquella sede, diseñada en 1913 por el prestigioso arquitecto madrileño Joaquín Saldaña y López, un centro multifuncional y una incubadora de empresas para todas las *start-up* en rampa de lanzamiento hacia el mercado ibérico. Estudiado el proyecto en los mínimos detalles junto al ingeniero Luca Licciardello, todos los espacios de la nueva sede tenían que tener carácter funcional. "¡No nos queda más que poner un salón de baile en la entrada!", sugirió sonriente Pizzi al secretario. "¡Ya. Y también se podría construir un *garage* para empresas *high tech*!", bromeó éste con el presidente, antes del señalado brindis de inauguración de los nuevos locales.

Aquel verano, Lorena se decidió de una vez por todas a hacer realidad el antiguo sueño de ordenar y publicar las memorias de la familia y, sin demora, escribió los primeros párrafos de un volumen que, para ella, habría perpetuado la gesta de cinco generaciones de Picasso en España desde el punto de vista más íntimo y cotidiano posible; ni el cuidado de Susana y Carlos, ni los numerosos compromisos laborales, podían parar aquel deseo de explorar y hacer revivir sus orígenes, que tenía desde hacía tiempo. Los meses pasaban deprisa, cuando Lorena se dio cuenta que, para dar más frescura al volumen, había que editarlo con un cierto rigor, razón por la cual se dirigió a Alfonso y Manuel para adaptarlo mejor a los gustos del lector medio.

Indecisa sobre el carácter que quería dar a la obra, la escritora novel pidió poco después una cita con Aricò para ofrecerle una idea que, si bien todavía no tenía muy clara, defendía con enorme entusiasmo. Después de una rápida lectura a los primeros borradores, abrumado por el entusiasmo pero con un claro proyecto en mente, el director general le prometió que la Cámara asumiría la idea ayudándola en lo necesario: a solo dos años de la celebración del centenario de la fundación de la asociación, Aricò estaba seguro de que el volumen aclararía de una vez por todas los inciertos orígenes de la Cámara, ya que muchas de sus fuentes más antiguas se perdieron durante la Guerra Civil y con las mudanzas, tanto en Barcelona como en Madrid.

Mientras intensificaba los contactos con Lorena por la futura publicación de la saga familiar, Aricò no descuidaba una asamblea general a finales de junio que coincidía con el cierre de la cuarta edición de aquella *Passione Italia* que, durante una semana puso los reflectores sobre las ciudades de Cosenza y Perugia, patrocinadoras del evento, y que representó, como siempre, una evaluación a su mandato y al del presidente Pizzi. Los óptimos resultados del evento y también del partido entre Italia y España que inauguraba la primera fase de los Campeonatos Europeos de futbol de 2012, seguido por todo el equipo de la Cámara en la sede social, hacían presagiar el feliz desenlace de la gestión del balance de 2011 para una Cámara otra vez en positivo, a pesar de la difícil situación económica del momento.

El encuentro entre los *duumviri* y consejeros fue breve pero cordial, marcado como desde hacía tiempo por una relación de recíproca confianza y un conocimiento general de que los peores momentos, aquellos en los que en la mejor de las hipótesis se pensaba llevar a la Cámara hacia un cierre indoloro, habían quedado atrás; pocos eran los cambios con respecto al Consejo de doce meses antes, sólo la incorporación de Autogrill y la confirmación de un grupo de notables que representaba lo mejor del empresariado italiano en España del momento. La continuidad de numerosas figuras, dentro de la Cámara desde hacía tiempo, quizás era uno de los hechos más agradables de la nueva dirección surgida con Pizzi y Aricò, aparte de, por fin, una estabilidad ante los imprevistos.

Mientras Lorena compaginaba como podía sus roles de madre y trabajadora con el de autora principiante, no sospechaba que, poco a poco, gracias a su experiencia en el sector y sus contactos, sus padres y su hermano estaban realizando acuerdos fundamentales para la publicación del esperado volumen. Así, en cuanto llegó al Palacio de Santa Coloma para la entrega de los Premios a la Italianidad del Comites, celebrada una vez más junto al *Christmas Happening* de la Cámara, enseguida se acercaron a Lorena algunos de los pilares de la asociación, incluido Putin, cuya empresa familiar es un punto de referencia mundial en la fabricación de la arcilla expandida. “Si necesitas ayuda para el libro, no tienes más que decírmelo”, le dijo a quemarropa, antes de darle una tarjeta de visita. “G-gracias de verdad...”, respondió ella por instinto, sorprendida pero muy contenta por la propuesta, que aprovechó poco tiempo después, comprendiendo la importancia de la generación de notables como Putin o los mismos Bonezzi, Ruggeri, Sensi, Cossarini y Orlando para el buen nombre de la colonia italo-española actual.

Mientras Pizzi y el embajador Visconti di Modrone hablaban sobre la entrega del Premio Tiepolo 2012 a los presidentes de Brembo y Endesa, Alberto Bombassei y Borja Prado, que sucedían a los de Iberia y Autogrill, Antonio Vázquez y Gilberto Benetton, acabada la solemne ceremonia de los Premios a la Italianidad, Aricò llevaba las riendas como siempre del *Christmas Happening* haciendo amena y familiar la velada, además de conseguir implicar a los patrocinadores en juegos y bailes improvisados, en el escenario montado en el gran salón consular, que acompañarían durante un par de horas a la extracción de regalos ofrecidos a los presentes por los socios de la asociación. "¡Sí, es él!", respondió un divertido Pizzi a un interlocutor, un poco extrañado, que le preguntaba si el hombre que cantaba en el micrófono *Azzurro* de Celentano y hacía bailar a los presentes al ritmo de *I will survive* de Gloria Gaynor, era el que al inicio de la velada hablaba seriamente con los principales dirigentes italianos y españoles que asistían a la Cancillería Consular.

2013 llegó con cambios de cargos en la Embajada de Italia en España: de hecho, desde el 2 de enero, el ex representante permanente de Italia en la ONU, Pietro Sebastiani, sucedía a Leonardo Visconti di Modrone como representante diplomático italiano en España, cuando llevaba casi tres años de mandato. Presente en la ceremonia como número dos de Europ Assistance en España, cargo al que había sido ascendido un par de meses antes, un elegante Mario Stoico escuchaba serio pero tranquilo el primer discurso del nuevo embajador, mientras que sus pensamientos estaban en los cuarenta años que cumpliría en un par de meses: quién le habría dicho que ya habían pasado doce años desde su llegada a Madrid, ¡y qué viejo se sentía ahora al recordar sus aventuras en España!

Desde que llegó, había conocido a cuatro embajadores de Italia, tres presidentes y cinco secretarios de la Cámara de Comercio, otros tantos directores del *Istituto Italiano di Cultura*, sin contar a los directivos del Comites, *Società Dante Alighieri*, Liceo Italiano, Cancillería Consular, Ice, Enit, *Società di Beneficenza* y las grandes empresas italianas en la ciudad, incluida la suya. A pesar del paso del tiempo, las majestuosas sedes de las principales instituciones italianas en España seguían allí, mientras que los hombres y mujeres que trabajaban se sucedían como en una carrera de relevos, escribiendo la historia de décadas.

Mientras nuestro hombre volvía a la oficina, le sonó el móvil. Era Lorena, que llamaba desde su teléfono privado. "¿*Cariño*, sabes lo que me han dicho?", le preguntó dejando escapar cierto entusiasmo. "Ni idea", respondió el marido de pie. "¡El año que viene la Cámara de Comercio y Unidad Editorial publicarán las memorias de nuestra familia! ¿Estás contento?". "¡Claro, cielo!", le dijo, radiante por la llegada del día en el que la obstinación de su mujer por fin iba a encontrar su recompensa. "Luego me tienes que contar todo", se despidió Mario, que aquella noche invitó por sorpresa a Alfonso, Manuel e Isabel a cenar a su casa, para celebrar la estupenda noticia con la tarta preferida de su mujer.

"Es como si el libro lo publicara Maucci & Picasso", bromeó Isabel antes de arropar a los niños Susana y Carlos, mientras Manuel, con la humildad de siempre, se limitó a asegurar que había bastado una larga charla con el nuevo consejero de la Cámara, accionista de Unidad Editorial, Marco Ficarra, y con su Giovanni Aricò, para hacer realidad una idea que ambos tenían en mente desde hacía tiempo, la de publicar el volumen con el apoyo y el logo de la Cámara misma, que el año después celebraría sus primeros cien años de existencia. Mientras Lorena se preparaba para cortar la tarta, Alfonso, que se había dedicado a contactar con empresas asociadas a la Cámara para una mayor difusión del volumen, a duras penas contuvo las lágrimas. "¡Estoy orgulloso de ti!", le dijo a su hermana antes de abrazarla enérgicamente. Por su parte, pocos días después, Aricò presentó el proyecto de la publicación del libro para el centenario de la asociación a los miembros del Consejo, reforzado por las recientes incorporaciones de Ferrero, Brembo y Lavazza/Vendomat, durante su asamblea anual, celebrada otra vez al día siguiente de la Fiesta de la República. Los consejeros acogieron positivamente la realización de un volumen inédito, como general fue la aprobación de un balance que una vez más contaba con la disminución de la contribución pública, pero que presentaba resultados todo menos negativos.

Mientras completaba a pasos de gigante las memorias familiares, una emocionada Lorena no dejaba de pensar en cuantas biografías, lugares y empresas se habían cruzado en el camino de los Picasso en España y de la Cámara desde su fundación en Barcelona, en el espléndido domicilio de Pedro Gerardo Maristany y Oliver, diputado nacional en Madrid, presidente del Ateneo de Barcelona y, desde 1912, honrado con el título de Primer Conde de Lavern, como había escrito su tatarabuelo Giovanni Battista a toda prisa antes de morir. Luego vino la Guerra Civil y aquel cierre temporal de la asociación en 1936, bajo las bombas que destruían media España, antes de su reapertura en Madrid en 1940, con una ceremonia que implicó nada menos que al mariscal Emilio De Bono, *quadrumviro* de la Marcha sobre Roma de 1922, además de vieja gloria del ejército italiano, fusilado en 1944 después de un juicio sumario por miembros de la República Social Italiana de Saló, por estar en contra de Benito Mussolini, según el bisabuelo Antonio, que había sufrido más que nadie el cierre de la gran empresa familiar.

Cómo olvidar, también, las largas presidencias de Ricci Maccarini y Toti Lombardozzi, seguidas por las de Michetti y Pizzi, que acudió al lecho de una moribunda Cámara, protagonista de su relanzamiento a pesar de la crisis económica sin precedentes. Del abuelo Juan a la madre Isabel, no hubo ni un sólo año en el que un descendiente del difunto comendador Picasso no se hubiera encargado de añadir novedades a una serie de memorias cada vez más voluminosas y amarillentas, pero no por esto menos útiles para recordar las hazañas de una familia, una Cámara de Comercio y una serie de personas, empresas e instituciones que habían tenido la suerte de trabajar en España en el último siglo y medio, precisamente desde el lejano 1872.

El libro que, por fin, estaba preparado para su impresión no podía dejar de celebrar una vez más la importancia del Premio Tiepolo, entregado en 2013, justo antes de las Navidades. Después de la habitual bienvenida por parte de los presidentes de las dos Cámaras organizadoras, fueron la alcaldesa de la capital, Ana Botella, y el presidente de la Comunidad de Madrid, Ignacio González, los que concedieron a los responsables de las empresas constructoras Villar Mir y Salini Impregilo, Juan Miguel Villar Mir y Pietro Salini, un premio que cumplía su mayoría de edad, tantas eran las ediciones transcurridas de 1996 a 2013. Después de los discursos oficiales, Lorena y Mario encontraron el momento justo para intercambiar cuatro palabras con los pilares de la Cámara de Comercio de Aricò y conocer a las últimas incorporaciones, es decir, Isabel Turrillo, Fernanda Valderas y Francesca Giorgini, a cargo de los departamentos de fiscalidad, turismo y formación de la asociación. Pocos días después, el 16 de diciembre, volvieron a encontrarse en el *Christmas Happening* de la Cámara, ya una cita fija para la colectividad italiana en España, degustando esta vez los productos típicos ofrecidos por la empresa dirigida por la carismática Nicoletta Negrini, embajadora desde hacía años de la gastronomía italiana en la Península Ibérica.

Por primera vez después de mucho tiempo, en aquella ocasión, también el hermano Alfonso y los padres Manuel e Isabel decidieron acompañar a Lorena a un evento de la colonia italiana de Madrid. La culpa o el mérito fueron de los Premios a la Italianidad organizados al principio de la velada por el Comites y otorgados entre otros al fundador y presidente de Ipiac, Alberto Putin, y al nuevo entrenador de Real Madrid, Carlo Ancelotti. Poco después, subió al escenario Silvano Bonezzi, premiado por su constante labor como fundador, en 1994, de la Escuela Infantil de la calle Agustín de Bethencourt para niños de tres a seis años y, en general, por su trabajo como presidente del Ente Gestor Scuola Materna Italiana di Madrid, de la que, desde hace más de veinte años, forman parte también el secretario del Consejo de la Cámara, Jaime Enseñat y el mismo Putin.

Acabada la ceremonia, Manuel y Alfonso abrazaron fuertemente a un contento Bonezzi, aquel viejo amigo que sólo un año antes había llorado la pérdida de su hijo Bernardo y que veía ahora reconocido su trabajo de veinte años por los pequeños de la colonia italiana de Madrid y no sólo por ellos, considerando el elevado número de alumnos hijos de parejas no italianas. Aquella noche fueron felices los padres y el hermano de Lorena, al ver después de tanto tiempo a amigos y conocidos como Fernando Orlando, recién llegado de un viaje a Génova, donde había ido a visitar a su familia, o Camillo Ruggeri, acompañado como siempre por su mujer Grazia y su hija Renata, o Alberto Putin, su mujer Nora y sus cuatro hijos. Al abrazarles de nuevo después de tanto tiempo, sintieron una gran nostalgia por el inexorable paso del tiempo, pero también una especie de gratitud por todas las personas que habían conocido en tantos años en contacto con la colonia italo-española local.

Lorena terminó de elaborar y corregir las tan esperadas memorias un domingo a mediados de febrero del nuevo año. Aquel día, después de meses de intenso trabajo, coronaba un proyecto titánico, nunca realizado hasta entonces, de cinco generaciones, aportando aires nuevos a la crónica viva de un siglo y medio de sucesos ligados a las relaciones políticas, comerciales, industriales y diplomáticas entre España e Italia. Gracias a la difusión garantizada por la Camera di Commercio Italiana, Lorena sabía que sus esfuerzos no caerían en saco roto y que aquellas páginas tan trabajosamente escritas en italiano y castellano serían una agradable lectura para muchos amigos y simpatizantes de la colonia italiana en España.

Presentada por el presidente y el secretario general de la Cámara, en la templada tarde de mayo en la que fue presentado el libro al público, Lorena no pudo dejar de pensar en el lento pero inexorable y majestuoso paso del tiempo que todo y a todos consume, pero que al mismo tiempo transmite de una generación a la otra los sueños, las esperanzas, desilusiones y obras de hombres y mujeres protagonistas de acontecimientos que, ignoradas en principio, varias décadas después se convierten en objeto de estudio para entregar a la historia. Mientras contenía la alegría y el nerviosismo, buscaba la mirada cómplice de Mario, Alfonso, Manuel e Isabel, y pensaba en todas aquellas ciudades que, como nuevas *Macondo*, serían borradas por el viento y desvanecidas en la memoria de los hombres el día en que el último exponente de una de sus familias más gloriosas terminara de descifrar los pergaminos, desde el momento que todo aquello que estaba escrito se hace irrepetible desde y para siempre. Entonces sí, fue justo en ese momento cuando entendió que la historia que cinco generaciones de Picasso habían escrito durante años, no es otra que la que acabáis de leer.

NOTA DEL AUTOR

Los acontecimientos, instituciones y empresas, ya sean grandes o pequeñas, a las que hace referencia el libro, han existido o existen en su mayoría para dar a la obra una mayor fiabilidad histórica. También son reales muchos de los personajes más importantes citados en estas páginas, incluidos los altos cargos de la Cámara de Comercio e Industria Italiana para España, desde su fundación a nuestros días. Algunos de éstos han sido protagonistas indiscutibles de la vida política, económica, social y cultural italo-española del último siglo y medio de historia, otros se mencionan en los anales periodísticos más o menos recientes, mientras que de algunos sólo queda un tenue recuerdo en la memoria de quien les ha conocido o en documentos encontrados en los lugares más insospechados. De la familia protagonista, el único personaje que realmente existió fue Emanuele Maucci padre, si bien su biografía ha sido adaptada por el autor en función del resto de la narración. En general, los diálogos y sucesos entre los personajes principales de la novela y/u otros realmente existidos o existentes, son pura invención literaria para dar una mayor coherencia a toda la obra.

ANEXO

PRESIDENTES DE LA CCIS

Ignazio Villavecchia	(1914)
Giacomo De Andreis	(1919)
Carlo Carandini	(1921)
Pietro Lupi	(1923)
Carlo Carandini	(1925)
Gaetano Barucci	(1927)
Gaetano La Villa	(1929)
Mario Acquarone	(1934)
Celestino Trombetti	(28-09-1940)
Spartaco Boldori	(31-03-1941)
Santorre Vezzari	(02-02-1942)
Edmondo Turci	(19-02-1943)
Salvino Sernesi	(03-12-1943)
Demetrio Nimira	(06-12-1946)
Vittorio Ricci Maccarini	(30-06-1948)
Emilio Caprile	(16-11-1967)
Lelio Pellegrini Quarantotti	(10-12-1969)
Emilio Caprile	(27-05-1972)
Adolfo Braschi	(17-06-1974)
Elio Facchini	(12-11-1975)
Lamberto Toti Lombardozzi	(04-05-1976)
Giorgio Stecher	(12-06-1986)
Luigi Michetti	(23-05-1990)
Paolo Annibaldi	(28-02-1991)
Ettore Anzini	(30-06-1992)
Giulio Alberto Chiodarelli	(01-10-1992)
Luigi Michetti	(17-10-1994)
Piero Bondesan	(18-07-2005)
Marco Silvio Pizzi	(19-12-2006)

SECRETARIOS GENERALES
(Desde 1940)

Ernesto Baracchi	(28-09-1940)
Leo Imperatori	(02-02-1942)
Ottorino Grazzini	(05-05-1943)
Alfredo Sicilotti	(09-05-1957)
Nicolò Parrino	(07-03-1960)
Giacinto Ruppato	(24-05-1961)
Francesco Conti	(28-05-1962)
Tonino Quadrelli	(27-05-1963)
Camillo Ruggeri	(29-02-1980)
Enrico Forzato	(22-03-1994)
Ettore Anzini*	(29-11-1994)
Mario Mazzali	(23-11-1995)
Almerino Furlan	(29-11-1999)
Beniamino De Santis	(29-11-2000)
Walter Ciastellardo	(02-10-2001)
Paolo Pavone	(15-11-2004)
Guido Griffini*	(28-06-2006)
Giovanni Aricò	(26-03-2007)

** En funciones*

SEDES DE LA CCIS

Barcelona

Pasaje Méndez Vigo, 8	(1914)
Via Laietana, 47	(1928)

Madrid

Avenida de José Antonio, 27	(1940)
Calle Factor, 1	(1963)
Calle Cristóbal Bordiú, 54	(1979)
Calle Príncipe de Vergara, 90	(2003)
Glorieta de Quevedo, 5	(2006)
Calle Cristóbal Bordiú, 54	(2011)

REVISTAS PUBLICADAS POR LA CCIS (1985-2005)

1-22	Boletín Informativo
23-31	Rivista d'informazione economica
32-40	Italia-España relazioni economiche (1-6 y 1-3)
41-57	Italia-España relazioni economiche
58-73	Tiepolo

100 1914 2014 Anniversario

CCIS
Camera di Commercio
e Industria Italiana per la Spagna